創造思考

TWO BEATS AHEAD: WHAT MUSICAL MINDS TEACH US ABOUT INNOVA-TION

起業とイノベーションを成功させる方法はミュージシャンに学べ

パノス・A・パノイ
R・マイケル・ヘンドリックス 著
大田黒奉之 訳

東洋経済新報社

Two Beats Ahead:
What Musical Minds Teach Us About Innovation
by Panos A. Panay and R. Michael Hendrix

This edition published by arrangement with Basic Books,
an imprint of Perseus Books, LLC, a subsidiary of Hachette Book Group, Inc.,
New York, New York,USA through Tuttle-Mori Agency, Inc., Tokyo.

創造思考——目次

PRELUDE

新しい世界を切り開く方法は音楽が教えてくれる

「音楽はすべての扉を開くマスターキーなんだ」
――ファレル・ウィリアムス

なぜ僕がビジネスで成功できたのか

バークリー音楽大学。ボストンのバックベイ地区の近隣、フェンウェイ・パークとチャールズ川からわずか数ブロック先にあるこのキャンパスには、２０００人を収容するコンサートホールがある。季節外れに寒い２０１８年の４月、座席は学生、教授陣、招待客で埋まり、ステージに掲げられた巨大スクリーンに誰もが釘付けとなっている。

スクリーンが明るくなると、ファレル・ウィリアムスの大きな笑顔が映し出される。彼はカリフォルニアの自宅からスカイプで笑顔を振りまき、「**起業家としてのアーティスト**」をテーマにバークリーのみんなに講演を行う。

ファレルはミュージシャン兼プロデューサーで、ダフト・パンク、ジェイ・Z（ズィー）、ジャスティン・ティンバーレイク、ロビン・シックらとのコラボで11個のグラミー賞を受賞し、オスカーにもノミネートされた。デザイン・ディレクターとしても知られ、アディダス、シャネル、リーボック、ティンバーランドのスニーカーを作り、ルイ・ヴィトンのメガネと宝石、モンクレールのダウン・ジャケット、コム・デ・ギャルソンの香水も開発した。

講演が始まる前、著者の1人であるパノスがファレルに対して誕生日にわざわざ参加してくれたことへの感謝を述べた。すると5人の学生が席から立ち上がって「ハッピー・バースデー・トゥ・ユー」をアカペラで歌い始め、そのままファレルのヒット曲「ハッピー」の陽気でリズミカルなバージョンへと入っていく。

音楽が終わると、ファレルは歌ってくれた人たちに感謝して頭を下げ、単刀直入にこう切り出した。「**音楽はすべての扉を開くマスターキーなんだ**」。ファレルは続けてこう言った。**自分が多くのベンチャー・ビジネスで成功できたのは、レコーディング・スタジオで得たマインドセットのおかげ**であり、それは自分の直感に従い、他者とコラボし、自分の声を信じ、新たな表現のはけ口を探求することだと。

「僕は常に新たな音、新たなテクスチャー、新たな自己表現の方法を求めている。僕にとって好奇心がすべての始まりなんだ。一つのことに集中する人もいるし、それはそれでうまくいっている。でも今日、この会場にいる皆さんも含めた多くの人はいろんな方法で自分を表現できるようにした方がいい。そうすれば、いろんな分野で蒔いた種が実を結ぶ実感が味わえるよ」

優れたミュージシャンは優れた起業家になれる

30年近くにわたって、ファレルはこうしたマインドセットをアートとビジネスの両方に応用してきた。ミュージシャンとして、ライブ会場でもスタジオでも、彼はうまく相手と気持ちを伝え合い、コードや音階の理論を土台にして観客との絆を築いている。このマインドセットというツールを使ってグローバル・ブランドとファッション・ショップのクリエイティブ・ディレクターとなり、顧客との絆も築いてきた。

多くの点で、彼は僕たちがこれから追求していくアイディアを具体化した人だ。アイディアとはつまり、**ミュージシャンは自分が培ったマインドセットによって優れた起業家にもなれる**ということ。そしてアーティスト、エグゼクティブ、クリエイティブな人たちにもこうしたスキルが役立つということだ。それは小さなビジネスのオーナー、起業を目指す野心家、慈善団体の運営者、ギグ・エコノミー（訳注：オンラインによる短期的な仕事で回る経済）のリーダーも同じだ。

そしてもちろん、ファレルだけではない。本書を手掛けている最中に、僕たちは多くの人と語り合った。ジャスティン・ティンバーレイクと曲作りについて、イモージェン・ヒープと実験について、ハンク・ショックリーやT・ボーン・バーネットとはクリエイティブな表現のための環境作り、プリンスのサウンド・エンジニアだったスーザン・ロジャースとはデモテープ作り、マダム・ガンジーとはファンとのつながり、ジミー・アイオヴィンとはマーケットや多くの場において音なき音に耳を傾けることの大切さについて。X（旧グーグルX）、フェイスブック、アマゾンのリーダーたちとも語り合った。

もちろんこうした機会は簡単に得られるものではない。僕たちの2人のうち、パノスはバークリー音楽大学のグローバル戦略イノベーション担当上級副学長であり、もう1人のマイケルはＩＤＥＯ（アイディオ）のグローバル・デザイン・ディレクターだ。こうした専門性のおかげで、僕たちには運よく扉が開かれている。何せ僕たちはミュージシャンであり、会社を立ち上げて成功してきたし、そしてイノベーションに関して世界的に評価される組織のエグゼクティブでもある。

かといって僕たちは2人とも実業家の「王道」のキャリアを歩んできたわけではない。アイビー・リーグのビジネス・スクールを卒業したわけでもなければ、革新的なリーダーの下で研修を積んできたわけでもない。

それでも僕たちは出会う前から、自分に**音楽のバックグラウンドがあったからこそ成功できた**という確信をそれぞれが抱いていた。クリエイティブなマインドセットは起業へのアプローチにとどまらないし、ジャズの即興演奏みたいに指に血豆ができるまで練習して得られるものではないことも分かっていた。僕たち2人は意気投合してから、音楽はビジネスにとって欠かすことのできない考え方と行動の仕方を培ってくれるものだと確認し合ってきた。特に今日の、何もかもが崩壊し複雑で先の見えない世界においてはなおさらだ。

ミュージシャンと、私と、あなたとの対話

僕たちの対話では笑い声が絶えない。バンド時代の昔話からアブダビや上海の天才児たちを発掘したことまで気楽に語り合う。教壇に立ち、各地を回り、顧客の相談にのるうちに、この考えが有効だと感じる多くの人たちがいることが分かってうれしかった。言葉でどう表していいか分からずとも、その思いはみんなが持ってくれたのだろう。

だから僕たちはこう考えている。本書は僕たち2人の対話であり、幸運にもインタビューにこぎつけた素晴らしいアーティストや起業家との対話であり、読者であるあなたとの対話であると。

つまり、あらかじめこう断っておきたい。本書はハウツー本ではない。「成功への簡単な7つのステップ」セミナーでもなければ、今日試すべき54個という無駄に長いブログでもない。

あなたがビジネスや目標など、ありとあらゆることを考えるヒントをつかんでもらうための継続的な対話であり、そのフィルターとなるのが音楽的なマインドセットなのだ。

音楽的マインドセットが求められる時代

クリエイティブな発想とコラボレーション、話を聞きオープンに受け入れることの大切さ、信じることと不安、これらすべてが今日のマーケットにどう役立つかを紹介していく。すると何よりも**音楽的なマインドセットが、激動の世界に向き合うための新たな枠組みになる**ことが分かってもらえるはずだ。寛容で柔軟な音楽制作さながらに、このマインドセットを使ったアプローチは学ぶことで成長を続けながら、まったく新たなコンテクストにも適用できる。

しかしこれから僕たちが議論するマインドセットは役に立ちかつ必要なものでありながら、実際は軽んじられている。学校ではアートよりプログラミングが優先され、仕事場ではアルゴリズムや分析的思考が重視される。ＩＴやビッグデータが企業において日々追求される。これらの価値を否定するつもりはないが、そこからギャップが生じて社会において問題はますます複雑化していく。

これに取り組むために一刻も早く求められるのが**創造思考**なのだ。科学と音楽を分けるのではなく、どちらも重視する。

例えば、間違いなく人類最大の知性であるレオナルド・ダ・ビンチが科学者であると同時に芸術家であり、科学と芸術をそれぞれに役立てたのも偶然ではない。芸術家と起業家がより良い成果を出すのは、どちらも**耳を澄まし、実験を行い、誰かと共同で作業し、デモを作り、プロデュースし、絆を**

作り、リミックスを施し、感じ取り、絶えず自身を上書きする時だ。

僕たちの世界はもはや従来の定義では説明がつかなくなっている。だからこそ可能性は無限にあるのだと言いたい。

本書の効果的な読み方

もう一つ付け加えておきたい。各章を読みながら、そこで紹介する深い意見、エピソード、情報をじっくり吸収してほしい。

そこで各章の終わりにプレイリストとして、紹介したアーティストの曲のリストを添えておこう。お好みのストリーミング・サービスで簡単に見つけることができる。曲を聴いて、アーティストへの理解を深めるのはもちろん、一服しながら読んだ内容をじっくり噛みしめてほしい。

対話を次々と読んでいくうちに、素晴らしいアーティストによる素晴らしいアイディアが具体的な形を帯びて、あなた自身の考えとミックスしていく。そこから何がどう弾けるかは誰にも分からない。

まず大事なのは最初のステップであり、僕たちの経験からいっても、それはまず耳を傾けることだ。

CHAPTER | 01

耳を研ぎ澄ます

すべてのヒントは
すでにそこにある

「一番大切なことは沈黙の中に横たわっている」
——ビョーク

音符と音符（あるいは文字と文字）のすき間にあるもの

想像してみてほしい。……

……ここはデンバー山脈の西、レッド・ロックス野外劇場。地形を利用して作られた野外の会場だ。

スタジアムの座席の各隅には、２億年前に砂岩で出来た高さ３００フィート（約90メートル）のモノリスが立ち、ビートルズ、ジミ・ヘンドリックス、ブルース・スプリングスティーン、Ｕ２らの大物バンドがプレイするには格好の音響が出来上がっている。

２０１８年の夏の終わり、総立ちの観客の中にあなたもいる。イレニアムの満席のステージだ。

イレニアムはＥＤＭ（エレクトロニック・ダンス・ミュージック）のアーティストでありＤＪだ。ピアノ、ギター、５個のドラム・キットという構成のバンドを従え、ライブ中に自身のパフォーマンスをミキシングする。壮大なステージデザインだ。

ビデオ・クリップを映し出す巨大スクリーンをバックにミュージシャンが演奏し、ストロボの光を浴びて影となった観客の中であなたも一緒に踊っている。時おり花火が弾けて上を向く人たちの顔が照らされる。曲はイレニアムが大人気シンガーのカリードとコラボしたヒット曲「サイレンス」。

その途中で、スクリーンが暗くなり2組のスポットライトに照らされながら、1人のギタリストだけが同じフレーズを何度も繰り返す。その後ろでバンドはボリュームを下げ、カリードの穏やかで滑らかな歌声を際立たせる。これが1分ちょっと続いてから5人のドラマー全員が曲に戻り、スティックを握り、軍隊の行進のようなリズムを奏で激しさとスピードを増していく。

あなたの周囲の誰もが踊るのをやめる。どのビートに合わせていいか分からず、どう体を動かしていいのかも分からないまま、持て余したエネルギーは内に溜められ、緊張と期待が高まっていく。

曲が始まってきっかり2分22秒、演奏は中断する。1秒にも満たない中断だが、圧倒的なドラマが生み出されるのはここからだ。

曲が再び始まってベースが大きくうなり、ステージ上ですべての楽器がフルボリュームになり、あなたの胸に響いていく。ジェットコースターが急降下するようにエネルギーがあふれて会場を満たし、岩の壁に反響して砂漠の夜に響き渡る。

テクニックとしての沈黙

このように一瞬の沈黙から「ビートを投下（演奏を再開）させる」のはＥＤＭを主とするクラブやコンサートではお馴染みのテクニックだが、その歴史はこれよりはるかに長い。

１７００年代の終わりに、クラシックの作曲家ヨーゼフ・ハイドンは観客を盛り上げるために作品の途中にしばしば中断のパートを用意した。「ジョーク」という異名を持つ弦楽四重奏「作品33」では、１人のチェロ奏者と3人のバイオリニストが演奏を中断する。ただの中断ではなく完全に演奏を止めてしまうのだ。場合によっては演奏家が楽器を置いてしまうこともある。

客が拍手を始めると再び演奏が始まる。曲は終わってはいなかった。観客は席に座り直し、2度目に音が小さくなっていくと再び拍手する。すると演奏は再び中断され、そして再開。

3度目、そして最後の沈黙になると、観客はどうしていいか分からず、戸惑うばかり。沈黙が会場を満たし、この後どうなるかという好奇心が音に取って代わる。

問題提起としての沈黙

音楽において沈黙を問題提起として用いた例として知られるのが、ジョン・ケージの「4分33秒」だ。１９４０年代終わりにケージが書いたこの作品では、１人の演奏家がステージに登壇しお辞儀をしてイスを引いてピアノに座る。ただ座るだけだ。4分33秒の間、観客は演奏の始まりを待つが鍵盤一つ叩かれるでもない。

初めてパフォーマンスを見る観客は数分間座ってもじもじするだけだが、次第に会場の中の環境音に神経を研ぎ澄ませていく。プログラムのガサガサする音。バルコニー席からの咳払い。ロビーから漏れてくるハイヒールのコツコツという音。外を通る車の音。これらの**すべての音はずっと存在していたのに、それまで気付かれることはなかった**。

4分33秒が過ぎると、ピアニストは立ち上がりもう一度お辞儀してステージを離れる。

著書『サイレンス』（柿沼敏江訳、水声社、1996年）の中で、ケージは音楽には音の不在が求められ、それもまた音楽の一部であって当然だと主張している。

「かつて沈黙は音と音との狭間であり、趣味のいい配列を施すなど様々な目的に対して有効であった。だがこうした目的が存在しない場では、沈黙は別のものに変わる。それはもはや沈黙ではなくなり、音、そして環境音へと変わるのだ」

空白を制する者が新しいものを生み出す

もちろんこれらは意図的に問題提起した例だ。だがちょっと考えてみてほしい。あなたがこれまで聴いたどの曲も音符と音符とのすき間を利用して作られており、このすき間によって曲にリズムやテクスチャーが与えられる。**演奏されていない箇所は演奏されている箇所と等しく重要なのだ。**

僕たちがともすれば休止、中断、インターバルを見過ごしてしまうのは、先が読めるまで聴きなじんでいるためで、誰かがこのパターンを破ってようやくおやっと気付く。

本章の冒頭8ページに及ぶ空白を見て、あなたはどう反応しただろうか。きっと言葉が出てくるものと期待してページをめくったことだろう。結局、僕たちは子供の頃から文字が出てくるのに慣れっこになっていて、ページをめくれば当然話が続いていくものだと思っているのだ。

空白のページをめくるうちにあなたは何か気付かなかっただろうか。きっとこういう思いが巡ったのではないか。「どうしてこんなに空白が続くんだろう」とか「きっと製本のミスなんだ」とか。でも、ちゃんとした意図があれば本にだって空白があってもいいはずだ。

ラジオで流れる曲のほとんどは、こちらの予想通りの展開を伝えるようにできている。素晴らしいイントロ、口ずさめるフック、繰り返しのコーラス。一方で音楽（のマインドセット）を使えば、予定調和に縛られず、新しく美しいものを発見できる。

「聴く力」は武器になる

僕たちは、音楽家だけでなく起業家やビジネス・リーダーにもこの点が役立つと思っている。ミュージシャンは、たとえば空白に耳を澄ませパターンを破る瞬間を生み出し、すき間を埋め、注目を集め、刺激を与える術を心得ている。それができるのは、キーボードやマイクでスキルを磨いたからだけでなく、**聴く力**を研ぎ澄ませてきたからでもある。

そして音楽的なスキルはどれもそうだが、聴く力を身に付けるためには訓練が必要だ。初めてピアノを習う人がキーを数えて正しい鍵盤を見つけるのに対し、プロは目を閉じても自由に演奏することができる。

この章では、**自分の周囲と内なる声に耳を傾ける術**を身に付けた音楽家や起業家の例を探求していく。彼らに共通するのは予期せぬことをその場でオープンに受け入れている点だ。

創造力を駆使する、活気ある会社を築き上げていく、チームを率いる、そのいずれの場合も音楽的なマインドセットが重要な役割を果たす。

そのために必要なのは、音符と音符とのすき間に耳を傾けるスキルだ。

すき間に耳を傾ける

世界を変えたヘッドホン

１９９０年から２００６年にかけて、ジミー・アイオヴィンはインタースコープ・レコードの創設者として最もよく知られていた。インタースコープはブラック・アイド・ピーズ、エミネム、リンプ・ビズキット、マリリン・マンソン、Ｕ２ら信じられないほど多彩なバンドを擁するレーベルだ。ところが２０００年代半ば、ジミーは業界が急速に進化するのを目の当たりにしていた。ショーン・ファニングという19歳のコンピューター・ハッカーと、ショーン・パーカーという新進の起業家が、ナップスターというプラットフォームを生み出したのだ。ソフトウェアを使う相手と誰もが無料で音楽をシェアし、しかもほぼ一瞬でダウンロードできる。

僕たちはジミーにその時代の変化と、その変化によって彼の人生、そして音楽の聴き方まで変えるアイディアに至ったいきさつを聞いた。

スニーカーよりスピーカー

「２０００年代の初めにナップスターが誕生したとき、僕はまずこう思った。なるほど、これはレコード会社にとっては厄介な問題だ。どう考えてもレコード業界はもうちょっと手を打っておくべきだったとね」

急速な変化に対応すべく、ジミーは収益を得る新たな道を探すようになった。イタリアのアパレル会社ディーゼルのジーンズとコラボする道を探り、ストリーミングのオプションも探った。

だが彼が30億ドル相当のアイディアを見出すきっかけになったのは、長年の友人でありヒップホップのパイオニアでスーパープロデューサーであるドクター・ドレーと組んだことだ。

「ビジネスに参入するには絶対アーティストと組んだ方がよかった」とジミーは言う。「顧客との関係を築きたかったし、同時にポップ・ミュージックの一端を担いたかったんだ。ドレーは自分の子供たちが彼の音楽をパソコンで、しかも安いイヤホンで聴いていると僕にこぼしていた。彼がそれを嫌がっていたのは、サウンドの一つひとつに何百時間もかけてきたからだ。それなのにどこもかしこも小さなアップル製の白いイヤホンだらけ。スティーブ・ジョブズも言っていたよ。あのイヤホンは音楽を聴くために作ったのではなくて、ｉＰｈｏｎｅ（アイフォン）のテスト用だって」

ある日、ジミーはドレーと浜辺で出くわした。ドレーは不満が募っていたらしく、ブランドから「商品を宣伝してくれ」「売り上げを伸ばすのに名前を貸してくれ」と頼まれることにうんざりしているとジミーに打ち明けた。これは今に始まったことではなかった。何年も前から、ドレーは様々なブランド、特にスニーカー会社からパートナーになってくれと頼まれてきたが、スニーカーには一切関心がなかったのでいつも断ってきたのだ。

ジミーはすかさずドレーに言った。スニーカーよりスピーカーにした方がいいと。つまりヘッドホンだ。音楽を聴く体験を、音楽そのものと同じくらいクールな体験に変えられたら素晴らしいじゃないかと提案するのだった。

当時、これは少し突飛な選択に思えたかもしれない。大半の人にとってヘッドホンは手軽な日用品だった。ウォルマートの棚には安いヘッドホンが並び、電話やＭＰ３を売る会社は無料で配っていた。

だがジミーは、アーティストの音楽がリスナーの耳を感動させた瞬間に、両者の間に親密で、本物で、リアルで直接的なつながりが生まれると感じ、大半のヘッドホンではこうした経験が味わえないことがもどかしかった。

「アーティストの意図やビジョンが若い子たちの耳に響くような物を作りたい。そうすればそこらのイヤホンで聴くのとは違う何かを感じてもらえるだろうと思ったんだ。でも具体的に何が響いたのかは分からないだろうという予感もあった。何せ誰も実際に優れたヘッドホンで聴いた経験がなかったからね」

僕たちが聴きたい音

ジミーとドレーは、ボーズやインタースコープにチームを派遣してコラボを打診することから始めた。当時ボーズと言えばオーディオマニアにとっては間違いなく業界随一で、ノイズキャンセリングのヘッドホンや最先端のサウンド・システム、アクセサリーの開発に数千ドルの投資を惜しまなかった。

ところがボーズのエンジニアがインタースコープを訪ねたとき、レコーディング・スタジオに行くのはこれが初めてだったようだ。ボーズは物理や数学の法則に従い、コンピューターでサウンド・システムをデザインしてチューニングする方法に出資し、クラシックをリファレンス音源として用いていた。

ボーズのヘッドホンは背景の雑音を見事に消去し、ハイクオリティのサウンドを提供していたが、音を重ねビートを刻むポップ・ミュージックを聴くには物足りなかった。

さて、これから少しマニアックな話をしたい。ヘッドホンは「サウンド・ステージ」を念頭に設計して製作される。「サウンド・ステージ」とは技術用語で音源の意味にほぼ近い。一番最近、あなたがコンサート会場で観客の中、ステージから50フィート（約15メートル）以上離れて立っていたときを想像してほしい。どんな音がしただろうか。バンドの音だけでなく周りの人、あなたの耳とマイクとの間にいる人たちのざわめきが聞こえただろう。

次にステージ近く、シンガーからわずか数フィートのところにいたときをイメージしてほしい。そこで聞こえた音がサウンド・ステージだ。現代のレコーディング技術のおかげでリスナーは以前よりも音源に近い音を聴くことができる。部屋の中のいろんなものが混じりあった音というよりも、バンドと一緒にステージに立っているときの音だ。

ジミーとドレーは、ほとんどのヘッドホンではアーティストの意図したサウンドが捉えられていないと感じていた。今の音楽に特有の重いベースの音が伝わらなかったのだ。スタジオでの長いキャリアを生かして、ジミーとドレーが作りたかったのは、アーティストが聴かせたいサウンド・ステージを聴かせるヘッドホンだ。

もちろん、音の数学的な原理が、マーケティングにおける人口統計や消費浸透、価格比較などの市場分析と同様に大事なのは言うまでもない。だが**何より大事なのは人の耳だ**。

結局、僕たちが好きな曲をチューニングするとき、求めているのはギリシャ哲学者プラトンの理想主義が唱えるような究極の音質ではない。僕たちが聴きたいのはアーティストが意図した音だ。そしてこれを誰よりも分かっているのは、スタジオで何千時間も費やしてアーティストと独自のサウンドを生み出すのに尽力したプロデューサーに他ならない。

ビーツの誕生

ポール・ワッチャーはファイナンシャル・アドバイザーとしてジミー・アイオヴィン、レブロン・ジェイムズ、（U2の）ボノらをクライアントに持ち、投資のアドバイスをしている。

彼はドクター・ドレーとジミーのヘッドホンの開発にも関わっていた。最終的にビーツと呼ばれるヘッドホンだ。

ポールは、ジミーがビーツのヘッドホンの試作品を作っていたときのことを僕たちに語ってくれた。

「試作品をテストしていたとき、彼らはあらゆるヘッドホンを使って何回も何回も同じ曲を聴いていた。ジミーがいつも聴いていたのは彼がトム・ペティにプロデュースした曲。ドレーは50セントの『イン・ダ・クラブ』だ。彼がプロデュースした曲だからね。2人は同じ曲をあらゆる試作品とあらゆるバージョンを使って聴いていた。曲がどういう想定のサウンドだったのかを正確に分かっていたんだよ。自分たちがプロデューサーとエンジニアを兼ねて、スタジオで聴きながらアーティストと議論を重ねた曲だからね」

ジミーにこのことを尋ねると、彼はクスクス笑ってこう言った。「まあそうだね。トム・ペティのレコードがどんなサウンドを想定していたかが僕に分かるのは、僕が手掛けたレコードだし、ミキシングもマスタリングも自分で担当したからだ。もっと言えば、どんなフィーリングを想定していたかも分かっていた。初代のビーツで僕たちが受けた最大のクレームは、オーディオマニア向けの音質ではないというものだった。でも大事なのはそこじゃない。ナイン・インチ・ネイルズのトレント・レズナーとスマッシング・パンプキンズをインタースコープに招いて、オリジナルのビーツを試聴してもらったことがある。どちらのバンドも大音量を出すんだけど、彼らが聴きながらうなずき出したとき、僕たちはいい方向に向かっているんだと確信した。僕たちが追い求めていたのは、スタジオでのレコーディングで得られる魂とフィーリングなんだ。アーティストもそうだけど、リスナーはオーディオマニアのクオリティなんて求めちゃいない。リスナーが望むのは、等身大の音なんだよ」

ジミーとドレーによる最初のヘッドホン、ビーツ・バイ・ドクター・ドレーは２００８年にデビューした。テクノロジーとカルチャーの合体という前例のないヘッドホン。ベースが響くサウンドとスタイリッシュなデザインはみんなが望むものだった。

数カ月後に、ジミーがレブロン・ジェイムズにヘッドホンを提供すると、レブロンはこれを２００８年オリンピックのアメリカ代表バスケットボールのチームメイトみんなに配った。マーケティングは成功した。全米で最も有名なバスケチームが北京に降り立ったとき、全員が新たなブランドのヘッドホンを身に着けていたのだ。**そこから新たな音の体験と音楽カルチャーが始まった。**イギリスのテニス・プレイヤー、ローラ・ロブソンはユニオン・ジャックのデザインが付いたビーツをもらったことをツイートした。

アスリートがビーツを頭に着けたり、宣伝したのはお金をもらっていたからではない。そうする必要などなかった。機は熟しビーツの時代が到来したのだ。

サウンドとカルチャーの融合

その6年後、アップルはビーツを26億ドルで買収した。それから数年でサウンド・クオリティはさらに向上し、アップルのAirPods（エアポッズ）の製作にも影響を及ぼすのだった。

ジミーからこのときの思い出話を聞いているうちに分かってきた。彼はマーケットのトレンドとすき間を聴き分ける力だけでなく、サウンドをカルチャーに、アーティストの意図をリスナーに、フィーリングをリスニングに結びつける力を併せ持ち、それを発揮していたのだ。

「アップルのエンジニアの1人から、僕の言う**〝フィーリング〟**とはどういう意味なのかを聞かれたことがある。すべてだよ。人生におけるすべて。絵を見て何かを感じるのと同じさ。ギャラリーを歩いていて10点の絵画を見ても、ピンと来るのは1点だけだったりするよね。音楽を聴くときも同じで、何かを感じてそれを頭の中で消化する。気持ちいいと感じれば、それでいいんだよ」

彼はこうも言う。「忘れちゃいけないのは、**僕にはビーツがうまくいく確信などなかった**ってことだ。僕たちには素晴らしいアイディアがあったし、可能性を秘めていることも分かっていた。若い子たちが音楽を聴くヘッドホンはひどい音で、しかも医者の聴診器みたいなデザインだった。僕たちが興味を持ったのは、音楽の力とカルチャーの力だ。この2つを結びつけてカッコいいものを作れば、高いハードルだって飛び越えられる。（プロバスケチーム）ネッツのフォワードだったケヴィン・ガーネットを立てて広告を作ったけど、マーケティング担当の1人から、もっと大物で有名な人にした方がいいと言われた。でも僕は断った。ケヴィンが仕事熱心なのは知られるところだし、誠実であることもね。ケヴィンはビーツそのもので、彼の姿勢こそはビーツのあるべき姿勢なんだ。だからＣＭの中で彼が敵地のスタジアムに入って、みんなから野次られ、物を投げられても、彼はビーツを着けてビーツのメッセージを発信してくれた。聴きたい音を聴く。そうすれば勝ちは見えてくるとね」

アップルによる26億ドルの買収で、ジミーとドレーは宝くじを当てたようなものかもしれない。だがブランドの真の価値が生まれたのは、音楽を体験することの大切さを彼らが訴えてきたからであり、その根本にあるのはミュージシャンとファンの双方が望むものに耳を傾けたことだ。

２人が市場調査やアンケートをしなかったことは注目に値する。彼らは**沈黙、欠落、すき間に耳を澄ませたのだ**。２人の話で思い出すのは、ジャズ・トランペットの大御所マイルス・デイヴィスがよく共演者に言っていた言葉だ。「**そこにあるものを演奏するな。そこにないものを演奏するんだ**」

教育者でありイノベーターでもある僕たちは、この価値を何度も噛みしめている。直感を研ぎ澄ませて、すき間にあるものを感じ取ること、それは誰にだってできる。

カギとなる一言を探し当てる

デズモンド・チャイルドの流儀

デズモンド・チャイルドはソングライターの殿堂の名誉会員で、２０００を超える曲を書いてきた。彼のヒット曲にはボン・ジョヴィの「リヴィン・オン・ア・プレイヤー」、「禁じられた愛（＊ユー・ギブ・ラブ・ア・バッド・ネーム）」、リッキー・マーティンの「ラ・ヴィダ・ロカ」、バーブラ・ストライサンドの「レディー・リバティ」、シスコの「トング・ソング」がある。他にもコラボした相手にはエアロスミス、シェール、ケイティ・ペリー、ケリー・クラークソン、キッス、マイケル・ボルトンらがいる。

デズモンドがジャンルや世代を超えて、これほど多くの曲を作り、多くのアーティストと組んで成功してこられたのはなぜだろうか。

僕たちが初めてデズモンドに会うとき、彼は傲慢で威圧的、自分の名声と影響力を自覚するセレブの中のセレブではないかと不安だった。ところがいざ会ってみると、幸いなことに彼は温かくて思いやりがあって、友人みたいにいつまでも話していられる人だった。

彼の人となりを表すいい例を紹介しよう。僕たちが初めて彼と話しているとき、パノスが途中で自分はキプロスで生まれ育ったと言った。すると驚いたことに数カ月後、パノスはニューヨークの彼の自宅に招かれ、別のキプロス人夫妻とキプロス出身のシェフを紹介された。デズモンドの依頼でシェフはハルミチーズ、グリークチキンサラダ、グリルしたヨーロピアンシーバスを用意してくれた。思いやりどころか、まさにこれがデズモンドという人なのだ。

その夜の食事は何時間にも及んだ。食事の後、僕たちは彼から曲を作るようになったいきさつを聞いた。曲作りの勉強は幼い頃、母親の隣のベビーベッドに横になっていたときに始まったそうだ。その母親とは、今は亡き偉大なキューバのボレロ作家エレナ・カザルスで、彼女のピアノが子守歌だった。

「母は詩人だった」と彼は言う。「幸せなときに幸せな曲を書いて、悲しいときには悲しい曲を書いた。母の音楽は日々の生活のスナップショットなんだ」

タイトルが思いつくまで書かない

母親が日常の１コマ、喜びや悲しみの些細な瞬間を音楽や歌詞にするのに刺激されて、デズモンドは、１９７０年代半ばにリズム・アンド・ブルースの影響を受けたポップ・バンド、デズモンド・チャイルド&ルージュを結成する。

バンドは高い評価を受けて映画のサントラにも参加したが、うち１曲は『ビルボード』誌のチャートでは51位止まりで、売れ行きは芳しくなかった。そこでデズモンドは曲作りへと方向転換し、ボブ・クルーという伝説のソングライターと組んだ。フォー・シーズンズ、ボビー・ダーリン、パティ・ラベル、バリー・マニロウらに曲を提供した人物だ。

「2年間、ボブと僕は彼のスタジオから道路を挟んだ狭い場所で落ち合ってランチを共にしていた」とデズモンドは言う。「月曜から金曜まで正午に彼と待ち合わせた。彼はハリウッドの昔話をしてくれてね。それから彼のスタジオに行くんだ。壁には何もないアパートで、あるのはグランド・ピアノと彼が座るイスだけさ」

デズモンドは空き部屋でクルーとピアノに座り、2人とも白紙のメモパッドを持っていたときのことを振り返る。クルーのやり方に従って2人はメロディや歌詞ではなく、**まず曲のタイトルを模索した**。

「ボブはいいタイトルが思いつくまで曲を書かないんだ。僕がアイディアを出して、彼も出す。すると、これだ、やったぞとなる。ボブに言わせると、わずか2、3語の中に曲のエッセンスとストーリーを込めたものが曲のタイトルであって、歌詞を書くことはこのエッセンスに立ち返る作業なんだ」

デズモンドの中では、クルーのテクニックは母親と似ていた。曲を大まかにイメージして、2、3の言葉と気の利いたフレーズで体験をまとめるまでじっくり取り組む。

ユー・ギブ・ラブ・ア・バッド・ネーム（禁じられた愛）

こうしたアイディアがデズモンドの人生を変えたのは、ニュージャージーのロッカー、ジョン・ボン・ジョヴィと組む機会があったときだ。

デズモンドはボン・ジョヴィのギタリスト、サンボラが子供の頃育った家に招かれた。茶色の沼地のほとりにある木造の家で、遠くには石油の精製所がある。典型的なアメリカン・バンドのメンバーによくある子供時代の環境だ。

ボン・ジョヴィとサンボラは、フォーマイカ製のテーブルにキーボードとオンボロで音のうるさいアンプをセットした。

「ボブとのセッションのとき、僕にはすでに思いついたタイトルがあってお尻のポケットに入れておいた。『ユー・ギブ・ラブ・ア・バッド・ネーム（お前は愛の名を汚す）』さ。このタイトルを言うとジョンの顔がきらりと輝いた。このとき僕は10億ドルの笑顔というものを初めて見たよ。彼にも書きかけの曲があって、こう歌った。〝心臓を打ち抜かれた。お前のせいさ。だって……〟」

「それから僕たち3人は声をそろえてこう続けた。〝お前は愛の名を汚す〟ってね」

世間から交際を許されなかったロミオとジュリエットなら、この苦しみを感じただろう。まるで彼らの声にならないため息が聞こえたように、デズモンドはそれらをポップな歌詞に変え、これを機にクリエイティブな関係は何年も続いていく。

「禁じられた愛」は『ビルボード』誌で1位、シンガーのマンダリナがカバーしてポーランドでも1位になった。最近でもテレビの『アメリカン・アイドル』で参加者がプレイしたのを機にチャートで復活するなど、根強い人気がある。

心のシグナルを捉える

ビョークの流儀

デズモンドみたいに個人的な経験を2、3の言葉に集約する方法は、創造の出発点の一つに過ぎない。

起業家のみならず多くのソングライターやクリエイティブな人は、「創造」をどこから始めるかで非常に頭を悩ませるようだ。空白のページは時にプレッシャーとしてのしかかる。乾燥機の中でグルグル回る靴下のようにアイディアが頭の中を巡っているが、どうやって糸を手繰り寄せてお目当ての靴下を取り出していいか分からない。

デズモンドは完ぺきなタイトルに耳を澄ませることから始める。中には強烈な個人的体験を探して、そのときの感情を思い起こし、それをファンに投げかけることから始める人もいる。そしてアイスランドのシンガー兼作曲家ビョークの場合、創造のプロセスは日常に浸ることから始まる。

歌うことは、世界と関わること

アイスランドのレイキャビクで生まれたビョークは、**周囲の日常の声に耳を澄ませ、それをアートに転化する**ように心がけている。デズモンドと同様に、彼女も幼い頃からそれを始めた。

子供の頃から森の中を歩いたりスクール・バスの中で同級生に歌って聞かせたりした彼女にとって、歌うことは周囲の環境と関わることだそうだ。

そしてその関わりは抽象的なものではなく具体的である。インタビューの中で彼女はレイキャビクの桟橋付近を歩いたり、港の雑踏に耳を澄ませたりすると語っている。岸に打ち寄せる波の音、頭上でカモメが鳴く音、往来する船の汽笛の音。

ビョークにとってこれは背景音である以上に音楽なのだ。彼女の曲「ワンダーラスト」はこうした音で始まり、とりとめないこれらの音が次第に集まり調和し、メロディのバックボーンとなるリズムが奏でられる。

日常のありふれたサウンドトラックの中からビョークは自分が耳にした音、もっと正確に言えばしっかりと耳に残る美しい曲に変え、自分も周囲の環境の一部であると歌うのだ。

彼女は成長してアイスランドで時代を超えて最も有名なアーティストになり、従来の枠を越え、浮世離れして、風変わりで美しい曲を量産し、それらを世界的にヒットさせた。彼女はアーティストとしての創作の過程について、音楽、ファッション、ミュージック・ビデオ、ラース・フォン・トリアー監督の映画『ダンサー・イン・ザ・ダーク』の主演、そのいずれにおいても、**感情の座標を知ること**だと述べている。

「曲作りは子供の頃から学校の行き帰りで始めて、それが私にとっての世間との向き合い方だった」とビョークは言う。「私の潜在意識とか脳の中で、スクリーンセイバーみたいに何かが残っていて、その隣で何かが起こりそうになって……楽しい時間とか悲しい時間とか、時間を独り占めにしていたり、その反対に時間の感覚がなくなったり、心の奥底で何かがうごめいている感じ」

シグナルとノイズを聴き分ける

次第に、ビョークは**内なる反応**に耳を澄ませる習慣を研ぎ澄ませていった。彼女は簡単そうにそう言うが、1個の楽器を習得するのに何年も練習が必要であるように、この**聴く技術**を無理なくできるようにするには年月を要する。彼女は遠い銀河系からの電波をキャッチするパラボラアンテナのように絶えずアンテナを張り巡らせ、シグナルとノイズとを聴き分けている。

ポッドキャストのエピソード『ソング・エクスプローダー』に出演した彼女は、そのシグナルをどう捉えているかを打ち明け、ヒット曲「ストーンミルカー」で感情を音で突き詰めたときのプロセスについてこう説明した。

「浜辺をブラブラ歩いていて、ふと歌詞がそのままの状態で浮かんできた。（だから思ったの）こんなにはっきり閃く瞬間はそうあることじゃないから、これは残しといた方がいいかなってね。このアルバムのいいところはシンプルであること。**思ったことや感じたことを声に出すこと。**あまり賢くやり過ぎるのもだめ。むしろ逆効果よ。曲全体は明瞭でシンプルであることがテーマで、何でも複雑にして煙に巻いて曖昧にしたがる人へのメッセージなの。聴いた人が『はっきり分かった。好き嫌いは別にして』と言ってくれればいい」

そこにないもの、少なくとも普通はそこにないものを認識するために必要なのは鍛練、そして判断力だろう。この場合、彼女にははっきりと何かを認識した瞬間があり、それが曲の趣旨となった。シグナルを感じたからだ。

２００７年に出版された『Q』マガジンの「ソングライター特集号」の中で、彼女はさらにシグナルを認識し、探求し、具体化する過程について述べている。

「**要は頭の中で息づいているメロディを口ずさむこと。**メロディがグルグル回ってるの。メロディの力について言えば、私の考えは保守的でロマンチックだと思う。最初に聞こえたときはディクタフォンに録音しないようにしている。すっかり忘れてもまた後で思い出せれば、それで十分。アレンジは潜在意識に委ねるの」

歌詞作りについて彼女はこう言う。

「歌詞にはかなり力を入れている。言葉と詞の形式によって日々の生活や会話では言い表せないことを表現できるのには理由があるの。それは思うに、何度か試行錯誤しながら正しい順番に言葉を配列することで、緊張感とエネルギーが生まれてそれが行間を流れるから。一番大切なことは沈黙の中に横たわっていることが多いのよ」

ここまで読んで、あなたは思うかもしれない。アイスランドから登場したポスト・パンクの妖精が周囲の世界で感情の結びつきを探求するのはいいけど、それが起業と何の関係があるのだろうと。深淵で実存主義的、世界的なナンバーワン・ヒットなんて自分に書けるわけがないし、これがビジネスの世界とどうつながるのだろうかと。

だがもう少しおつきあいしてほしい。ミュージシャンにとって、自分の外の世界に耳を傾けてアイディアとインスピレーションを引き出すことは、イノベーションの第一段階に過ぎない。第二段階として次に、**自分の中の声に耳を澄ませて、世界と自身のビジョンと価値観とが共鳴し合うポイントを知る**ことも求められる。

ビョークの場合、彼女のアプローチの力が新たな意味を持つようになるのは、押し寄せる経済不況から祖国を助けたときだ。

感情に基づいて精査する

2008年に財政危機がアイスランドで勃発した。人口30万の国に民間の銀行はわずか3つしかなく、そのどれもが大きな借入れを促す政府の政策によって数年で肥大化し融資限度が大きくなったことで、新たな裕福層が国内に出現した。住宅市場が急騰し、株価がわずか1年で900パーセント上昇。3年間で平均的なアイスランド人の個人資産は300パーセントも増えた。

だがいきなりバブルがはじけ、民間の3つの銀行は破たん、投資会社は破産し、4分の1を超える国民が住宅ローンを払えなくなった。

オイズル・キャピタル

ビョークは同じ市民のために何かしなければと感じ、オイズル・キャピタルというベンチャー・キャピタルの会社と手を組んだ。オイズルの創設者であるハッラ・トーマスドッティルとクリスティン・ペトルスドッティルは、環境的に維持可能なプロジェクトと女性起業家への投資で知られていたが、オイズルの〝ビョーク〟・ベンチャー・ファンドと共に、２人はさらに一歩踏み出した。シンガーであるビョークに従って、**彼女たちは自身の価値観、そして感情的な結びつきに耳を澄ませた**。オイズルの設立者である彼女たちによると、ファンドへの投資を検討する際に、これまでのデータ、市場ギャップの分析、事業計画と同じくらい、**投資先企業に対する自分たちの思い**を重視することにした。

「私たちは合理的な考えとＥＱ（心の知能指数）を拠り所に、投資を価値あるものにしたいと考えていた」と彼女たちは２００９年にＢＢＣに語った。「なれ合いの関係になるとそれが難しくなる。私たちが投資の機会を拒む場合は、財務に基づく精査よりも**感情に基づく精査**の結果に負うところが大きいの」

ここでちょっと「感情に基づく精査」という言葉に聞き覚えがあるかどうか思い起こしてみてほしい。もちろん聞いた人はいないだろう。では一体何か。それは結局、人が人に投資するということ、つまり会社のビジョン、カルチャー、伝える力を形成する会社のリーダーに共感できるかどうかということだ。

ティム・チャンの場合

僕たちは資本家のティム・チャンに電話して、感情に基づく精査のコンセプトについて尋ねた。ティムはミュージシャンとしてキャリアをスタートさせた。クラシックのピアノを弾いて育ち、ハイスクール時代にロック・バンドに参加。ステージでヴァン・ヘイレンの「暗闇の爆撃」をプレイした日から、読書好きのティーンだった彼はロック・スターになりたいと思うようになる。仲間の同級生たちは突然彼の友人からファンになった。この快感が病み付きとなり、ティムは大学に入ってからも音楽を追求し、ソニーとレコード契約を結んでツアーを始めた。

だが程なくして、ティムはソニーが提示した契約が自分の価値観と折り合わないことに気付く。レーベルには金が入るがミュージシャンは汗をかくばかり。そこで彼はツアーをやめて金融の世界に入った。現在シリコン・バレーの巨大ベンチャー・キャピタル企業、メイフィールドと提携するティムは『フォーブス』誌の最も影響力があるＩＴ投資家のリストに2度名を連ねた。

ツアーバスからＩＴ界のスターダムへ登りつめる旅の中で、彼は自分が何者であり、時間と労力を費やして築き上げたいものは何かを正直に繰り返し自問したそうだ。

「ミュージシャンとしてバンドでプレイを始めたとき、これまでのクラシックで学んだ多くのことを捨てて、自分は何を伝えたいのだろうと考えた。**自分は何を言いたいのだろう、自分の生き方って何だろうとね。**いろんなジャンルを通過して自分に響いたものを拾い上げた。自分のミックステープを作るってそういうことだ。アーティストにとって一番の仕事はこれだと思う。自分の声を伝えることなんだよ」

彼は金融業界に入っても同じような道を辿った。

「この仕事を始めたとき、会社に投資するべきかどうかを決めるルールを設けようと思った。これはという数字を伴ったデータが欲しかったから、何百もの例を見て、データを落とし込んでパターンを探すことから始めた」

厳密にデータを分析したものの、ティムもまた感情に基づく精査を拠り所にするようになった。起業家がメイフィールドにプレゼンする際、素晴らしいアイディアによってチャンスはもらえても、即契約とはならない。ティムはアイディアに加えて、これまでのデータもチェックする。個人と企業の経歴、神経は太いか、リーダーシップはあるか、自分のことを分かっているかどうかなど。

「僕にとってのＸファクターが他の人にはそうじゃないかもしれない」と彼は言う。「破天荒な人間が好きな人でも、当の本人はそうじゃなかったりする。でもその人の価値観を知ることが大切なんだ。価値観は人によって見事に違うよね。例えば自分の愛する人はそれぞれに違うのと同じさ。他人を理解することが自分を理解するコツなんだよ」

自分の内面をとことん追求した彼のことだから、他人に対してもしっかり耳を傾けるのは当然だろう。お金持ちの投資家たちにアイディアを売り込む際、起業家は頭から足の先までびしっと着こなして、弱みを見せず、計画の不備を見せてはいけないことが共通の認識となっている。ティムにとってそんな姿はむしろ要注意だ。彼は相手に対して仕事上だろうとプライベートだろうと構わず、現時点で直面している一番の悩みについて話してもらうことにしている。

「彼らの反応でよく分かるんだ。守りに入っているとか、オープンな人、繊細な人なのか、話題に付いていけていないとか、よく分かるよ。僕はちゃんと仕事をしてきた人に投資したい」

感情に基づく精査の際に、ティムは自分と同じ波長の人を探している。彼がクスクス笑いながら言うには、誰しも中にエネルギーを発する小さなモーターを持っていて、人によって振動数が違うそうだ。

「誰だって常にエネルギーをそれとなく発している。自分のことと自分のエネルギーを知るにつれて相手のことも分かってくるし、しかも絆だって築きやすくなるんだ」

時には思い込みも必要

ビョーク、オイズル・キャピタル、ティム・チャンにとって、投資リストを作る際の考えはそれぞれに違うが、感情が土台になっている点は共通している。3者とも**自身の奥の直感を信頼して耳を傾ける**。

先ほど紹介したファレル・ウィリアムスも同じく自身の声に耳を傾けそれを信頼するのだが、彼の場合、さらにその先を見据えている。

「誰にだって多少は自分に自信を持てないところがある。でも大抵の場合、アーティストでいるためには、いい意味での思い込みが必要なんだ。自分は価値がある独自の存在で、人とは違うものを持っていると思うしかない。**自分に疑問を持ってもいいけど、疑うことは出発点にならない**。それでは何も始まらないんだ。この間一緒に仕事したアーティストなんか、せっかくの素晴らしいチャンスを敬遠してばかりいて、頭にくるよ。そういうのは勘弁してほしい。どうせならまともな思い込みを抱いてほしい」

エゴを捨て去る

ここまで読んできた人は、僕たちがこう主張していると思うかもしれない。アーティストや起業家はチャンスを見極める力を信じて、自分のビジョンに従って行動する。だから失敗とは縁がないのだと。

だが誰だって間違うことはある。その際に**方向転換**すべきタイミングをどうやって見極めればいいのだろうか。

ここでもまた、心をオープンにして絶えず耳を澄ますことがカギとなる。

起業家にとっての方向転換という考え方は、ＥＤＭのミュージシャンにとってのベースの音と同じくらいお馴染みのものだ。作曲家で社会起業家のマイク・カッシディはまさにそれを知っている人だろう。

ピボット（方向転換）の達人

バークリー音楽大学とハーバード・ビジネス・スクールを卒業したカッシディは、４つのインターネット関連の会社を共同で立ち上げ、グーグルの製品管理部門のディレクターとなり、グーグルＸのプロジェクト・ルーンを率いた。プロジェクト・ルーンは高度６万フィート（約１万８３００メートル）の高さに熱気球を打ち上げて、被災地や貧困区域などインターネット接続ができない地域にワイヤレスのＬＴＥ回線を届けた。

一カ所に落ち着くことがない彼は、再び賭けに出てグーグルを去り、今度はアポロ・フュージョンという原子力エネルギーの会社を立ち上げるのだった。

カッシディは言う。「最初に立ち上げた５つの会社のうち４つでは、当初のアイディアが頓挫して方向転換を余儀なくされた。20代初めに、自分が決断した後で何度もそれを考え直していることに気付いたんだ。引き返して考えを変えた方がいいだろうかと後悔ばかり。ふと思ったんだけど、考えている時間の半分は、すでに決めたことを考え直してばかりだった。だから一旦決めたらもう決して考え直すまいと誓ったんだ。**失敗したら方向転換すればいいんだし**」

彼は起業するときもこれを実践している。チームは手に入るデータすべてに目を通し、計画を徹底的に話し合い、それを稼働させるために全精力を傾ける。そして時期が来たらデータをもう一度見る。事態がふさわしい方向に向かっていなければ、方向転換する。

１９９４年、カッシディの会社ダイアル・ア・フィッシュは、ウェブ・ショッピングの時代に先駆けて食料雑貨店での買い物の仕方を変えようと立ち上がった。

その途中で、チームはマーケットの通信ツールが需要に見合っていないことに気付き、こういうのがあればと自分たちが思うツールを作り上げた。結果的に他の企業も同じようなツールを欲しがったため、カッシディは会社を方向転換させてマイクロソフト・ベースによる初の通信アプリの開発に専念し、スタイラス・イノベーションという名でブランドを立て直した。

そして半年足らずで会社はマーケットのリーダーとなり、２年後には１３００万ドルで会社を売却した。この価格は共同創設者たちの間で投資した額の１万倍に相当する。

このときと同じアプローチが功を奏した件がある。それは彼がアルティメット・アリーナという、オンラインのビデオ・ゲームでユーザーが実際に賞金を稼ぐことができるプラットフォームを立ち上げたときだ。

アイディアが行き詰まると、カッシディは使用をやめたユーザーにその理由を尋ねた。多くの回答によると、当初彼らが契約したのは、プラットフォームがサーバーを共有するおかげで、友達とゲームがしやすいためだった。

そこからカッシディは会社をゲーマー用のインスタントメッセージ・アプリをＸｆｉｒｅ（エックスファイア）として作り直し、２００６年、ビアコムに１億２０００万ドルで売却した。

起業家の物語は数あれども、その中でもカッシディのような例は、実は稀であることが忘れられがちだ。

我々は誰しも自分が次世代のザッカーバーグだとかカッシディになったつもりで、失敗してもそれは〝方向転換〟、つまり成功への足掛かりに過ぎないと考える。

だがカッシディは僕たちに、時に失敗の経験がどれほど苦しく屈辱的なものになるかを素直に語ってくれた。ビジネスを応援しようと契約した投資家は、アイディアが変わると目くじらを立ててしまうし、チームのメンバーでもそれは同じだ。

しかし、**たとえ軸足が変わっても、それが機会をうかがって耳を澄まし、新たな提携を見つけた結**

果であれば新たなアイディアはきっとうまくいく。

ティムとカッシディとの話からは重要な教訓がうかがえる。大切なのはエゴを捨てること。自分をオープンにして常に周囲を意識してよく観察し、耳を傾けることだ。

出会ったその日に生まれたカルテット

僕たちがこの考えを身をもって示したのは、２０１７年5月、ボストンのカフェ・アートサイエンスにＩＴ企業のＣＥＯを集めたときのことだった。音楽と起業の接点について語り合うのが目的だ。イベントのオーガナイザーであるシリコン・バレー・バンクは、投資先企業内でリーダーシップの発展を促すべく、定期的にイベントを主催している。

彼らから音楽的マインドセットと起業活動についての考えを求められた際、僕たちは絶好の機会だと考えた。何せ若い起業家を相手に、耳を傾けることのマインドセットについて自分たちの理論の正当性を試せるのだから。

ゲストが到着し、カウチとイスを輪のように並べた部屋に入った。中央にはアップライト・ベース、スネア・ドラム、サクソフォンがある。

その日の夜は僕たちのプレゼンから始まった。プレゼンと言っても大学での講義の序盤で話していることと内容は同じだ。音楽業界の動向を紹介し、スクリレックスからデヴィッド・ボウイまで、業界を先導する柔軟なミュージシャンを例に、生産性に対するマインドセットによってミュージシャンは周囲の変化に常に対応できることなどを話した。

イベントが始まって30分が経ち、パノスは部屋の中央に3人を招いた。この時まで3人は部屋の後ろの隅に静かに立っていた。ドレス・ジャケットとネクタイをした彼らは地元の大学で音楽を学ぶ学生で、互いに顔を合わせるのはこのときが初めてだった。何か新たなことが始まろうとする瞬間だ。

パノスがこう切り出した。耳を傾ける音楽的マインドセットの価値についていろいろ説明してきましたが、実際にご覧いただきましょうと。

簡単に打ち合わせしてから、３人の学生はジョゼフ・コズマ作曲、ジャック・プレヴェール作詞の「枯葉」を軽く演奏し始めた。１９５５年、ピアニストのロジャー・ウィリアムズのインストゥルメンタル・バージョンがアメリカの『ビルボード』誌で1位になったジャズ・スタンダード。わずか数分で学生たちは数週間前からリハーサルを積んできたかのように息をピッタリ合わせた。３人はこの夜が初顔合わせだとは誰も知らなかった。

そうは言っても、これは基本的なスキルを学んだミュージシャンだからできたことであり、３人とも相手のプレイに耳を傾けてコラボするのはお手のものだ。

するとパノスは参加していたエグゼクティブの1人を、部屋の前に置かれたキーボードのところに招いた。ジャネット・コメノスはスポッテド・メディアというデータ会社のCEOだ。スポッテド・メディアは、ブランドや代理店をサポートして、セレブ関連のマーケティング判断にアドバイスを提供している。そのCEOである彼女はシンガーソングライターでもある。

彼女は、パノスのリクエストで、この場にいたミュージシャンの誰も聴いたことがない自作の曲を演奏し始めた。すると驚くべきことが起きた。

初めのうちジャネットは少しためらっていたが、学生の1人が「大丈夫、ミスしてもそのまま続けてください。僕たちも参加するから」と励ました。

ジャネットが演奏して歌い出すと、ミュージシャンたちはじっと立って聴いていた。20秒くらい経つと、まずドラマーの頭が曲に合わせて動き出した。更に10秒が経ちサックスの音が入ってきた。そして3人全員がジャネットに合わせて、彼女のリードに従い完ぺきなタイミングで完ぺきなカルテットを作り上げたのだ。ベースとドラムが曲をしっかり支え、サックスが彼女のメロディを反響させる。彼らの誰もこれまで顔を合わせたことがなかったにもかかわらず、曲にしっかり耳を傾けたおかげで、彼女をサポートしながら彼女の曲を新たな高みに持ち上げることができた。

今の例が何を物語っているかは明らかだろう。その後CEOたちと食事をすることになり、その席で「これまで音楽的な活動と仕事を結びつけたことなどなかった」という言葉が出た。「仕事は仕事で音楽は娯楽に過ぎないと思っていたが、今はそれ以上のものに思える」「音楽の力で自分と自分の組織の新たな面を理解できそうだ」「これまで気付かなかった新たな世界への入り口に思える」と、みんなが言ってくれた。

耳を傾けることは身に付けるとお得なスキルではなく、本質的で必要不可欠なものだ。そして実践を積むことによって、マーケットで提携のチャンスを見つけることから観客との絆を築くことに至るまで、起業活動のあらゆる段階に応用できる。

耳を傾けて、気付き、感じる。

沈黙から生まれる可能性を見出す。

そして次に向かうべきは次章で紹介する**実験**だ。

プレイリスト

まずはファレル・ウィリアムス、それからデズモンド・チャイルドの作品などを経て、締めはイタリア人作曲家のフロラレド・サッチによるケージの「4分33秒」。彼女がハープを抱えて座ると観客が戸惑いを見せる。デズモンドの曲作りの戦略を知った皆さんにはタイトルから内容を予想してみてほしい。正解するだろうか。

ハッピー―ファレル・ウィリアムス
サイレンス（イレニアムのリミックス）―マーシュメロ、フィーチャリング・カリード
エクスプレス・ユアセルフ―Ｎ．Ｗ．Ａ．
ラ・ヴィダ・ロカ―リッキー・マーティン
トレインレックス―ウィーザー
禁じられた愛―ボン・ジョヴィ
いけないアナタ―ジョーン・ジェット
ウェイキング・アップ―ケイティ・ペリー
ヒューマン・ビヘイヴィアー―ビョーク
エンジョイ・ザ・サイレンス―デペッシュ・モード
ジョン・ケージの4分33秒―演奏フロラレド・サッチ

もっと聴きたい！

ＰＪ・ハーヴェイの物議をかもした『ホープ、シックス、デモリッション・プロジェクト』を聴いてほしい。アルバムの歌詞は彼女がコソボ、カブール、ワシントンＤＣを旅行中に見聞きしたことが基になっている。そ

れからマトモスの『アルティメット・ケア・II 洗濯完了』、ワールプール社の洗濯機の音だけを使ってレコーディングしたものだ。

CHAPTER | 02

実験、実験、実験

動き続けて 進化する世界の先を行く

「僕がスタジオのルールで決めていることはたった一つ。失敗を恐れないことだ」

——ジャスティン・ティンバーレイク

ミュージシャンという生き物

前章で述べたシリコン・バレー・バンクのイベントの冒頭で、僕たちはこう尋ねた。「会社のCEOである皆さんにとって、アスリートとミュージシャンのどちらを雇いたいですか」と。ワークショップでこの質問をぶつけると、エグゼクティブの大半はスポーツをやってきた人に賭けてみたいと答える。

もちろん、アスリートに文句をつけるつもりはない。著者のマイケルはハイスクール時代にバスケットをやっていたし、パノスは軍隊に従属していた（毎朝4時に起きて訓練だ）。だが今の質問には興味深い好対照が示されている。昔からアスリートが何かを成し遂げると、それはガッツ、勝ちたいという意欲の証しであり、体で覚えるまでひたすら練習を繰り返しながら、リーダーシップとチーム・プレーに徹した賜物だとみなされてきた。

一方でミュージシャンは個人主義でわがまま、会社の歯車になることを拒んでいると見なされる。そう、確かにジャズ、ロック、カントリー、ヒップホップの記録を紐解くと、快楽に溺れ、中毒となり、反抗するミュージシャンの話が多く載っている。だがこうした振る舞いは、大学やプロスポーツの記録にも残っていないだろうか。それらしい噂はたくさん転がっている。

ロックンロールには破天荒なエピソード、ホテルを壊したりドラッグのオーバードーズなどが付きものだが、その陰には情熱と努力、革新の話も何百個とある。そのいい例がデイヴ・グロールだ。彼はニルヴァーナ3人のメンバーの1人としてスターダムに駆け上った。ニルヴァーナといえば中心メンバーであるカート・コバーンの薬物中毒と自殺もあって、破天荒の最たる例としても知られるバンドだ。

ところがグロールは仕事に精力を傾けライブには時間ピッタリに登場し、どの仕事もこれが最後の仕事だと言わんばかりに全力でぶつかる人物として知られている。チェゼーナという小さな街から、１０００人のイタリア人が彼の「ラーン・トゥ・フライ」をカバーしてビデオで拡散させた。するとグラミーを15回も受賞した彼は片言のイタリア語で、自分のバンドのフー・ファイターズがコンサートで訪問するとビデオで約束し、27曲に及ぶマラソンコンサートを開催した。スウェーデンのステージから落ちて足を骨折したときも、コンサートをやり遂げたいと言って、足に包帯を巻いてイスに座って断行するのだった。

グロールは別格だが、彼だけが特別なのではない。**ミュージシャンは常に動いて進化している世界に対応できる存在なのだ**。耳を大きく開いてチャンスに耳を澄ませ、新たな馴染みのないチームメイトともコラボできるし、科学と芸術の両方を刷新する。

ただ漫然とプレイするだけではない。プレイの仕方を心得ているのだ。

そして実験の術も。

とにかく書き続けろ

ジャスティン・ティンバーレイクの流儀

ジャスティン・ティンバーレイクは、NSYNC（イン・シンク）という史上最も売れたボーイ・バンドのメンバーとして1990年代に世界的な名声を博した。ソロになるためバンドを脱退してからも4枚のレコードをプラチナヒットさせ、シングルの売り上げは5600万枚を超える。R&Bの影響が色濃い最初の2枚のアルバム『ジャスティファイド』と『フューチャー・セックス／ラヴ・サウンズ』では、ソウル、ファンク、ポップを融合させる彼の力を見せつけた。

2008年、レコーディングを4年間中断したがその間もヒットを出し続ける。ただし同じヒットでも今度は『ソーシャル・ネットワーク』、『バッド・ティーチャー』、『ステイ・フレンズ』、『TIME（タイム）』などの映画出演だ。レコーディングのためにスタジオに戻ると、ダブル・アルバムの『ザ・20／20エクスペリエンス』をレコーディングしてネオソウルと1970年代のロックを探求する。ディスコにインスパイアされチャートで1位になった「キャント・ストップ・ザ・フィーリング」と「マン・オブ・ザ・ウッズ」は、アメリカのルーツ音楽にヒップホップのビートを融合させた。

著者のパノスは２０１９年5月にジャスティンとひざを交えた。まずパノスがびっくりしたのはジャスティンの身長だ。何となく僕たちの中では、彼のNSYNC時代のカーリーヘアでそばかす顔をイメージしていた。ところがいざ会ってみると6フィート1インチ（約１８５センチ）でプリント柄のボタンダウン・シャツとブレザー、足元はコンバースのハイ・トップという格好で、彼のキャリアが20年を超えることをまざまざと見せつけた。

2つ目に驚いたのは、彼はごくごくノーマルで地に足が着いていて気さくなことだ。本人のリラックスぶりはこちらにも伝わってくる。数分も経たず、ずっと以前からの知り合いのように感じられた。

控室でおしゃべりした後、パノスとジャスティンは満員の会場のステージに座り、様々な話題について1時間以上語り合った。彼が子供の頃を過ごしたメンフィスという、シカゴ、ナッシュビル、マッスル・ショールズなどからの音楽的影響が融合し合う街から、グラミー賞受賞、映画出演などなど。後で知ったのだが、その数日前にソングライターの殿堂が50年祭でジャスティンにコンテンポラリー・アイコン・アワードを授けると発表していたから、曲作りについてたくさんの話ができたのは当然の流れではあった。

たった一つのルール

彼が初めて曲を書いたのは10代に入った頃、親にイヤリングを買ってもらうためだった。NSYNC時代も曲を書き続けたが、自分の力量に自信が持てなかった。

そんなときにスウェーデン人のスーパープロデューサー、マックス・マーティンに出会って転機を迎える。マーティンはレノン＝マッカートニーに次いでソングライターとして1位の曲を数多く生み出している。冒険を厭わずどの曲にも並々ならぬ精力を注ぎ、納得いくまで何度でもアイディアを突き詰める伝説的存在だ。2人が出会ったのは、ジャスティンがまだ16歳のときだった。

ジャスティンはパノスにこう語っている。「僕にとっては音楽のレッスンだったね。一切ルールはなかったけど、マックスには確固たるガイドラインがあった。あんなに若い頃に彼に出会えて、僕はすごくラッキーだった。何せマックスの曲作りへのこだわりを目の当たりにできたんだから。どの曲も丹念に検討して、何がふさわしくて何がダメなのか突き詰めるんだよ」

現在スタジオで、ジャスティンはマーティンから学んだ通り懸命に打ち込んでいる。「**大事なことは書き続けることだね**」と彼は言う。「**スタジオで僕が決めたルールはたった一つだけで、それは失敗を恐れないこと**。誰かがギターでリフを弾いているのを聴いて、頭の中で素晴らしいアイディアが湧くとするよね。でもそれを**自分の中に抱えたままではダメなんだ**。実際、僕は声に出してこう言うよ。『よし、失敗したって構わない。これはどう？』ってね」

アイディアを曲として完成させるには、絶え間ない試行錯誤が求められる。吟味して、採用したりボツにしたりの繰り返し。「アートを作るのに不正解なんてないよ。どんなアイディアだっていい感じになっていくわけだから」と彼はパノスに語った。「そしてみんなに響く曲を届けるためには、まず自分が心地いいと感じることが大事なんだ。曲を出すときは、大体その時点で自分が納得できてそうしたわけだし。自分の曲がラジオで流れると、もっとああしてもよかったとか、あそこはもうちょっとうまく歌えたなとか思うよ。完ぺきとは言えないだろうけど、自分としては最高だと思うしかない。そうじゃないと自信を持って世に送り出すことなんてできないよ」

アイディアも成長も試行錯誤から

アスリートの挑戦や科学の実験と違って、音楽の実験は入念な計画や確固たるメソッドから始まることはない。**アーティストがいろんなことを試すほど、土台となるアイディアが浮き彫りになる。**ジャスティンは曲作りだけでなく、演技などのキャリアにおいて新たな方法とアイディアを探求するときにもこのアプローチを用いている。インタビューの中で、パノスはジャスティンに、彼の自叙伝『Hindsight：& All the Things I Can’t See in Front of Me』の中の一節について尋ねた。

「時々、みんなから現状のままでいてほしいと思われている気がする。誰もが常にこれはこうだと決めつけ、どこかに落とし込み、枠にはめたがる。人のことを決めつけ、分かったつもりでいる。相手に居心地のよさを期待し、道を踏み外さぬよう求めている。そうじゃなくて僕は自分の道を歩くんだ」

彼はパノスにこう答えた。「**僕は同じことを繰り返したくはない。学び続けてクリエイティブな存在でいたい。**面倒くさい人間になることもあるけど、それでもいいんだ。今でもものを作っている。出来上がったものを見るまで動かないし、形を成すまでこだわり抜くよ」

あれこれ考えるより何でも試してみる

イモージェン・ヒープの流儀

では実際に音楽における実験を見ていこう。一口に実験と言っても、アーティストや制作中のアルバムによって様々な形や特徴がある。２０２０年初め、僕たちはロンドン外れの村、ヘイヴァーリング＝アット＝バウアーへ飛んで、イモージェン・ヒープを取材した。

イモージェン・ヒープはグラミー賞を受賞したシンガーソングライターで、テイラー・スウィフトにとって分岐点となったアルバム『１９８９』のプロデューサーであり、ブロードウェイで上演された『ハリー・ポッターと呪いの子』のサントラの作曲者としてもその名が知られる。

常に忙しくしていないと気が済まないとばかりに、テクノロジー・イノベーターのケリー・スヌークとコラボしてスマート・グローブのＭｉＭｕ（ミム）を開発した。ＭｉＭｕは２０１０年彼女の自宅スタジオでの実験から始まり、この10年で本格的な製品へと進化した。このハイテクなグローブによってミュージシャンは、スタジオでもステージでも、曲作りでも演奏でも、手だけを使って新たな方法で音楽を表現し伝えることができる。

ミュージシャンはＭｉＭｕを手に着けるだけで、ソフトウェアを動かすことができる。手を上げたり下げたりすればピッチが変わり、手の平を開けばビートが刻まれ、指をつまんだり、チョップしたり平手で叩いたりすれば、ループやリバーブが発生する。楽器に触れることなくトラックを重ねて、丸１曲を組み立てることができるのだ。

イモージェンは広く使ってもらおうとビートボクサーやボーカリスト、ビジュアル・アーティストにＭｉＭｕの試作品を提供した。ポップ・スターのアリアナ・グランデは、２０１５年のワールド・ツアーのステージでこれを使っている。このグローブは脳性まひで体が不自由なため、ギターやピアノなどの楽器に苦労する人にも新たな扉を開いた。研究、開発によって手ごたえをつかんだ彼女は、２０２０年暮れにＭｉＭｕを公に発表するのだった。

彼女はマイシリアという新たなベンチャーにも乗り出している。これはブロックチェーンのテクノロジーを使い、ミュージシャンの現在に至る作品すべてを把握し、ミュージシャンへの支払いを簡素化して、新たなコラボの可能性を広げようというプロジェクトだ。

アクシデントがきっかけで生まれた実験

イモージェンはこう話してくれた。「私が実験したり、オリジナルなものや楽しいものを作ったり、いろんな音楽制作に関われたのも、幸い時間と余裕があったから。初めて自分にそれができると気付いたのは『ハイド・アンド・シーク』を書いているときだった。アルバム1枚を最初から最後まで自分で作るのは初めてで、1カ月近くスタジオにこもっていた。ある夜の遅い時間に、コンピューターのマザーボードが飛んじゃったことがあったの。バックアップしていなかったから、これまで3週間かけてやってきたものが全部ダメになっちゃって」

普通ならあきらめて帰宅するところだが、イモージェンは後味悪い形でスタジオを出たくなかった。友人から借りていたデジテック・ワークステーションというデジタル・ハーモナイザーが、使われないままラジエーターに置かれていた。

「コンセントを入れてみようと思ったの。私にとっては初めての機材だから、特別何かが起きるなんて期待していなかった。でもやってみると思わず『ここはどこ？　何がどうなっているの』って口からこぼれちゃった。素晴らしい予期しない瞬間だったわ」

レコーディングした音から聴こえるのは彼女の加工した声だけだ。ハーモニーのすべてはイモージェンがキーボードを使い、ハーモナイザーで音を調整して自身が歌っているように仕立てたものだった。イモージェンはハーモナイゼーションを微調整し、和音を転回させ、自然な声とシンセで加工した声とのバランスを取った。

「あれこれ考えたりはしなかった。**あれもダメこれもダメといろいろ試してさっとワンテイクで録音したら、いったん寝かせるの。**それから聴き直して、あっ、これはいい、あれもいい、あれはダメとか検討する。メロディを口ずさめば、心の奥で声がするのよ。メロディはダメだけど、声のトーンは悪くないとかね。または時々ピアノを弾いてみると、ピアノではパッとしない曲でも途中に気に入った箇所があったりするし」

最初の実験的なセッションが終わったとき、イモージェンによると曲の仕上がりは4分の3程度だったそうだ。それからたった2週間で曲のセクションをカットし歌詞を推敲して仕上げた。それを友人や仲間のミュージシャンに聴かせると、ベースやビートを加えた方がいいという意見が多く出たが、イモージェンは受け入れなかった。

「私はアカペラの曲を作ることにこだわりたかった。万人受けしないような変わった曲だけど、自分ではすごくいいと思ったの。一つの完成品として、これまでやったことのないほぼオリジナルな曲。自分が聴いてきたどれとも違うし」

イモージェンが「ハイド・アンド・シーク」をリリースすると、ＦＯＸチャンネルのショー番組

『The O. C.（ジ・オーシー）』のプロデューサーが番組の人気絶頂時にこれをサントラに収録した。その後数年間で曲は『アメリカン・ダンスアイドル』や『CSI：マイアミ』、『Lの世界』や映画の『ラストキス』、『ザ・タウン』など10を超えるサントラに収録され、売り上げは65万枚を超えた。

不安なこと、できないことこそ、やる

常に実験して、常に新たなアイディアを追求するイモージェン。僕たちが取材したとき、彼女はスティーブン・ホゲットの依頼で実験的なサイド・プロジェクトを完成させたばかりだった。『ハリー・ポッターと呪いの子』の振付師であるホゲットは、4人のダンサーが同じサントラに合わせて踊るビデオをイモージェンに送ったが、音は付けなかった。彼の要望は何だったのか。それはダンサーが曲に合わせた踊りを考えるのではなく、イモージェンがダンスを見てそれに見合った曲を付けることだった。

「私はちょっと不安なこととか、自分にはできないと思うことを敢えて引き受けるようにしている。**不安を感じたら、よし、だからやらなきゃと思うの**」

ホゲットのビデオに対して、イモージェンは細かい分析を始め、ビートをどこに当てるか考えた。ビデオの画像を1枚ずつ丹念に見て、ダンサーたちの脚の長さと歩幅を測り、リズムのヒントを探った。

「すると、こんなことやるだけ無駄、ビデオに音を乗せることだけ考えようと思った。よく観察しながら、ワン・コードだけ弾いた。これはというコードを延々とね。それから3つのコードをトニック（主音）に合わせずに弾きながら、その間ずっとダンサーたちは何を伝えたいのだろうと考えた。1人は神経が壊れていくみたいに、頭のそばで激しく手を振っていて、それから少しギクシャクして解放されたように自由に踊り出した。それを見て自分が感じたことを歌ったの。『You're working too hard（あなたは無茶している）』って。こうして曲全体の骨格が固まった。無茶しているがテーマよ」

　彼女は演奏しながらビデオを見せてくれた。1人のダンサーがリハーサル・ルームに入ると、イモージェンは上げ下げした自分の声を重ね始め、ブリッジに転換してシンセを長くて美しいピアノのメロディへとスムーズに落とし込み、それから自身のシンプルで自然で優美な声に戻すのだ。

「別に自分がダンスを特別に理解しているとは思わない。ただ演奏を始めて最初のコードを聴いて、自分の口から最初に出た言葉に重ねていったの」

　一方のホゲットはそうは感じなかったようだ。メールで彼はこう返事を書いた。「イモージェン、すごい、これは素晴らしいよ。君は完ぺきに僕のことを理解してくれているとこれを見て確信した。しかもあそこまでミュージカルを理解してくれているなんて、僕が君の作品に共感する理由が今さらながらよく分かった」

　本人も言ったように、イモージェンは実験に浸れるだけの余裕に恵まれている。そしてアイディアを追求し、何度も挑戦するだけの余裕を持つことはアーティストだけの特権ではなく、ビジネスにおいても役立つことなのだ。

遊ぶことは正義

エラ・ジョイ・メイヤーは、現在ブルックリンに在住するイスラエル人のソングライター兼コンピューター・プログラマーだ。２０１７年、『ビルボード』誌はエラ・ジョイと彼女のバンド、アイリス・ルーンについてこう書いている。「舞い上がるような浮世離れした曲はどれも彼女自身の物語で、東洋と西洋の音楽的影響がそこに落とし込まれている」

この3年間、彼女はフェイスブックやインスタグラム用にオリジナル曲を提供してきた。ユーザーは制作して投稿したビデオにこれらの楽曲を無料で挿入することができる。

僕たちはエラに、フェイスブックのユーザーに向けての曲作りと、それが新たなサウンドの探求にどうつながっているか尋ねた。彼女が言うには、学生のとき楽しかったことの一つは、曲を毎週書くように言われたことだそうだ。卒業後、彼女は音楽を教えて生計を立てていたが、自分の曲作りの時間を作るのが大変だったが、フェイスブックの作曲家となった今、彼女は自分の曲を作って生計が立てられている。

3年間で、彼女は90曲ほどを提供した。「多くはポップとフォークのシンガーソングライター的な作品だけど、中近東、ハウス、トランス、アンビエント、グリッチ（デジタルのノイズで音楽を作る手法）、アカペラ、クラシック的なものもある。常に新しいジャンルに飛び込んでそのスタイルの根本を見つけたら、そこに私なりのヒネリを加えたりして吸収し続けているの」

好奇心が世界を前進させる

こうした自由な実験で思い出されるのは、サウンド・デザイン・スタジオの中にある**フォーリー・ルーム**だ。フォーリー・ルームとは音響を施した空間で、日常の音を再現して映画やビデオに加えるために用いられる。中のピットには、木の葉を敷きつめてもいいし、コップを割ったり、防水マイクに水を注いでもいい。

この部屋でとてもおもしろい音ができれば、音響効果専門のアーティストに委ねられる。ナイフがスイカに刺さる音がホラー映画のスコアの一部になったり、古い映画のプロジェクターのブーンとうなる音がライトセーバーを振りかざす音になる。こうしたアーティストたちが日常の道具に新たな光を当てたおかげで、この戦略はポップ・ミュージックの重要なブレイクにもつながった。

デジタルによって実験の場は取って代わられたが、ミュージシャンは昔から常に音を使って、音楽の持つ意味と音楽が生まれる過程をあれこれ試していた。ダフネ・オラムがそうだ。サウンド・エンジニアでＢＢＣのレディオフォニック・ワークショップの創設者である彼女は、レコーディングした音のスピードを再生中にあれこれ変えるなどして、エレクトロニック・ミュージックのパイオニアとなった。

１９５０年の作品「スティル・ポイント」で、オラムはレコードを様々な速度で再生し、そのときの音を録音して、生のオーケストラの演奏に取り入れた。これはあらかじめレコーディングした音の速度を変えて編集した最初の例で、50年後のポーティスヘッドやマッシヴ・アタックなどトリップ・ホップ・グループの先駆けだった。

レッド・ツェッペリンのギタリスト、ジミー・ペイジはセッション・ミュージシャンから学んだ技法に触発されて、「幻惑されて」と「ハウ・メニー・モア・タイムズ」ではチェロの弦でギターを弾いた。チベットのシンギング・ボウルのような音を出して、コンサートの客を戸惑わせるのだった。現在、ヨンシー・バーギッソンがその技法を使い、アイスランドのアート・ロック・バンド、シガー・ロスの幽玄なサウンドを醸し出している。

グランド・ウィザード・セオドアの呼び名でも知られるセオドア・リビングストンはアナログレコードを指先で持ち、左右に動かして１９７５年に〝スクラッチ〟を生み出した。２台のターンテーブルを使い、彼は1枚のレコードの音をもう1枚にかぶせることができた。数カ月間家でこのテクニックで遊んでいるうちに、1977年に野外のパーティで自分のアイディアを披露し、初期ヒップホップのひな型を生み出すのだった。

実験のマインドセットの根本にあるのは、強い好奇心と発見への意志だ。新たな洞察に至ったり、まったく新しいものが生まれたりするなど、実験は本質的にポジティブな精神の表れであり、その根本にあるのは探求し遊ぶことで何か面白いものが生まれるという信念だ。

偶然のアクシデントが世界を変える

時に最高の実験は偶発的に起こることもある。1951年、ブルース・ピアニストのアイク・ターナーと彼のバンド、キングス・オブ・リズムがレコーディングした「ロケット88」は、最初のロックンロール・ソングだと見なされることも多い。曲の大半は王道のリズム・アンド・ブルースだが、ギターの音はエキサイティングでこれまでとは違っていた。このトレードマークのサウンドは文字通りアクシデントから生じたものだった。

ある日、プロデューサーのサム・フィリップスとレコーディング・セッションのために車でメンフィスに向かっていたとき、バンドは機材を車の後部に乗せていた。ギターのアンプの1台は真空管アンプで、音を伝達する内部の大きなコーンはガラス製のため割れやすかった。移動中にそのアンプがひっくり返り真空管が壊れてしまった。修理のために数日間とお金を無駄にするよりも、バンドは自分たちで修理してみようと思い立つ。コーンに新聞紙を詰めて壊れた部分を固定した。新聞紙にくるまれることで歪んだギターの音は、温もりのある不明瞭な音に変わった。

「ロケット88」を聴いた他のギタリストたちは、自分たちも機材を壊して新たな音を見つけようとアイディアを絞った。リンク・レイはアンプのスピーカーのカバーに穴をあけて、音が大きく歪んだインストゥルメンタル曲「ランブル」でブレイク。これは世界初のパワー・コードを用いた例となった。この曲は斬新で刺激が強すぎたため、アメリカのラジオ局では放送禁止となる。アメリカの歴史においてインストゥルメンタルで放送禁止になったのは後にも先にもこの曲だけだ。15年後、ジミ・ヘンドリックスはギターのディストーションを完成させて、これがロック・ミュージックの主流になった。

もちろん、この種の実験を実用化させた例は音楽に限ったことではない。例えば100年近くにわたって子供の頃の必須の遊び道具だった粘土のプレイ・ドー。元々は壁紙から石炭のススをぬぐうための製品だったが、第二次世界大戦後、ほとんどの家庭では石炭から天然ガスや電気による暖房へと替わり需要が落ちていた。するとあるエグゼクティブの妻が子供の遊戯用の粘土として使えるのではないかと考え、今に至っている。

バネのオモチャのスリンキーもそうだ。元々は船上で壊れやすい機材を安定させるために使うバネとして設計された。一個が戸棚から落ち、弓を描くように落ちて積み重ねた本からテーブル、床へと落ちたとき、オモチャとしての可能性が見出された。

こうした製品やペニシリン、ポスト・イットなど他にも多くが日の目を見たのは、発明者が偶然のアクシデントを目の当たりにして、新たな可能性を見出したのがきっかけだった。

損得抜きに、自由に楽しめ

スティーブ・ヴァイの流儀

僕たちはイノベーションに囚われた時代に生きている。だが皮肉なことに、大半の会社には**従業員に自由に遊ばせる熱意が欠けている**。遊びが時間とお金を浪費する危険なレシピだと見なされることがあまりに多い。

スタッフ、スタジオ、コンサルタントは新たな製品やサービスを開発しろとプレッシャーを掛けられ、期限は絞られ、資源は切り詰められ、「クリエイティブ・シンキング・ルーム」とか「イノベーション・ラボ」という有り難くない名前が付けられた部屋の隅に閉じ込められる。時は金なりとばかりに、金の浪費は許さないと釘を刺され、妥当性を検討するだけでその日が終わる。

起業家の中にはこうした企業文化に抵抗して、社内にビデオゲーム・センターやボール・プールを設けて、就職志望者やスカウトした人たちに紹介する人もいる。ただこれは善意に基づいてはいるものの誤解を招くアイディアだ。遊びから得られる最大のメリットは従業員に仕事の間に息抜きさせることではなく、研究と開発の（つまり創造的な）プロセスを活性化させることであり、遊びを優先することは最適化や効率化に反することではない。

直近のプロジェクトに直結するブレイクには至らなくても遊びには価値がある。**創造性を発揮させる余裕をスタッフに与えることで、より画期的でエキサイティング、生活の大切な一部に直結するものが生み出せるのだ**。

実際、実験は目的達成の手段であり、迅速かつ効率的にしなければならないという考えは比較的最近になって生まれたものであり、企業文化の中でもそれが出始めている。昔はもっと大らかだった。

１９５１年から１９５９年まで、マーヴィン・ケリーはベル研究所の所長を務めていた。数年間、彼は科学者やエンジニアに何を探求、開発し、作ろうとしているのかは敢えて問わなかった。自由にアイディアを追求しその経過を明確にしてもらえばよかった。彼らが製品を提示するまで、それがどう応用できるかを問うこともない。**ケリーには実験が偉大な設計と製作の土台であることが分かっていたのだ。**

そしてまさに彼の考えた通りとなった。彼の在職期間中にベル研究所はトランジスター、携帯電話の原型、レーザー、通信衛星を発明するのだった。

伝説のギターＪＥＭ

更に具体的な例として、スティーブ・ヴァイを紹介したい。若いときからギターを手にしている人にとってスティーブは憧れの存在だろう。

グラミー賞を３度受賞した彼が最もよく知られているのは、フランク・ザッパ、デヴィッド・リー・ロス、ホワイトスネイク、メアリー・Ｊ・ブライジ、オジー・オズボーンらのバックを務めたときのステージで披露した名人級の腕前だ。高速でものすごく正確に弦を鳴らすがエモーションがない、そんなヘヴィ・メタルのギタリストとは一線を画している。彼のプレイはより速くより正確だが、素晴らしい感触で温もりさえ感じられる。

２０１２年のレス・ポール賞を受賞した際、全米楽器商人協会（ＮＡＭＭ）からこう賛辞の言葉が贈られた。「スティーブ・ヴァイはその才能を音楽という言語の創造的な発展に捧げた。多くのアーティストが一つのカテゴリーに容易に収まるのに対し、スティーブ・ヴァイはどこにもカテゴライズできない存在であり続けている。彼は音楽の錬金術師として最高峰の存在だ」

だがスティーブが最も知られるのは、息をのむようなソロだけではなく、最も売れたギターのシグネチャーシリーズ、アイバニーズＪＥＭをデザインしたことだ。

ギターのメーカーは昔からシグネチャー・エディションを発表し、有名アーティストの名前を入れるだけでほとんど改良を施さないまま大量生産してきた。こうしたシグネチャー・エディション・モデルもその気になれば様々なウッド素材のモデルを提供し、ピックアップとチューナーを向上させ、色のバリエーションを増やし、もちろんヘッドストックに著名人のサインを刻印したものを提供できるだろう。だがスティーブはそれ以上のものを望んでいた。

彼は僕たちにこう語ってくれた。「ＪＥＭを作っているときは無邪気に楽しめたし、思い切ってどんな実験でもできた。**別にギターの今後とか金儲けのことなんて考えなかったよ。野心に囚われてると、逆にそれが足かせになったりするもんだけど、僕には野心なんてなかった。**ここにあるギターは損得抜きで作ってもらったんだ。自分のためにね」

彼がプロジェクトを始めたときはデヴィッド・リー・ロスとツアー中で、使っていた22フレットのフェンダー・ストラトキャスターでは物足りなかった。スティーブは指を使って信じられないくらい器用に高い音を出すことができる。そこで、ネックをもっと長くすればどの弦でも2つのオクターブをフルに出せると考えた。

「僕は24フレットが欲しかったんだ。しかもストラトキャスターのスタイルでね。ただしもっとセクシーなデザインでないとダメだ。ストラトキャスターは僕には平凡に見える。だからボディをカットしてもらったんだ」

高い音に手が届くようになってもスティーブは満足できなかった。弦に手を伸ばして、ドラマチックに鋭くベンドしたかった。だが従来のギターのボディではできないため、深くボディをカットして両手が使えるスペースを作った。最後に彼が望んだのは乗馬のサドルのハンドルにヒントを得て、ボディの一部を空洞にした「モンキー・グリップ」で、そこをつかめばステージではドラマチックにギターを振り回すことができる。

「僕は契約しているギターメーカー全部に試作品のデザインを送ってこう言った。『どこでもいいから最高のものを作ってくれたら、それを使うし、僕の名前を入れる』とね。案の定、ほとんどのメーカーが、僕の名前を入れて申し訳程度に改良しただけの普通のギターを送り返してきた。僕が望むものと言ったのに、どうしてその通りにしてくれないのか理解できなかったよ」

しかしアイバニーズはスティーブのデザインを十分反映したバージョンを送ってきた。フレットが足され、断面が切り取られてモンキー・グリップが施されていて、ブリッジ・トレモロの隣にパームレストがある。何もかも彼のリクエストした通りだ。

そしてフタを開けてみると、スティーブもアイバニーズも狙いは正しかった。それから30年間でＪＥＭは数百万台も売り上げた。ロック・スター向けの派手なギターが作られる一方で、断続的ながらも30年にわたってＪＥＭの様々なモデルがマーケットを支配するのだった。

デザイン思考的実験アプローチ

スティーブのように自由な探求ができる空気は、会社の研究開発部にいても感じ取ることができる。ところで、どうやって実験という旅を始めればいいのだろうか。

そこでデザインの世界からヒントを紹介しよう。デザイナーは実験のプロセスを明確に表し、製品やシステム、経験を消費者が共鳴する結果へと導いてきた。

「**デザイン思考**」とは、簡単に言えばデザイナーの方法とマインドセットをビジネスの世界に広げ、実験しながらアイディアを具体化していく方法だ。

薬局＋デリバリーサービス

デザイン思考的な実験とは例えば、**既存の製品やサービスを解体して、最も基本的な構成要素に戻**

すことだ。それを使って他に何かできることはないか検討する。思いがけずにカメラに携帯電話が付いたりするのがいい例だ。他にもスーツケースに車輪が付いたり、ギターに取っ手が付いたりなど、まさにデザイン思考の賜物だ。

２０１３年、若きビジネスマンのコンビ、Ｔ・Ｊ・パーカーとエリオット・コーエンは、スタートアップ・イン・レジデンス（訳注：ベンチャー企業と自治体が共同して街づくりに取り組む活動）としてＩＤＥＯケンブリッジの中にオフィスを構えた。

Ｔ・Ｊ・パーカーは家族が営むニューハンプシャーの薬局で育ち、処方薬を家庭に配達するピルパックというサービスを思い描いていた。２人は産業の動向を見据えてロボットが薬を処方するテクノロジーを開発し、これまで薬局の中では味わえなかった体験を生み出したいと考えた。

「このサービスがみんなにアピールする自信はあったが、処方薬みたいにプライベートなもので信頼を築くのは大変だという予感もあった」と語るのは、ＩＤＥＯの特別研究員でピルパックのチーフ・マーケティング統括役員長になったコリン・レイニーだ。「まさか薬局に問題があると思う人なんていないよね。ただ言われるままに薬剤投与を受けるだけで、薬局次第でそれが楽になるなんて誰も思わないし。だから僕たちは処方箋や保険に付きものの複雑な話を抜きにして、利便性についてどう話せば伝わるか、アイディアを出し合ったんだ」

それまでの調査で分かったのだが、処方薬の配達にいろんな選択肢があることに誰も気付いていなかった。実際、薬を処方してもらう以外で、薬局がどうこうと考える人などいるわけがない。

そこで5人のIDEOから派遣したデザイナー5人によるコア・チームは地元のモールにブースを立てて、3週続けて週末に、様々なメッセージを送ってみることにした。ブースの看板と宣伝文句を変え、価格のポイントや処方箋のモデルを変え、様々なパッケージを紹介し、どれが潜在顧客に響くか検討した。最初の週末は処方薬の包装と家庭への配達の利便性、2週目の週末はモバイル・アプリで常に薬局にアクセスできるサービス、3週目はより安全な薬局作りのアピールに専念した。

最も反応が良かったのは家庭へのデリバリーサービスで、時間の節約と手軽さがピルパックにとって製品をアピールするカギとなった。

実験によって成長する

コリンによると、このチームをベースとして試行錯誤したことが、会社のカルチャーに大きな影響を及ぼしたそうだ。彼は言う。「実験というカルチャーを築けば、状況がどう改善するのかを見守ろうという好奇心が同時に生まれる。問題へのアプローチはチームによって違うけど、確実な方法なんてないね。**大事なのはアイディアが失敗してもそこから学べばいいって受け入れることなんだ**」

「2017年、僕たちはビジネスを拡大する必要に迫られた。顧客がテレビをよく見ることは分かっていたから、コマーシャルをやってみようということになった。一般的に企業は広告代理店と契約して、代理店がコンセプトを発展させて制作会社に広告を委ねる。でもそこに行くまでに経費がかかるし成功する保証もまったくない。これほど重要なプロジェクトを他人に渡して最高のものを期待するなんて間違っている気がした。そこで僕たちは自分たちで広告を作ろうと考えたんだ。ビデオのコンテンツ作りは数年かけて上達していたけど、今回はずっと大きなギャンブルだ。結局、僕たちはプロジェクトを使っていろいろ試すことにした。４つのパターンのコマーシャルの台本を書いて、各地でいろんなアイディアを試し、小さな制作会社と契約してビデオを制作したりね。これだと一般的なＣＭ制作よりずっと安く済むし、僕たちには結果から（失敗も含めて）多くを学んだ経験がある。このプロセスを繰り返して2年間で30本のＣＭを流すうちに、テレビが最も重要なマーケティング・チャンネルの一つとなったんだ。**プロジェクトに小さな実験を繰り返させたことで、僕たちはその途中で学びながら成長していったってわけさ**」

２０１８年、アマゾンはピルパックを7億５３００万ドルで買収する。この買収自体もまたアマゾンによる実験だった。巨大企業アマゾンにとって健康が新たなフロンティアとなり、ピルパックはその真価を試す手段だったのだ。

イノベーター、ビジネスリーダー、ミュージシャンあるいはその全部を兼ねる人たちにとって大切なのは、**実験を通じて探求し発見しようと懸命に打ち込むこと**だ。

その他大勢の存在で終わるか、抜きんでた存在になるかはそこにかかっている。

プレイリスト

機器を改良して音を加工し、風変わりな構成の曲を作り、道具の用途を逸脱させる。この実験的なミックステープがまさにそれだ。以下のアーティストたちによる卓越した演奏と即興演奏から音のテクスチャーを体感していただきたい。特に注目なのはチェロの弦を使ってギターが奏でられる「幻惑されて」で、シガー・ロスでもそれを聴くことができる。

カノンⅣから抜粋した3つのサウンド—ダフネ・オラム
ロケット88—キングス・オブ・リズム
フィルシー—ジャスティン・ティンバーレイク
ギャングバスターズ—グランド・ウィザード・セオドア
幻惑されて—レッド・ツェッペリン
エイリアン・ウォーター・キッス—スティーブ・ヴァイ
サグロパー—シガー・ロス

ハイド・アンド・シーク—イモージェン・ヒープ

アイム・ビカミング—スティーブ・ヴァイ

ケルン・2008・DJ・セット・2—グランド・ウィザード・セオドア

もっと聴きたい!

シガー・ロスの「バ・バ・ティ・キ・ディ・ド」をチェックしてほしい。マース・カニングハムのポストモダン・ダンス、『スプリット・サイズ』のバックで即興演奏した際のライブだ。

CHAPTER | 03

コラボレーション

才能を集め
掛け合わせる

「いいフックが書けたとか、いいアイディアが浮かんだと思うよね……
ところがデモテープを聴き直してみると違って聴こえたりするんだ。
彼女が曲を自分なりに解釈して……もっと深い意味を持たせてくれた。
ビヨンセが歌えば、世間の99パーセントがこれは彼女自身のことだと思うだろうね」

――エズラ・クーニグ

大きなコミュニティを作れ

ジョン・スティラットの流儀

こんな経験はないだろうか。

あるプロジェクトに関わっていて、いったいどこに向かっているのか、どうやって着地すればいいのか分からない、でもいい仲間に恵まれている。それこそコラボレーションのあるべき姿だ。

野心的で斬新でこれまで抱いていたものとは違うアイディアだから、１人では到底うまくいかないことは承知の上。そんなアイディアを抱えてスタートする。**成功させるためには他の人たちのスキルや才能が必要だ。**暗闇の中を手さぐりで進む感じではあるが、人数がいるから心強い。

ベーシスト、ホテルのオーナーになる

僕たちの家族が住むボストン・エリアから数マイル離れたところで、ソリッド・サウンド・ミュージック・フェスティバルが開催される。創設したのはウィルコというグラミー賞を受賞したアメリカのバンドで、オルタナティブ・カントリーから壮麗なオーケストラ・ポップ、秋の枯葉が似合うフォークまで幅広いサウンドを探求している。

そんな彼らが始めたソリッド・サウンドは僕たちの大好きなフェスティバルの一つだ。２０１７年のムシムシする６月の夜、著者のマイケルは妻と子供たちと共にウィルコの友人たちが開催する打ち上げパーティに招かれた。

僕たちはフォルクスワーゲンに乗って、バークシャー地方の奥に入っていった。今回はよくある打

ち上げパーティとは趣が違う。レッド・カーペットも写真撮影のブースも長イスもなければ、ＤＪもいない。

現場に到着するとフーシック川の川辺にコンクリートの足場とベニヤの建物しかない。フタを開けてみると、打ち上げパーティは着工式のことだった。ツーリスツという名の新しいホテルの着工を祝うサプライズで、敢えて誰にも知らせずにみんなで一緒に祝おうというものだ。

防水シートに覆われた急ごしらえのキッチンでディナーが出された後、主催者がランタンを持って登場し、僕たちを森に案内してくれた。僕たちは黙って金属製で最新式のつり橋を渡った。森に囲まれた静かな環境には不釣り合いなつり橋だ。

それから舗装したての道を歩くと、建築したての小さなチャペルに到着した。チャペルといってもむき出しのあずま屋とさほど変わるところはない。２つのスポットライトを浴びたチャペルは、ロープからつりさげられた１００個のチャイムで外を覆われている。メディテーション（瞑想）をモチーフとしたアートと楽器が溶け合い、暗闇の中でもその姿がくっきり浮き上がっている。

数日後、僕たちはウィルコのベーシストであるジョン・スティラットとプロジェクトについて話をした。

ジョンはこう語ってくれた。「ツーリスツを立ち上げる前、僕は自分をビジネスマンとは思わなかったし、ましてホテルのオーナーだなんてね。80年代にアンダーグラウンドの音楽を聴いて育ったから、ビジネスなんて信じなかった。それってパンクの精神を引きずってたんだろうね」と言って笑う。

だが25年間バンドと一緒にアメリカと世界を回って、彼はある傾向に気付いた。小さな街がツアーの間に変貌を遂げていた。以前訪ねた場所が数年前とは著しく変わっていたのだ。小さなブティック・ホテルやコーヒー・ショップが現れ、質の高い製品を提供し、景観を変えていた。

「レストランやサービス業の人たちの生活が変わっていくのを目の当たりにした。特に食べ物やコーヒーなんかがそうだ。みんなの仕事にロマンがもたらされて仕事がアート・フォームになり、数人の設立者だけだったのが数百人も従業員を増やしている。これを見てビジネスに対して描いていた僕の思い込みが変わったよ。僕が音楽で知ったカウンターカルチャーや仲間意識と同じものをそこに垣間見たんだ」

彼の中で起業するアイディアが湧き立ち始めた。どうやったら人々を集めて、マサチューセッツのノース・アダムスという小さな街を一緒に再生できるだろうか。ジョンがツアーで各地を回ったときのことを振り返ると、特に2つのホテルが強く思い出された。ホテル・サンノゼとホテル・セイント・セシーラ、共にテキサス州のオースティンにある。

「サンノゼにチェックインするときは、マイルス・デイヴィスのレコードを50回目に聴くときと同じ気持ちになる」とジョンは言う。「心の底から湧き上がる経験で、可能性を感じるんだ」

彼は両ホテルの元総支配人リサ・レイリをコンサルタントに選んだ。彼女の力で不動産ディベロッパーのベン・スベンソン、メディア興行主のスコット・ステッドマン、ビール醸造所のオーナー、エリック・カーンズと知り合うことができた。

ジョンはバンドにいるような居心地の良さを感じた。「イギリスでバンドをやっている友人たちが、バンドにいるとクラブにいるみたいに心地いいと言っていた。連中はサークルの外の誰も信用しないんだ。でもアメリカは違う。**ここでは外の人たちとコラボしてもっと大きなコミュニティを持つことが大事だ。**このプロジェクトで、僕たちはパートナーと一緒に夢のホテルを作ろうとしていた。それこそ誰も聴いたことのない曲を作るような気分だったよ」

ジャム・セッション

かつてはビジネスにネガティブな感情を抱いていた彼が、音楽的な直感を使ってアート・プロジェクトとして起業に取り組んでいた。そこに至るまでのいきさつをジョンから聞くと、ちょっと**ジャム・セッション**みたいだ。

ジャムといえば大体はルーズで形式は二の次、ほとんどアドリブのノリ。練習とコミュニティを兼ねたジャム・セッションは、アレンジや楽譜を決めずに集まってプレイする機会だ。参加するどのミュージシャンも他のミュージシャンのためにスペースを空け、入るところと引くところを心得ている。1人がソロに興じてボリュームを上げると、音楽はグダグダになってしまう。**素晴らしいコラボ**

では互いを信頼しあい、柔軟に役割を捉え、結果的に1人ひとりの足し算を超えたものが生まれる。

ツーリスツでは信頼こそがコンクリートの足場に負けないくらい強固な土台だとジョンは言う。手描きのスケッチから始めて、それぞれが自分独自のツールとアイディアを持ち寄った。サービス、食べ物、地理、エコなどを含めた建築は、ノース・アダムスの歴史と特徴にまで目配りしている。

ツーリスツは２０１８年の夏にオープンした。55エーカーの森林に囲まれた穏やかな場所でミニマルな建築、曲がりくねった散歩道、そのままの素材、魅力あふれるスタッフを抱えている。ルームという現地のレストランはジェームズ・ビアード財団賞を受賞したシェフのコートニー・バーンズが立ち上げた。ノース・アダムスの文化と食べ物を融合させ、人々が一緒に食事をしながら時間を共有する場所としてそこが選ばれた。

細かいところに至るすべては、共同設立者たちが温もりと共感をもたらすべく設計したものだ。コーヒー、パロサント、レザーの穏やかな香り、家具から小物まで白のオーク材で統一したゲストルーム、真っ白な羽毛の掛け布団付きのベッドなど、ささやかな楽しみがあふれている。周囲の地域を描いたビンテージのハガキ、敷地内のガイド、手掘りでデザインしたバスソープ。

特にユニークなのがツーリスツ・ラジオという、ホテルのＦＭ短波放送で、各部屋に置いてあるチボリオーディオ社のモデルワン・ラジオから流れてくる。このサウンドトラックはジョンが環境を配慮して考えたものだと思っていたが、何と最初に提案したのはエリック・カーンズで、ソリッド・サウンド・フェスティバル用の実験のためだったそうだ。ホテルが具体化し始めたときにこのラジオ局がフィットするように思われたので、ジョンはエリックのアイディアを採用して番組作りを始めた。

彼は僕たちにこう言った。「昔から嫌だったのは、ホテルが夜になるとレイブで盛り上げようとポップ・ミュージックを流すことだ。ツーリスツではそんなことはしない。みんなに曲を知ってもらいたいんじゃなくて、大事なのは新たな場所へと連れて行ってくれるような音楽を流すことなんだ。この場所とここでの生活の感触をつかまないと、それに見合う音楽なんて選べないよ」

雰囲気をつかむ音楽を決めるのにジョンはしばらくかかった。当初、彼は自分が洗礼を浴びたカウンターカルチャーを使おうと、ＳＳＴとかのインディーズ・レーベルのミニットメンとかハスカー・ドゥみたいな往年のバンドを選んだ。だがスピリットはプロジェクトにふさわしかったものの、サウンドはそうではなかった。

そこで彼は白紙に戻してリサ・レイリとスタッフがお膳立てした雰囲気に見合った音楽をセレクトする。出来上がったプレイリストは、アウトサイドなフォーク、ドリーム・ポップ、クラシック・ロック、ヒップホップが詰め込まれ、いずれも現実離れしていて心地よい。

このようにアイディアをチームの1人のメンバーがもう1人に伝えて、それをフィードバックして育んでいく。ジョンはロッジのインテリア・デザインにも関わった。

「チームにソファを提案したんだ。ブラジルのレイファー社製がモダンでお似合いだと思った。それを推したけど、もちろんジュリー・ピアソンがもっとレアでおあつらえ向きのものを見つけてくれた。何度も何度もチームはみんな同じ立場で話し合い、大体はそれでアイディアが洗練されていったけど、ピリピリしたムードにはならなかったよ」

チャペルでの着工式を振り返り、ジョンはプロジェクトの精神を具体化する式だったと感じていた。「あの晩僕たちはホテルとなる場所を陣取って、みんなをそこに集めてこの場所がどういったものになるか実感してもらった。あの晩は特別なものがあったね。僕たちはみんなそう感じたし、そこからビジョンを膨らませて進めた結果、ツーリスツが完成したんだ」

このビジョンがコラボを成功させるカギとなった。ホテルの建設に参加したプレイヤーの出所は様々だが、みんなが同じ夢を通じて同じリズムをそこに見出したのだ。

究極のコラボレーションアルバム

ビヨンセの流儀

有名な話だがマイルス・デイヴィスは18歳のときに、伝説のトランペットの名人でシンガーのディジー・ガレスピーを訪ねて、セントルイスからニューヨークへと移った。マイルスはすでに才能があり、どんなジャズ・レジェンドとも組んでいけただろうが、彼は自分が最も崇拝する人とプレイしたかった。

彼が魅了されたのはガレスピーの才能、個性、従来のコード進行から大胆に逸脱したエッジの利いた音だ。そのどれもがマイルスの叙情的で、個人的、内省的なスタイルとは大きく違っていた。

1960年、イギリスの『ガーディアン』紙はこう書いている。「マイルスとガレスピーのアプローチほど好対照なものはない。ガレスピーは観客をざっと見回して不敵に笑いながら、自分のやっていることが分かるかと挑発する一方で、マイルスは観客の存在を意識しない。彼の演奏は自身と、そして一緒にプレイする仲間に向けられる」

トランペッターであるマイルスを同じトランペッターであるガレスピーに駆り立てたものは何か。何かを発見する機会、学ぶ期待、共に成長したいという欲求だ。**こうして出来上がったチームワークの重要性とは、勝つことつまりスポーツや軍隊式のような勝利を目指すことではない。一緒に何かを作り、時にリードし時に従うことだ。**

アーティストや起業家といえば昔から一匹狼というイメージが付きものだが、そのイメージ通りに荒野から自分のビジョンを掘り返したところで、それが必ずしも最高の結果を得る最高の方法とは限らない。

プロジェクト『レモネード』

現役のミュージシャンの中で一匹狼でも通用する人がいるとすれば、それはビヨンセだろう。２００３年、彼女はソロ活動をするために自身のバンド、デスティニーズ・チャイルドを解散させて、数年後には時代を超えて最も成功したミュージシャンの仲間入りを果たし、レコード売り上げは１億１８００万枚を超えた。アメリカレコード協会は彼女を２０００年代のトップアーティストに認定した。間違いなくクイーン・ベイことビヨンセは、ソロでも活躍できる才能と力を持っている。

だが２０１６年のアルバム『レモネード』は歴史的に最も野心的なコラボレーション・アルバムだ。『ローリング・ストーン』誌は「究極のコラージュ、優れたサウンド、イメージ、アイディアが混じりあい、目もくらむほど様々な題材を広範囲から選び取った」と評した。

曲のほとんどは3人のソングライターの共作で、曲によっては10人が関わっている。１００人を超える参加者にはケンドリック・ラマー、ザ・ホワイト・ストライプスのジャック・ホワイト、ザ・ウィークエンドなどのビッグネームから、ヴァンパイア・ウィークエンド、アニマル・コレクティヴ、ファーザー・ジョン・ミスティなどのインディーズ勢がいる。アルバムの収録曲はR&Bはもちろん、ハード・ロック、レゲエ、ラップ、ファンクなど多彩だ。

ビヨンセの『レモネード』に対するアプローチは、よくあるポップのコラボの先を行っていた。これまではゲスト・アーティストを招いてループ、リック(短いフレーズ)、ブリッジのボーカルを担当してもらうのが一般的だったが、彼女の場合クリエイターたちにアイディアを募り、それを積み重ねていく。結果出来上がった曲は彼女がこれまでレコーディングしたどれとも違い、彼女の他のアーティストに対する信頼はもちろん、留まるところを知らない自身の才能をも示している。

才能のバトンリレー

その例としてヒット曲の「ホールド・アップ」を見てみよう。２００３年、インディーロック・バンドのヤー・ヤー・ヤーズが「マップス」という曲をリリースし、歌詞には「Wait, they don’t love you like I love you（待って、私ほどあなたを愛している人はいない）」というフレーズがあった。曲は『ＮＭＥ』、『ピッチフォーク』、『ローリング・ストーン』誌で２０００年代の代表曲の一つにランクされた。８年後、インディーロック・バンドのヴァンパイア・ウィークエンドのフロントマン、エズラ・クーニグがそのフレーズを「Hold up……they don’t love u like I love u」と変えてツイッターに投稿する。

さらに数年が経ちクーニグはマドンナ、ジャスティン・ビーバー、スヌープ・ドッグらと仕事をしたプロデューサー、ディプロと活動していた。そのとき、２人は「マップス」のフレーズ、「Hold up, they don’t love you like I love you, what a wicked way to treat a man who loves you（待って、僕ほど君を愛している人はいない。それなのにこんな扱いはひどすぎる）」を基に何となくメロディを書いた。曲はヴァンパイア・ウィークエンド向けに書いたものだが、クーニグはビヨンセに譲ろうと決めた。

そしてマイルスがディジーを追いかけたように、これがドミノ効果の始まりで、クリエイティブなアイコン同士の目もくらむような交流の連鎖が生まれた。その全員がこの曲のソングライターとしてクレジットされている。

ビヨンセはまずエミネムやキッド・カディらのラッパーを手掛けたプロデューサーのエミール・ヘイニーに曲を送り、ヘイニーはジョシュ・ティルマンを招いて歌詞を手伝ってもらおうと提案する。その判断は驚くべき成果を挙げた。ティルマンはビヨンセとは音楽的な守備範囲が大きく異なり、フリート・フォクシーズのドラマーとして名声を確立したアーティストだ。その後はいたずらっぽくステージネームをファーザー・ジョン・ミスティと〝わざと冴えない〟名前にして活動している。歌詞を少し手伝うよう依頼されたティルマンは、数週間もかけてたくさんのヴァース、メロディ、リフレインを作ったが、そのいずれもきっと編集ルーム行きだろうと思っていた。

ところがビヨンセはティルマンのコーラスのインストゥルメンタル・バージョンをイギリスのソングライター、ＭＮＥＫ（エメニケ）にほぼ何の指示も付けずに送った。ＭＮＥＫは言う。「彼女のチームの素晴らしいところは、みんな『**君のやっていることが気に入っているから、参加を求めたんだ。好きなようにやってくれ**』って言ってくれるところだ」。そこでＭＮＥＫは思い通りに、コーラス部分のメロディを全部書き上げた。その中でビヨンセが特に気に入った箇所は曲のブリッジになった。

それから彼女は協力してくれたみんなが作ってくれた中から、気に入った部分を全部集めてそれをブルックリンのＤＪでラッパーのＭｅＬｏ－Ｘ（メロー・エックス）に送った。ＭｅＬｏ－Ｘがビヨンセに初めて注目されたのはその数年前、彼女のレパートリー5曲をリミックスしてサウンド・クラウドやユーチューブなどの共有サイトに投稿したのがきっかけだ。ビヨンセのレーベルは繰り返しそのリミックスをサイトから撤去するよう警告して、著作権の侵害で訴えることをちらつかせた。ところがビヨンセはこれを聴いて気に入り、MeLo-Xをツアーに招いて何度も曲作りのパートナーに招くのだった。

「俺は自分の役目を全うしたまでさ。すごくいい曲だし、送られてきたときは50パーセントくらいは出来上がっていたかな。そこに自分の視点でいろいろ加えたんだ」とMeLo-Xは言う。「いろんなハーモニーとかレイヤーをね。彼女はそれをどんどん取り入れてくれたよ」

トータルで15人が「ホールド・アップ」に関わった。それぞれがクレジットをもらい、その中には出だしのフレーズを書いたヤー・ヤー・ヤー・ズのカレン・Oもいる。『ピッチフォーク』はこの曲を「幻惑的な空想飛行だ。曲には重力も戻る場所も時間もなく、カリプソ風に彩られた夢が壁を越え、世代を超えて突き抜けていく」と評した。

アルバムのリリースから数年の間、『レモネード』に関して大真面目な記事や論評が書かれた。その多くは夫の浮気を発見して岐路に立たされたアルバムの描写にもっぱら焦点が当てられている。レモンのようにほろ苦い人生に出くわしたらどうするかというテーマ。夫の浮気を等身大に描きながら、ビヨンセは結婚、人間関係、人として互いにどうつながりどう距離を取るか、それらの難しさを噛みしめながら自立を宣言する。

それでいながら結果的に『レモネード』が描いているのは**共同体の復権**だ。つまり、音楽的なコラボのおかげで彼女はこのビジョンを芸術的に具体化しながら、世界にそれを伝えることができたのだ。

壁も枠も越えろ

ファレル・ウィリアムスの流儀

プレリュードで紹介したファレル・ウィリアムスはハイスクール時代に音楽のキャリアをスタートさせ、レコード契約に至るタレント・ショーで優勝する。契約は頓挫したが、ファレルは曲作りとプロデュースに初めて触れた。数年後に彼はカニエ・ウエストと「ナンバーワン」で、スヌープ・ドッグと「ドロップ・イット・ライク・イッツ・ホット」で、グウェン・ステファニーと「キャン・アイ・ハブ・イット・ライク・ザット」でコラボするのだった。

しかし、いかにも控えめな彼らしく、２０１３年のダフト・パンクの世界的なヒット「ゲット・ラッキー」を手掛けるまでは、自分をプロデューサーとして考えていなかったと語る。彼はこの曲をフランスのエレクトロミュージック・デュオのダフト・パンクのために書いた。別の誰かのボーカルが入るだろうと思っていたが、ダフト・パンクはボーカルを録り直さずに、ファレルのトラックを曲の最終バージョンに使用するのだった。

ファレルは言う。「いい意味ですごく驚いたよ。僕の声が曲に残るとは思わなかったね」

こうした成功を踏み台にして、彼はプロデューサーとしてシーロー・グリーン、アジーリア・バンクス、更には「ブラード・ラインズ」でロビン・シックを手掛けた。

アディダスとのコラボ

２０００年代半ばには音楽業界から飛躍してアディダスとのコラボを始める。ファレルがアディダスに関心があったのは、そもそも製品自体が好きだったからだ。

10代の頃バージニア・ビーチで、彼はRUN-D.M.C.（ラン・ディーエムシー）の１９８６年の伝説的なラップ・トラック「マイ・アディダス」に合わせて踊っていた。トリプルストライプが入ったスーパースターは街区のあちこちで見かけた。彼が言うにはアディダスはみんなのためのブランドで、しかもジャンルの壁は破るものだという自分の感覚にマッチするものだ。音楽の壁を横断してきたファレルは、新たなサウンドを生み出す力を知り、同じ考えをアパレルにも向けるのだった。

フットウェアとアパレルのブランドは、昔からスポーツや音楽の著名人を宣伝に使っていた。そしてアディダスも、意図的にクリエイターのためのブランドとしてアピールしてきた。コラボレーションは、共同でプロモートしたり一緒にカルチャーを楽しもうと訴えるよりもはるかに結びつきが深い。ファレルのように絶えず変化する人間が、積極的に製品のデザインに関わっているのがいい例だ。

アディダスのゼネラル・マネージャーであるトービン・シューマッハはこう語る。「私たちは絆を築くこと、クリエイティブなマインドセットを後押しすることが自分たちの役割だと常に考えている。ブランドとして、私たちはこうしたマインドに対して他では得られないようなプラットフォームを提供してきた。私たちが文化を築き上げていると言われるのは、こうした正真正銘の絆を築き上げてきたからなんだ」

ファレルはこう言う。「他のみんなと同じで、僕は（有名デザイナーの服とストリートカジュアルの）どちらも着ていた。僕が何かを発見したわけじゃないよ。**ただ勝手に壁を作っていることにどうやったらみんなが気付いてくれるか、いろいろ話し合っただけさ**。ポップ・カルチャーの動向を見てほしいし、ショップやブティックで手に入るものの先をイメージしてほしい。いろいろとミックスされていることが分かるよ」

２０１４年に発表された最初のコラボは2つのコレクションで、一つは１９７０年代にデビュー以来ブランドを象徴する存在となったスタンスミスをアレンジしたもの、そしてもう一つがスーパースターのジャケットだ。それからシャネルとアディダスとのコラボを含め、1ダースを超えるコレクションが続き、アディダスNMDスニーカーのカスタムサイズが生まれた。NMDは現在1万2000ドルを超える値段で転売されている。

「ヒューマン（human：人間）」を縮めたファレルの〝ヒュー〟シリーズには、14種類のアパレル・コレクションと5種類のスニーカーがある。これは人々のいろんな肌の色や違いからインスピレーションを得て、人種と文化の壁を破ろうという目的でデザインしたものだ。

ファレルは言う。「ヒューは様々な肌の色、精神と文化を認めて祝福することが目的なんだ。大事なのは違いを浮き彫りにして、そういった違いがあっても僕たちは基本的に同じだってことを分かってもらうことだね……。僕たちの目標はいろんな物語を伝えること。**社会が発展するほど、文化の融合は豊かなものだということを実感できる**。違いは祝福するものであって、僕たちを分断させるものではないことが分かってくるんだ」

クリエイティブなマインドセット（創造思考）

ファレルにとって、こうしたプロジェクトやコラボのどれも元をたどれば同じで、それはすべて音楽、彼の言うマスターキーだ。

「僕にとってどのプロジェクトも音楽を扱うのと同じだよ。サウンドを集めることは、自分のレゴ・ブロックでシステムを築き上げ、そこに色を加えていくようなものさ……。まずアイディアが浮かんで、望んでいるものが分かる。そこから全体像、青写真が見えてきて、それから色分けして、組み立てる。するとイスを作ることは曲を作ることとさほど違わないことが分かるんだ。脚作りはフックを作るようなもので、座る部分を作るようにヴァースを作り、つなぎ目やネジなんかの接合はコード進行を組みたてるのと同じなんだよ」

「使う材料こそまったく違うけど同じことなんだ。アイディアが生まれて青写真を作り、外に発表して世間に見せる。曲でもイスでもそれは同じだよ」

「それ」とは**クリエイティブなマインドセット（創造思考）**のことで、ファレルはそれを巧みに使っている。彼はデザインを教わったことはないが、まるでデザイナーのようにアプローチしている。**アイディアに可能性を見出して、才能あるパートナーやチームメイトの才能を通じてアイディアを煮詰めていく。**

「ファレルは部屋のみんなとつながって、製品の枠にとらわれず大きく考えるよう促してくれる」と語るのは、アディダスのグローバル・デザイン常務ニック・ゴールウェイだ。「彼はあらゆるところ、国とかブランドの枠を越えてインスピレーションを取り入れ、現状のあらゆることを変えたいと思っているんだ」

ファレルは言う。「自己表現の仕方や方法が変われば、使う言葉も語彙も変わる。テーマは変わるけど、自分自身は変わらない。表現の方法が違うだけなんだよ」

「誰と組むか」がすべて

ジョン・レジェンドの流儀

コラボする場合、ふさわしい相手を選ぶことが必要不可欠だ。2020年初め、僕たちはシンガー兼ソングライターで、チャート1位を取ったジョン・レジェンドに取材した。

「EGOT」、つまりエミー賞、グラミー賞、オスカー、トニー賞を制覇した数少ない1人であるジョンは、誰とでも分け隔てなくオープンにコラボする人物として業界では知られている。

「自分のあらゆる決断、**人選びの決断はアートを作るときにとても大事なことだ**」と彼は言う。政治活動家で慈善活動家でもあるジョンは自分が関わるプロジェクトにおいて、ふさわしい場、ふさわしい時期、ふさわしい相手を探す。「政治では人選びは政策だとされている。僕ならそれはアートだとも付け加えたい。**誰と組むかによって、もらうエネルギーも違ってくる。周りに誰を置くか、誰と一緒に曲を書くかで結果も違ってくるんだ。**ビジネスでは信頼できる人が相手に望まれるけど、クリエイティブな人にもいてほしい。そばには頼れる人がいてほしいね。だから慎重に選んだ方がいいけど、かといって冒険を恐れてはいけないんだ」

ファレルの場合も同じで、ふさわしいコラボ相手を選ぶことによってキャリアを築いてきた。アディダスやシャネルとのコラボだろうとスタジオでの作業だろうと、ファレルはふさわしい相手を見つけることに神経を研ぎ澄ませている。

彼は言う。「**ビジネスで最も貴重なのは人なんだ。**いい人は得難い。いい人が見つかれば手放さないよ。素材はその次だね。素材なんて出たり入ったりだけど、いい人材となると毎日お目にかかれるわけじゃない。だから信頼する人間で周りを固めたいと思う。そうすれば困ったことが起きても、本能や直感で周囲の話に耳を傾ければいいし」

エゴがコラボレーションを壊す

起業した人に尋ねてみるといい。**最高のコラボレーションは共通のビジョンと目的、より良い未来を築こうという誓いによって築き上げられる。**1人が自己主張したら、それは真のコラボではなくて、悪い上司とそれを不満に思う部下の関係と同じだ。

僕たちがビジネス・アドバイザーをしていると、容赦ない競争が良いビジネスの土台だと考える人に出会うことがあまりに多い。そういう人はチーム同士を競わせ、組織の中でどの部署がどの部署と共同作業（あるいはコミュニケーションでもいい）すればいいか指示を出すのだ。マイケルが仕事を始めた頃、クライアントから月曜か金曜に来るよう依頼された。つまり他のエグゼクティブが社外の仕事で留守にしているからだ。

こうした考えは不安という文化を生み出し、何より質の悪い製品につながってしまう。

ジョン・レノンとポール・マッカートニー

ビートルズのジョン・レノンとポール・マッカートニーが10代の頃出会ったとき、２人を結びつけたのはロック・ミュージックへの情熱だった。２人は学校をサボって曲や歌詞のアイディアを出し合い、２人にとってアイドルだったエルヴィス・プレスリーやバディ・ホリーの真似をして午後を過ごした。２人のコラボは伝説となりアーティストとしても商業的にも前例のない成功を収めることとなった。

別々に曲を書いていたときも、２人は互いに助けを求めたが、曲作りのスタイルは大きく違っていた。ジョンは不安定で激しい感情を込め細かい部分には無頓着であまり興味を持たないが、ポールは一音一音にこだわった。こうした違いが偉大なチームを生んだのだ。

ジョージ・ハリスンとリンゴ・スターが加わると、バンドは対等な関係を拡張させて発言権は１人1票という厳密なポリシーを築いた。だがこれも永久に続くことはなかった。バンドの中で不協和音が生じ、言い争いが始まったのだ。

亀裂が見え始めたのは、バンドのマネージャーであるブライアン・エプスタインが急死したときだ。エプスタインがバンドをつなぎとめていたのは周知の事実で、これを機にファブ・フォー（素敵な4人）ことビートルズの中で分裂が始まり、それぞれが自分の興味を追求し始めた。

エプスタインがいなくなり、ビジネス面を引き受けたがる者は誰もいなかった。音楽面では、ポールはポップ・ミュージックという枠の中での活動続行を望み、ジョンはアバンギャルドを追求するようになる。**エゴが行く手を阻むようになったのだ。**ジョージとリンゴも曲を書いていたが、ジョンとポールを説得してレコーディングに協力してもらうことはできなかった。

ビートルズが9枚目のアルバム制作のためにスタジオ入りする頃には、言い争いは激しくなっていた。ファンはこのアルバムを真っ白なジャケットにちなんで『ホワイト・アルバム』と呼んでいたが、ポールは『テンション（ピリピリした）・アルバム』と呼んだ。ジョン、ポール、ジョージ、リンゴは互いへの関心を失い、もはや共通の目標を持つことはなかった。

1970年のイギリス映画『レット・イット・ビー』にそれを物語るシーンがある。最後のスタジオアルバムのために、ビートルズがリハーサルとレコーディングするところを撮影したドキュメント映画だ。

このシーンでポールは押しが強く、他のメンバーの意向を聞き入れないように映っている。ジョージはそんな彼にうんざりして困惑気味に見つめている。交わされる言葉も辛辣だ。

映画の撮影が終わって程なくして、バンドは新たなマネージャーと契約したが、ポールだけはサインを拒んだ。当時他の３人はバンドの「１人１票」のポリシーを無視するようになった。ポールが政治家みたいに策を講じてサインを拒んだのは、いざ裁判になったとき自身の発言を有利に持っていくためだった。

彼の判断は正しかった。２年後に彼が他の３人を訴えたとき、裁判所は彼を支持した。彼は契約上ビートルズに拘束されることはなくなった。１人の１票が他の３票を凌駕し、ポップ・ミュージック史上屈指のコラボレーションは後味の悪い結末を迎えるのだった。

こうした話は創設者どうしの争いではよくあることだ。アップルでのジョブズ対ウォズニアック、テスラでのエバーハード対マスク、フェイスブックでのザッカーバーグ対サベリンなど。**いずれの場合も共通の目標が失われ、〝僕たち〟が〝僕〟になったのだ。**

もちろん、これは創設者に限ったことではない。リーダーが取締役会と衝突することもある。よくあるのは、創設者やＣＥＯの向かう先が取締役会と違う場合だ。いざとなると、取締役会はその考えを会社の安定にとってリスキーだと見なす。そうやってジョブズは１９８０年代にアップルから追い出され、ジャック・ドーシーは２００８年にツイッターを解雇された。

だが幸い、劇的な解雇があったものの、ジョブズとドーシーは最終的に自分が設立した会社にそれぞれ復帰し引っ張っていくことになる。それは２人が会社を前進させるビジョンを取締役会で納得させることができたからだ。

ビートルズも最終的に正式な形ではないものの復活を遂げた。1995年、ドキュメント『ザ・ビートルズ・アンソロジー』のために新曲を書くことになったのがきっかけだ。

「フリー・アズ・ア・バード」のデモがジョンによってカセットに録音されたのが1977年、彼がニューヨークに住んでいたときだ。ドキュメンタリーに何か提供しようということになり、ポールはヨーコ・オノにジョンのデモテープを発展させられないかと打診した。彼女からテープをもらった他の3人は、ジョンの声が残ったメロディにアレンジを施した。

曲はチャートのトップに駆け上がり、ビートルズは再びスポットライトを浴びるのだった。

21世紀の組織とリーダー

厳密な社内の上下関係に縛られずバンドのように協力し合って活動する会社では、誰もが所属感を覚える環境を築くことができて、各所に自由な空気と責任感が生まれる。

そうは言っても多くの懸案事項や協議事項、個性に日々対処するのは大変な作業で、僕たちもこれは身をもって経験済みだ。チームとして優先事項を設けることが困難な場合もある。防衛本能というか、波風を立てまいという欲求は時に好奇心、オープンな心、探求心などを抑圧してしまう。つまり信頼を壊しかねないのだ。

アジャイル化する組織

幸いなことに、最近では組織の中で社員を共に成長させようという風潮が強くなっているそうだ。「アジャイル（迅速）な」会社は迅速に学び迅速に決断することを促すべく、小さなチームのネットワークとして立ち上げられる。それを可能にするのがテクノロジーであり、それを導くのが共通の目標である。

ザッポスやＭｅｄｉｕｍ（ミディアム）のような**ホラクラシー組織**では組織図はトップダウン方式に頼らず意図的にフラットになっていて、経営と管理は分散されて株主と従業員に均等に共有されている。自主的に結成されたチームが目的とゴールを共有して権限も平等だ。

一方、ベルギー出身で元マッキンゼーのアソシエイト・パートナー、フレデリック・ラルーが考案した**ティール組織**モデルでは、リーダーに対して魂と情熱がこもったビジョンが意図的に求められる。そのビジョンとは周囲に心を配り、エゴを抑え、周囲に対する支配欲を抑え、身なりを整え、世間にも奉仕することだ。個々の活動を引き立たせ、謙遜の価値を重視することで、ティール型企業は組織のチャートや四半期のゴールを持たずに活動し、自立したチームと直感的な推論、意思決定の分散を重視する。

ホラクラシー型とティール型のどちらのモデルが効果的なのかは何とも言い難いが、それぞれに利点がある。そのいずれも流動的な21世紀にはもはや意味をなさない産業化時代のアイディアに取って変わり、いずれも本質的な問いを投げかける。

今日のリーダーシップはどのようなものか、決断はどう行うべきなのか、自分の業界、会社、プロジェクトにとってどのモデルが最適なのか、という問いだ。

バークリーのリーダー論

僕たちはバークリーの学長であるロジャー・ブラウンに、彼が抱く組織の哲学について尋ねた。17年前に彼が舵を取って以来、大学は入学者数と規模において飛躍的な成長を遂げた。

バークリーに来る前、ロジャーはハイスクールの教師をしながら、画期的な保育と初等教育にフォーカスした新規事業を立ち上げている。そんなロジャーにとって彼の出発点はドラマーだった。

「バンドにいた頃を振り返ると私は比較的地味な存在だったね。いろんなバンドを渡り歩いたけど、どこにいてもリーダーがいなくてメンバー４、５人で一緒に決めたよ。メンバーによって役割は様々で、私の場合はライブの場を見つけて、取り仕切ることだった」

児童保育施設としてブライト・ホライズンを立ち上げたとき、彼には子供がおらず、幼児の発達教育も勉強したことはなかった。実際、彼にとってビジネスの経験といえば、２年間の経営コンサルタントとスーダンでの２年間の難民プログラムの運営だった。

「自分がこの組織を始めるべき人間だと思うなんて、傲慢もいいところだね」と彼は冷静沈着、落ち着いた声で言った。

だがロジャーと彼の妻はふさわしいチームを作ろうと、自分たちに足りないギャップを埋めるだけの知識を持つ主要なプレイヤーを探した。

「私たちは思い切ってタフス大学から幼児教育の専門家を雇ったところ、その人が素晴らしかったんだ」と彼は言う。「地元の幼児保育の団体に勤めていた実務的な人を雇った。本当にいいＣＦＯ（最高財務責任者）に当たったよ。自分たちは適材適所を見つけることができるんだと自信がついた。何でも自分たちでやれるという自信じゃなくてね」

バークリーでスタッフを育成する際、ロジャーは知識があって学生第一主義の立場で柔軟に役割をシフトできる人を選んだ。今どきのバンドを結成するアプローチを真似たやり方だ。

「ビジネスの運営はオーケストラのようなもので、リーダーは指揮者だとみんな好んで言うよね。でもそれは１９５０年代のモデルだよ。自分が書いたフレーズを演奏してくれる人を探していた時代だね。**今の音楽のモデルでは、求められるのは自分には書けないパートを思いつくような、腕利きのセッション・プレイヤーなんだ。**10人が同じ楽器をそろって演奏するのではなく、もっと少人数のチームが生で即興演奏し、お互いから湧き出るものを観察して感じ取ったりして、お互いを見ながら一緒に活動する。誰かが書いた曲なんて使わない、1年前に書かれた曲だろうと200年前の曲だろうと関係ない」

ロジャーはコラボレーションのマインドセットが有効であると信じ、リーダーシップを通じてそれを証明した。だが一方で、1人の人間が全員に指示を出すことがない状況では、戦略と意思決定を導く組織の原則、つまり明確な組織の存在意義がなくてはならないことも分かっている。

「現場を半年間離れてオーケストラの楽曲を書き、もう半年かけてリハーサルし演奏する、そんな悠長なモデルは自分がやっていることに対する世間の反応を考えていない。そうじゃなくて、観察し、冒険し、耳を傾け、修正し、臨機応変に対処するんだ」と彼は戦略的な計画と実行を音楽になぞらえた。「昔の戦略の立て方のモデルは、自分は重要な存在で世間は自分に注目していると考える傲慢なものだった。**新しいモデルは、例えば機会があれば観察して感じ取り、現実を見てこう問うことだ。『何がうまくいっているのだろう。どうやればもっとできるだろう。何がうまくいかないんだろう』とかね**」

「私のモットーはシンプルだよ。2つあって、まず若い人にバークリーの魅力をもっと訴えること。2つ目は学生の親御さんたちが抱く偏見を減らすことだ」

前にも指摘した通り、音楽に対する間違ったイメージがはびこっている。ロジャーによると、学生がバークリーと評判の高いアイビー・リーグのどちらに入るか迷ったとき、親はバークリーを断念させるそうで、これも教養課程での音楽教育が十分理解されていないからだ。彼の大学の学長としての使命と目標は、バークリーでの教育の価値をもっと明確にすることだった。

「私は今の2つのモットーというレンズを通してすべてを見ている。何もかもこのモットーに照らして吟味するんだ。アイディアがうまくいかなければ、そっとパスする。完ぺきにフィットすれば、実行する。理想に近ければ、何らかの形でそれを応用し、自分たちに必要なものにさらに近づけるんだ」

リーダーの一番大事な役割

リーダーシップとコラボレーションをどう両立させるか、実際そうすべきなのだが、これを新たな形で実践しているのがバークリーのシティ・ミュージック・プログラムだ。

25年かけてイニシアチブを取ってきたシティ・ミュージックは、予算削減のためボストン・パブリック・スクールから音楽のプログラムがなくなったのを受けて、放課後のプログラムとしてスタートした。主に恵まれない地域の学校やその近辺の生徒をターゲットにした現在のシティ・ミュージックは、全米の北から南まで52に及ぶ都市の学生の生活に関わっている。

カリキュラムではミドルスクールとハイスクールの子供たちに、ヒット曲やピクサー映画の楽曲など、彼らが好きな音楽を通じて音楽の理論、楽器、アンサンブルを学ばせる。

僕たちはこのプログラムを世界に広めているデヴィッド・マーシュに良いリーダーの条件とは何か、生徒たちが音楽で身に付けたスキルがビジネスのマインドセットにどう役立つのか尋ねた。

デヴィッドはこのテーマに対して答えるのにふさわしい人だ。１９７０年代初めにモータウン・レコードのアーティスト育成担当の代表としてスタートしたデヴィッドは、自身のバンドと並行してジャズのデイヴ・ブルーベックのようなアーティストをシンセサイザーでカバーし、その後バークリーに参加してシンセによる音の合成のプログラムを立ち上げ、最終的にオンライン学習の設立に至った。

「僕たちが教える生徒の中で、プロのミュージシャンになるのは10パーセント未満だね。でも僕たちのゴールは音楽を通じた若者の育成だから、それで構わない」と彼は言う。「彼らの人生の道筋を作ってあげるんだ。音楽を勉強することは他のことを勉強するのと変わらないよ。音楽とプログラミング、記号とサウンド、記号と意味の間には強いつながりがある。自分の求めているサウンド作りを学ぶうちに、自分がすごく満たされて自信がつくんだよ。他の勉強ではそれが得られない子供たちもいるからね。ただ僕が一番重視するのは**アンサンブル**なんだ」

ジャズ・ピアノの象徴的存在で、マイルス・デイヴィスともコラボしたセロニアス・モンクがかつてこう言った。「ミュージシャンなら誰もがバンド・リーダーになる素質を持っている」。シティ・ミュージックがコラボレーションを教える取り組みの中に、バンド・リーダーへの強い気持ちが見て取れる。

「人生のどんな局面でも同じで、**リーダーシップとは、突き詰めれば自分のビジョンをみんなにどう伝えるかなんだ**」とデヴィッドは言う。「バンドのギター・プレイヤーがベースとドラムが必要な曲を書いて、それをどう鳴らせばいいのか自分で分かっていても、他のプレイヤーがそれをイメージして指で具体化できるように伝えてあげないと意味がない。ビジョンを共有させて、彼らの心を動かさないとね。そこまでできるようになれば、世の中に出てもたくさんの道が開けるよ」

コラボを成功させる2つのカギ

どんな分野でも誰かと組んで何かを作るとなると、一度に2つのことが求められる。**まず自分のスキルに自信を持つこと**。それができないと他からお呼びがかからない。2つ目に**他の人に興味を持つこと**、それができて初めてビジョンと目的を共有して一緒に素晴らしいものを築き上げることができる。

思えばマサチューセッツ西部の森でのあの晩は、まさにみんなでホテルを作り上げてつながろうという気持ちが高まっていた。コラボレーションが最高の状態であれば、自己アピールと自制心が両立し、個人的な充足感があり、新たな仲間を受け入れることができる。ツーリスツによって築かれたコミュニティは、チャペルで最後のチャイムが鳴ってからずっと続いている。あの晩は同じ志を持った人たちが出会ってグループが生まれ、その後も毎年夏になるとみんなで集まるようにしている。

自分の力に自信を持つことと他の人が持ってきたアイディアに興味を持つこと、その両者がフル回転すると、ミュージシャンも起業家もそこから必ず得るものが見つかる。アップルからフェンダー・ギター、ファッション・ブランドのエバーレーン、教会や寺院、地域の慈善団体に至るまで、いずれの組織もそうした人たちの尽力があって今がある。常に他社との共同作業にオープンな組織は、目的を共有する支持者を増やしていくのだ。「ウィルコには創作の自由があってラッキーだった」とジョン・スティラットは言う。「それに音楽以外の分野でものを作れて僕もラッキーだったよ。家族の延長みたいなもんだね」

コラボレーションのマインドセットが最高の状態で機能すれば、互いを助け合う家族のような絆、オープンなコミュニケーションと所属感が生まれ、自由な空気によって各メンバーがクリエイティブなゴールを目指すことができるのだ。

プレイリスト

このプレイリストの特集は「スーパーグループ」だが、緩い意味での「スーパーグループ」だ。ビヨンセの場合は曲作りとプロダクションチームがそれで、トラヴェリング・ウィルベリーズでは、一流の吟遊詩人たちが集まって演奏した。ボブ・ディラン、ロイ・オービソン、ジョージ・ハリスン、ジェフ・リン、トム・ペティという面々だ。ウィルコは完成したミュージシャンたちによる不動のラインアップで、それぞれが独自の活動を持っている。デザート・セッションズは、パーム・デザートでの長い週末を利用して、オートラックス、クイーンズ・オブ・ザ・ストーンエイジ、ＺＺトップらのバンドが集まったドリームチームによるレコーディングだ。今述べた面々の楽曲を紹介しよう。

ホールド・アップ―ビヨンセ
ゲット・ラッキー―ダフト・パンク・フィーチャリング・ファレル&ナイル・ロジャース
ビウェア―パンジャービーＭＣとジェイ・Ｚ
ビフォー・ユア・ベリー・アイズ―アトムス・フォー・ピース
ラスティー・ネイルズ―モデラット
オール・キャップス―マッドヴィリアン

フィール・グッド・インク—ゴリラズ
ゲット・イット・オン（バング・ア・ゴング）—パワー・ステーション
ドント・コール・ホーム—ブリーダーズ
ハンドル・ウィズ・ケア—トラヴェリング・ウィルベリーズ
ザ・ペイン・オブ・ラヴィング・ユー—トリオ
ドーンド・オン・ミー—ウィルコ
ノーゼズ・イン・ローゼズ フォーエバー—デザート・セッションズ

もっと聴きたい！

ザ・ポスタル・サーヴィスの『ギブ・アップ』は、デス・キャブ・フォ・キューティーのベン・ギバードとDntel（ディンテル）ことジミー・タンボレロのコラボによって、まさかのプラチナヒットとなった。デュオの名前はコラボしていたときに未完成の曲を郵便でやり取りしていたプロセスから生まれた。

CHAPTER | 04

デモテープ

完成品を作るな、試作品を作れ

「失敗は歓迎すべきもの」
——イモージェン・ヒープ

作り始めれば、何を作りたいかが分かる

スクエア社のサンフランシスコ支店の8階。壁には派手な宣伝を飾るでもなく、同じ13個の陳列ケースが並べられている。それぞれの中にあるのはこのモバイル決済企業のクレジットカード・リーダーだ。

一番古い初代はラフな試作品で、黒いプラスチック製、ネジの頭がむき出しで汚れたケーブルが巻いてある。列を進んでいくにつれ中身は段々と小さくなって洗練されていき、機能をそのまま残しながら不必要なものが省かれていく。そして最後のフレームには、現在使っているコンパクトで真っ白に輝くハードウェアが収められている。これを基にスクエア社は60億ドルの評価を築き上げたのだ。ここにはアイディアが生まれ何度も形を変えていくさまが美しく描かれている。

頭の奥でアイディアが湧いても、それはまだ流動的で不定形、宙ぶらりんの状態だ。「現金を支払うみたいに、クレジットカードを使って簡単に支払いができたら素晴らしいじゃないか」。そこまではいいが、このようなアイディア実現の道は時に険しく、段取り通りに進めるのが非常に厄介だ。まずは何から始めればいいのだろうか。

会社の開発戦略は過去の成功や失敗の分析から始まることが多い。会社を「歯磨き粉のアップル」とか「バンキングのウーバー」にするにはどうしたらいいかなど、僕たちは数えられないくらい相談を受けてきた。

歴史を繰り返したいのならともかく、まったく新しいものを生み出そうとするなら、こうしたアプローチはあまり役に立たない。ブレインストーミングから始めて、出来上がったコンセプトの分析とインプットをグループに任せるのもいいだろう。

だがまずは行動しなければブレインストーミングも意味がない。

ＩＤＥＯでは、**作り始めれば何を作りたいのかが分かる、**という企業哲学がある。これにピンとこない人にはこんなモットーもある。「**準備するのではなく、とにかく始めよう**」

概略を書いて模型を作る。絵コンテや縮尺模型を使えばサービスだって視覚化できる。ロール・プレイを使って顧客との相互作用やサービスの有効性をチェックするのもいい。だが**まずは作る**ことから始めたい。

ビジネスではこれを試作品と呼び、音楽の世界ではデモテープと呼んでおり、どちらの場合もクリエイターのマインドセットが反映される。

ラジオやスマホのストリーミングで耳にする曲は、どれも最初はシンプルなデモでスタートする。ミュージシャンがスタジオやキッチンテーブルに座って曲のひな型を録音するのだ。インスピレーションが絶えず湧いてくるミュージシャンは絶えずドラムビートやリックの断片を録音するが、その多くはアルバムに収録されることはない。**最終的にどういった形にするかを決めるよりも、表現したいフィーリングに集中し、曲の骨格を描くことで抽象を具体化する。**

デモによってアイディアが動き出すのだ。

粗削りでいい。粗削りがいい

本質的にデモはラフで大まかで、ざっくりとした作りだ。手早く作られたデモのおかげでアイディアに見切り発車で飛びつくこともなく、試作品だからボツにして捨てることもできる。

デモを過大評価すると、欠点を見逃したり、もっと悪いことに見切り発車のままで市場に出してしまう恐れまであるのだ。デモを作った段階ではゴールではない。そこで完成と見なしてしまうと、更なる発想と創作の扉を閉じてしまうだけだ。

マイケル・ジャクソンのデモがその最たる例だ。マイケルの生涯と伝説は時に悲劇的で苦々しいものだが、それでも彼が曲作りの天才だったことは誰しも認めるところだ。

1982年にチャートで1位に輝いた「ビリー・ジーン」のデモにはその最もむき出しの形が残っている。ギター・コードのシンプルな進行、ドラムビート、有名なシンセのループらしきものがわずかに曲の背骨を作っている。マイケルの堂々とした巧みな声がメロディを歌うが、彼のトレードマークである派手な味付けはない。歌詞の大部分は未完成だが、声の抑揚はつかんでいる。

曲は完成には程遠いが、着地点は彼の中で明確だし僕たちにもその向かう先は見て取れ、曲の鼓動を感じる。

プリンスのデモアルバム

時にデモが完成品とまったく違った感触を持つこともあるし、別の意図で残される場合もある。スーザン・ロジャース博士はバークリーの音楽制作、エンジニアリング、音響心理学の教授だが、1980年代半ば、彼女は時代を象徴するポップ・アーティスト、プリンスのチーフ・サウンドエンジニアを務めていた。

ハイスクールを中退して独学で学んだスーザンが、大きな飛躍を遂げたのはプリンスのスタジオで職を見つけたときで、それはプリンスが商業的にピークだった時代と重なっている。彼女はプリンスのスタジオやライブでのレコーディングを集めるようになり、それは後に未発表素材の宝庫として知られるようになる。

「プリンスは目が覚めている間は常にプレイしていたし、プレイしていればそれを取りあえずは録音していた」と彼女は言う。「彼は思想家みたいな人で、アイディアがすぐに湧き出るし、しかも盛りだくさんだから外でもビートボックスを持ち歩いて録音するの。リフだけを録音したりとかね。みんなでリハーサル中に、私がドラムにマイクを付ける間もなく、彼はピアノに座ってアイディアをひねり出すこともあった。でもそれ自体はデモのレベルを超えていたの。彼には最高の才能があったから、何をやっても許された」

彼女曰く、何かにつけてプリンスは自身でプロデューサーを務めるなどやりたい放題だった。だから状況は普通とは違っていたそうだ。プリンスはプロデューサーに曲のビジョンを見せるでもなく、バンドと一緒に探求することもなかった。一切が彼の手に委ねられ、彼女はただあふれ出る創造力をマルチトラック・テープに録音するだけ。スーザンの仕事は、スタジオというステージで起きたことを片っ端から録音することだったのだ。

マルチプレイヤーだったプリンスはギター、ベース、ピアノ、キーボード、シンセサイザー、クラビネット、ドラム、多彩なパーカッションをこなした。彼がいろんな楽器をこなしているときも、バンドとプレイしているときも、スーザンはすべての音を記録に残し、プリンスが後から細部の修正、統合、アレンジなどを加える。

アルバム『アラウンド・ザ・ワールド・イン・ア・デイ』に収録された「アメリカ」という曲はバンドによる生演奏の一発録り、しかも録音テープが終わるまでの21分間、演奏は延々と続いた。結局それが最終バージョンとなった。一方で『サイン・オブ・ザ・タイムズ』に収録された「ストレンジ・リレイションシップ」は、4年にわたってセッションにセッションを重ねて完成させた。

彼の死後、プリンスの遺産管理人は『オリジナルズ』という、彼がケニー・ロジャーズ（「ユー・アー・マイ・ラブ」）やバングルス（「マニック・マンデー」）らに渡した何千もあると噂されるデモから15曲を厳選して収録したアルバムをリリースした。多くの場合、他のアーティストのバージョンよりも、プリンスのデモの方が力強くてファンキーだ。そしてどの曲にもプリンスは曲の方向性に対する自分の考えを込めている。『オリジナルズ』が出たとき、ドラマーでDJ、プリンスの熱狂的ファンであるクエストラヴは、「ボンネットの下に隠れていたもの」を聴いて興奮したと語っている。

『バラエティ』誌は、『オリジナルズ』はプリンスの死後出されたアルバムの最高傑作であり、最も親しみやすいと評した。まとまりがあって丁寧に編集されており、彼の創造力がピークに達していた１９８０年代の彼の仕事ぶりと想像性の深いところを映し出す点で、最も重要な作品であると書いている。

デモから閃きを得る

１９８０年代終わりにプリンスの元を離れてから、スーザンはプロデューサーとして22年のキャリアを続けた。プリンスという天才がいるスタジオの異質な空気を離れて普通の世界に戻ってみると、デモの意味合いは多少違っていた。

「**デモは試作品で自分の目指す方向性を見せるもの**」とスーザンは言う。「本質的にデモは不完全で未完成だから、プロデューサーの耳に入ってくるのはその骨格なの。メロディ、歌詞、リズム、コード進行、時にハーモニーもね。どのみち後でやり直すわけだから正式な形にはなっていないし、それを聴いてプロデューサーは別のリズムやオーケストレーションとかを頭の中で考えて、時にキーを変えることもある」

彼女が最もヒットさせた曲はベアネイキッド・レディースの「ワン・ウィーク」だ。曲の骨格を聴いた彼女は、もっと広く一般にアピールできないかと考えた。

「プロデューサーとして、**自分が最初のフォロワーだと考えるの**」と彼女は言う。「自分が最初に聴いた人間だから、たとえて言うならシェフと同じで最初に味見して新たなレシピを試してみる。こうフィードバックするわけ。辛すぎないか、舌触りが変じゃないかとかね。次にどうやれば一般受けするかを考えて、自分の好みも加味して、斬新さと親しみやすさを融合させるのがプロデューサーの仕事よ」

彼女がベアネイキッド・レディースと仕事をするようになったとき、ライブを見に来るバンドのファンは主に女性だった。そこで彼女はもっと男性ファンを集めることを狙って、バンドに歌詞と曲調を少し変えさせた。微妙な違いではあったが、彼女が言うには「かなり出たとこ勝負の思いつき」だったそうだ。

フタを開けてみると、その思いつきは彼女が手伝ったアルバム同様に大当たりとなった。彼女が手掛けたベアネイキッド・レディースのアルバムと、特に大ヒットした「ワン・ウィーク」のおかげで、スーザンは44歳にして家のローンを完済し大学入学という長年の夢を果たすことができた。そして大学に通い続け音響心理学で博士号を取るのだった。

「でもエンジニアリングと科学はシステムを考える人の領域なの。そういう人たちが実際に関心を持つのは、例えば膝の骨が太ももの骨やくるぶしとどうつながっているかってことよね」と彼女は言う。「アイディアの種子から始まって、パーツのすべてがどうつながるかを考えていくのが彼らの仕事。私の友人の1人に彫刻家のティム・バックナーがいるけど、彼は芸術の生命線は問題を解決することだと言っている。それって音楽にも言えることだし、音楽のビジネス面でも起業の場合も同じよ。生きていればいろんな問題に直面するけど、音楽があればすべてに向き合わずとも生きていけるわ」

一番純粋な形

プリンスのデモがそこらのデモより洗練されたものだとしても、そこには生々しいが故の親しみやすさと、心の奥から出るような真実がある。**それらが時に曲の最も純粋な形であるのは、インスピレーションが湧いた瞬間に最も近いからだ。**だから80年代の過剰なまでにキラキラした音を通過した１９９０年代において、この生々しくざらざらした音が一種のアーティスティックな理想になったのも当然といえば当然だ。

例えばビート・ハプニング、ビキニ・キル、スパークルホース、ペイヴメント、スモッグ、ニルヴァーナらのバンド。彼らによる音像の解析度が低いＤＩＹ（Do It Yourself：手作り）のレコーディングは、**デモの忠実さを究極の目標としている。**こうしたバンドは、ムラのない音を作りだすよりも、曲を技術的には稚拙なままの状態で当初の意図と意味に近づけたいと思っている。アルバムでリリースされた最終バージョンは、当初のスピリットに著しく近い。

早くからこうしたバンドの多くにインスピレーションを与えたのが、オースティンを拠点とするソングライターのダニエル・ジョンストンだ。彼はローファイ・ミュージックシーンのパイオニアで、意図的に粗くしたどこまでもパーソナルなレコーディングは当時のポップ・ミュージックの分厚いプロデュースを拒否するものだった。

コマーシャリズムもシニシズムも拒否したジョンストンのアルバムに一貫しているのは、子供のようなシンプルさ、どこにも属さないアーティストと純真無垢な天才の感触だ。彼は不安定な声でストレートに歌詞を歌い、クールだけどひたむき、悲しいと同時にユーモラスでもある。

生涯にわたって、ジョンストンは人知れずレコーディングし、マクドナルドで働きながらデモテープを出し続けた。カート・コバーンがＭＴＶビデオ・ミュージック・アワードに出演したとき、着ていたＴシャツにデザインされていたのは、その9年前にリリースされたダニエル・ジョンストンの『ハイ、ハウ・アー・ユー?』のカセットテープのカバーだった。突然カルトスターに祭り上げられた彼の音楽は、数年後にザ・フレーミング・リップス、デス・キャブ・フォ・キューティー、ブライト・アイズ、ベックらにカバーされる。

ジョンストンがレコーディングしたものは、常にデモを作っていたアーティストにとっては親近感の湧くものであり、同時に音楽制作の全く新たな方法にも思えた。

「彼の曲には多くの可能性があるけど、それが実現されることは滅多になかったし、それがむしろ一種の魅力だった」と語るのはウィルコのジェフ・トゥイーディーだ。「僕のようなソングライターにとって、こうした生の状態の音楽を聴くとワクワクしてくるよ。ヒントが山ほどある。可能性の中に埋もれそうになるんだ。**いろんな解釈の余地をたっぷり残しているからね**」

２０１９年、トゥイーディーは『シカゴ２０１７』というライブ・アルバムのリリースを発表する。これはジョンストンとのウィンディ・シティでの共演を収めたアルバムで、ジョンストンにとって最後の、心臓発作のために58歳で亡くなる前のパフォーマンスだった。このアルバムからの収益は、「ハイ、ハウ・アー・ユー？」というダニエルと彼の家族によるメンタルヘルスの問題に取り組む慈善団体に寄付された。

声明の中でトゥイーディーはこう語っている。「ダニエルという存在は唯一無二で、彼と仕事ができたこと、彼の音楽を紹介できたことは、自分とバンドにとって大変名誉なことであり、この機会をバンド一同とても感謝している」

２０１４年、トゥイーディーは『アトランティック』誌に、ジョンストンは正直であることと、生々しくてリアルな音をレコーディングすることを教えてくれたと語った。

「ジョンストンは言葉と歌詞で僕の作品に大きな影響を与えてくれたと思っている」と彼は言う。「歌詞を書くのはとても大変で、というのも僕の中では曲を支配するのはメロディなんだ。感情に重みを与えるのはメロディだと思う。歌詞を書いたり詞を曲に当てはめるとき、僕が本当にやりたいのはメロディの魅力を損なわないようにすることなんだ。基本的にメロディを台無しにしたくない。それは避けたいけど、一方でせめて言葉によって曲の意味を高めたり、メロディへの思いを明確にできたらとは思うよ」

考える前の状態を大事にする

トゥイーディー自身は曲作りのプロセスにおいてデモに重きを置いている。新しい曲ができるたびに、コードをギターで爪弾いてメロディをデタラメに歌っただけのものを録音する。

それから何度も自分のデモを聴いて、違った角度から聴こえたものを何となく作り直す。ポッドキャストの『ソング・エクスプローダー』のエピソードの中で、彼は自分の作業をどう壊すのかを語っている。

「音だけを手がかりにボーカルのメロディを作るんだ。僕たちはそれを〝モゴモゴ（mumble）・トラック〟と呼んでいる。それから最初の1節を何度も何度も聴いてノートパッドに概略を書き留めて、同じ音節、同じテンポを持つ言葉（歌詞）を検討し、やっと満足いくものが出来上がる。それから実際歌ってみるんだ」

彼の自伝『ジェフ・トゥイーディー自伝――さあ、行こう。ウィルコと音楽の魔法を探しに』（五十嵐正訳、シンコーミュージック・エンタテイメント、２０２０年）の中で、トゥイーディーはさらにこう説明する。「歌詞作りでこのアプローチに惹かれるのは、**曲の最初の状態から離れずにいられるからだ。つまり考え抜いて正解を出す前の状態を維持できる。**自分がちゃんと意識して最高の選択をしているかというと、それはどうか分からない。僕にできることは曲作りのプロセスに懸命に取り組んで、完成を見守って、感情と直感で向き合うことだ」

歌詞が出来ていくにつれ曲にユーモアと滑らかさがもたらされ、最初は脈絡のない響きだった言葉が、物語を紡ぎながら深い意味を露わにしていく。

発見の余地を残す

トゥイーディーは満足するデモが出来たら、それをバンド・メンバーに渡すのだが、それは曲が完成に近づく前段階であり、十分に洗練された決定版というよりも、発見の余地を残したままの状態だ。ここでは前章でも述べたコラボレーションに対する教訓がある。**つまりパートナーやチームメイトにアイディアを伝えるだけでは不十分で、相手に自分の考えを目や耳で感じてもらい、一緒に作りだす余地を残しておかなければならない。**

前に紹介したツーリスツ・ホテルを創設したウィルコのベーシスト、ジョン・スティラットが僕たちに言ったのだが、デモの用意が出来ると、バンドはこのプロセスを継続させて、自分たちの演奏部分を譜面に書いていくそうだ。

「アコースティックとボーカルのデモを受け取ったら、僕たちはこの曲にどう楽器をあてがおうかと、骨組みを想像する。他のメンバーが想像していたものと合致させて形が出来ていくときが何より楽しいね」

繰り返すが、**デモテープは手早く仕上げて粗削りのままにすることが大事だ。**

「なぜそれを作るのか」を自問する

試作品を作ったりデモをレコーディングするとき、**なぜそれを作ろうとしているか**を自分に問いかけることも有効だ。そうすることでアイディアに集中し、バージョン毎に改善しながら、アイディアを深めていくことができる。

ジェフ・トゥイーディーの息子で25歳になるスペンサーは、既に才能あるドラマーとしてメイビス・ステイプルズやノラ・ジョーンズと一緒にレコーディングしている。彼もまた起業家の顔を持ち、フィヨルド・オーディオというレコーディング・スタジオ用のアクセサリーを製造する会社の舵を取っている。

無意識に考え、意識的にいじくり回す

少し前、僕たちは『テープ・オプ』というクリエイティブなレコーディング・テクニックを専門とする雑誌をネットで閲覧していたとき、たまたま彼のインタビューを見つけた。

「僕にとって、問題解決やいろんな選択肢の検討が必要なものはデザインと呼んでいる……。僕にとって最もワクワクするプロジェクトは、無意識に考えながら意識的にいじくり回すことだ」

ミュージシャンがデザインについて語る？　これを読んだとき、僕たちはこれだと思ってイスから立ち上がった。彼に連絡を取ってアイディアをいじくり回すことについて語ってもらった。アイディアをいじくり回すという言葉は、アーティストと起業家の双方がデモを組み立てていく過程を表すのにふさわしい言葉だと思う。

長身でボサボサの茶色の髪をしたスペンサー、そんな彼が話すときの照れくさそうな笑顔は父親譲りだ。そんな彼はいろいろと考えを述べるにつれて話すテンポを上げていった。

「曲作りとプロジェクトの企画には似たようなプロセスがあると思うよ。**どちらも完全に無意識のうちに湧き出たインスピレーションから始まって、それから編集を繰り返していくうちにプロセスが**

意識的になっていく。同じコード・パターンを何度も繰り返すわけにはいかない。曲をどうアレンジしたらいいか四苦八苦してきた経験が生きるんだ」

スペンサーはこれと同じアプローチをフィヨルド・オーディオの設立に応用した。本人としては別に起業家になるつもりはなかったそうだ。消耗品と見なされながら、丁寧に細部まで注意を払って作られた製品に対して愛着があっただけだ。

スタジオで時間を過ごすうちに彼はそこでの環境作りに夢中になった。そこでオンラインでエレクトリック・オーディオの構成部品を探すようになり、試作モデルを創るためにシカゴのオーディオ・アルケミーにいた友人のジョニー・バーマーと組んだ。

大きな転換は彼が実家にいたときのことだ。「コンウェイ・エレクトリック社の延長コードが目に入った。コンウェイはカリフォルニアを拠点とする素晴らしい会社で、古い環状の織機を使って延長コードのコットンカバーを作っていた。それが素晴らしくて、僕はこう思った。『こんなオシャレなものがレコーディング・スタジオ用にないのはどうしてだろう？　ケーブルもこれくらいカッコよくできるんじゃないか』って。そこでインスタグラムでコンウェイに連絡してオーディオ用にケーブルのコットンカバーを作ってもらえないか尋ねた。オーナーのケビン・フォールからすぐに返事が来たよ。『何フィート必要ですか』って」

スペンサーを知るにつれ、僕たちは彼が控えめで思慮深いことが嬉しかった。話している中で、彼は遠慮がちにこう言った。

「プロジェクトを白紙に戻そうかと思うときもあるよ。アクセサリー作りなんて割に合わなそうだからね。でも製品を作ることがどんなものかを理解しておくのは大事だと思ったよ。見返りや需要がどんなに小さくてもね」

最初の問いに立ち返る

製品やプロセス、商品や創造性に関する彼なりの信念を刺激するのは次の考えだ。

「僕の考えは、アメリカとか西洋の文化ではデフォルト（標準）なんだけど、製品が〝完成〟して構成部分が結合すると、その製品に確固たるアイデンティティが出来上がるということだ。それが型となって、出来上がった個々の構成単位はその型をお膳立てしているに過ぎない。個々の構成単位が見た目に区別できなくても、変な話、こうしたマインドセットがそれぞれの個性と特徴をフォローしてくれるんだ。マインドセットによって製品の重要性と意味のすべてが抽象化されるというかね。一方で曲作りに関していうと、プロセスに意味を持たせることが好きなんだ。何かを作る経験だね。それは父から学んだことだ。**何かを作る上で一番大切なのは、後で作ったものを振り返るよりも、そのプロセス、つまり創作に打ち込むことにあるんだよ**」

製品とプロセスの両方にソングライターとしてのアプローチを用いて、彼は1年以上をかけてフィヨルド・ケーブルの試作品を何度も繰り返した。

「テスト段階でわかったことが主に3つあった。まずは重さの調整が大事だということ。僕が選んだ最初のベース・ケーブルは細すぎたから、結局通常のプロファイル・バージョンを使うことになった。2つ目にコンウェイは塗装技術が進んでいてコットンカバーを握りやすく汚れにくくしていたけど、その分ケーブルが巻きづらくなるから、もっといい解決策を考える必要があった。3つ目にジョニーはハンダ接合の名人だったけど、コネクター内部の接合部の一部が使用中に壊れてしまう。だから今後の組み立ての際には、接合部分には熱収縮する管を使うことにした」

開発が節目を迎えるたびに、スペンサーは最初の自問に戻った。作りがしっかりしていて見た目も美しいアクセサリー製品を自分たちの手で作ることができるのかと。ただしそれは価格を抑えること、つまり費用がかさむアイディアを断念することでもあった。

「当時ケーブルのパッケージをカスタム仕様にして再利用できるホルダーをぜひ実現したかった。僕はボール紙を切り抜いて試作品をデザインしてパルプ溶接会社にコンタクトを取ったけど、型打ちの費用が跳ね上がってしまった」。彼は投資でもＤＩＹ方式でアプローチした。「キックスターター・キャンペーンで金を集めることは気が進まなかった。友人たちや家族に出資を求めるなんてしたくなかったしね。でも最終的にこれもプロジェクトの創造性を磨く一環だと考えたんだ。つまりキャンペーン・ページをデザインして、キャンペーン・ビデオの制作から学ぼうとね。そこでママのカメラを借りて6色の試作品ケーブルを撮影した。コネクターはまだハンダ付けしてなくて、ケーブルに押し付けたままだったよ！」

伝説の家具職人の教え

チャールズ・イームズとバーニス・〝レイ〟・イームズは20世紀で最も影響力の大きいアメリカ人デザイナーの２人だ。主に建築と家具デザインで活躍する夫妻は、モダンスタイルを取り入れながら、ひたすらシンプルでそこに少し遊び心を取り入れて、何かと過剰なモダニストたちとは一線を画した。

傾斜の大きな脚がついた背が高くて明るい色のストゥール、座る部分に贅沢にレザーを施したラウンジ、プライウッド（ベニヤ板）を曲げて作った精巧なイスなど。

最小構成単位に分解し１００通りの検証をする

イームズ・オフィスは製品開発の設計段階から試作品を丁寧に作ることでも知られていて、これはフィンランド人のモダニスト、エーロ・サーリネンから学んだやり方だ。

サーリネンは何度もデザインのコンセプトを本質的な要素に解体し、その数は数十単位に及ぶことも多く、それから各部品を徹底して調べる。このやり方は魅力的なアプローチで、製品デザインの枠を超えた応用が可能だ。**コンセプトをどう発展させていくかを発見し、最小限の部分にまで解体すること。**それがシステムや望む完成品の個々の構成要素であれ、音楽における一連の音符であれ変わりはない。**各部分に分けたら、どう手を加えて変えていけばいいかを探求する。**すると各要素はそれ自体が別個に吟味すべき試作品となり、成功や失敗を繰り返して答えが出る。そしてその答えを確信が持てる要素に加えていくのだ。

２０１７年10月、ＩＤＥＯの他のパートナーと共に、マイケルはバスに乗ってサンフランシスコからソノマ郡へ向かい、イームズ夫妻の孫娘であるリサ・イームズ宅を訪ねた。レイ・イームズが１９８８年に亡くなってから、リサはイームズ・スタジオの作品を集めてカタログ化し、世界中の博物館に貸し出している。

彼女は僕たちに膨大な家具のコレクションを見せてくれた。改良に改良を重ねたファイバーグラス製のイス、プライウッドチェア、縮尺模型、そのどれもが前任者たちがイームズの基準に従って作ったものだと分かる。

とりわけ魅力的なのは納屋に付属した奥行のある部屋で、中にあるテーブルにはたくさんの接合部と止め穴が残っているが、家具の横に取り付けられているため気付きにくいよう配置されている。細かい改良を次々に見ていくと、いかにデザイナーが素材と製造過程を変えながらアイディアを発展させていったかが分かる。パンくずのような小さな細部へのこだわりがイームズ作品のＤＮＡを進化させていったのだ。

リサ宅のリビングに戻って僕たちは彼女から話を聞いた。彼女は祖父の講義を録音した古いリール式のテープを最近デジタルに移したそうで、聴いてみてほしいと言った。

講義は１９７１年、彼がハーバード大学でチャールズ・エリオット・ノートン詩学講義の教授職に任命され、詩について教えていた頃のものだ。建築家でデザイナーである彼が詩の指導を任せられるとは何だか妙だが、ハーバードは詩を広く解釈していて、アイディアを具体化する芸術を詩だと称えていた。チャールズが自分の考えを学生たちに伝えながら、彼の思慮深い生の声のリズムがアイディアに命を吹き込んでいくのを直に聴くことは素晴らしい経験だった。

質疑応答の中で、どうして彼のスタジオが数多くの賞を獲得したのかと質問が出た。質問を軽くあしらったり自慢げに答えるのではなく、彼はサーリネンとのコラボレーションを思い出しながらプロセスを明らかにしてくれた。

「これにはコツがあってね。それを紹介するから試してみるといい。私たちはプログラムを見てそれを基本的な要素に分解する。すると30個くらいの中途半端な要素に分かれて、私たちは各要素を１００回くらい調べるんだ」と彼は言う。「さらにこうした要素を１００回組み換え直して調べて、当初の品質を落とさないようにして……次にこれらの要素を使って論理的に妥当な組み合わせはないか徹底的に追求するんだよ」

　これを数学的に想像するとこうなるだろうか。例えば、彫った材木と細いメタル・チェアーの脚との理想的な比率を見出すために、イームズ・スタジオは３０００個の選択肢を追求して、最適な組み合わせをさらに１００通り調べたのだ。彼の話を極端だと片づけるのは簡単だが、リサの納屋にあった作品がそれを物語っている。

全体の流れをおさえる

　いろいろといじくり回すときは、アイディアを本質的な部分にまで突き詰めていけばいいのだが、その際忘れてはいけないのは**各部分が自立していると見なしてはダメ**ということだ。全体という流れの中で位置付けなければならない。**最も期待できる要素を使って最も期待できる組み合わせを選ぶことで、アイディアが必要最低限の単位となって、まったく新たな出発点に立つ。**

　イームズ・オフィスが独自の地位にあるのは、試作品作りの中で積極的にあらゆることを試すからだ。ある地点に来たら、ここまではうまく行っていると信じて前に進む道を選ぶしかない。だが不測の事態が発生するたびに対処し、辛抱強く実験していくほど、製品は完ぺきに近づいていくのだ。

試行錯誤の果てに生まれた革新的アルバム

レディオヘッドの流儀

5カ月かけて初のニッケル鉄電池を作り上げた際に、トマス・エジソンはこう発言したことで知られている。「私は一度も失敗したことなどない。役に立たない1万通りを発見したのだ」。エジソンは言葉遊びをしていたのかもしれないが、繰り返す過程の中で失敗はつきものだと理解していたのだろう。

多くの本と記事で指摘された通り、多くの企業にとって失敗は忌み嫌われるものだが、**失敗は創造力の糧**だとアーティストは実感している。

ビジネスのイノベーションと同様に、曲作りは試行錯誤の繰り返しだ。アーティストはシンプルなフレーズやコード進行から始めて、完成に向けて突っ走るよりも着実に一歩一歩小さなステップを踏みながら曲を発展させていく。ビジネスにおける企画やプレゼン作りは音楽でいうデモに似ていて、製作過程で商品の完成形をイメージしてそこから製品やサービスの具体的な形を作っていく一つの方法だ。複数のモデルを比較検討し様々なアプローチを試して、そこから最高のものを取り入れていくプロセスは、アイディアを具体化する上での現実的な方法と言える。

ミュージシャンはつまずき、失敗、ダメ出しされることに慣れている。結局音楽はダメ出しされることで成り立つ産業なのだ。ミュージシャンは自分のアイディアを気に入らないとダメ出しし、アルバムはレコード会社からダメ出しされ、ステージでは観客からダメ出しされる。そしてミュージシャンはアイディアを断念するか、または微調整してもう一度トライする。

屈辱的だが糧にもなる。**最悪の場合でも、失敗によって自分の思い描いていたことが明確になり妥当かどうかが見えてくる。最高の場合、失敗からみんなが思わず足を鳴らしたくなるようなものが生まれる。**

「OKコンピューター」

1997年にリリースされたレディオヘッドの『OKコンピューター』は、ロックミュージックを変えた革新的な作品だった。迷宮のようなギター・ワーク、オーケストラのアレンジ、複雑なデジタル・プロダクションのテクニック、大胆な曲構成。これらが一体となったアルバムのテーマは90年代の消費主義や物質主義への批評であり、21世紀のテクノロジーが染みついた生活への冷ややかな予言と暗示的な告白だった。アルバムはその年のほぼすべての年間リストでトップになり、バンド・メンバーは否応なしにロックアートの象徴となった。

レディオヘッドのファンにとって特に際立っているのは、『OKコンピューター』がバンドのこれまでのアルバムとは大きく違っていたことだ。彼らの最初の『パブロ・ハニー』からは「クリープ」

という大ヒットが生まれた。この曲にはバンドの特徴である冷ややかな闇があったものの、アルバム全体はオフビートを巧みに操るオルタナティブ・バンドのデビュー作以上のものではない。だからニルヴァーナやパール・ジャム、サウンドガーデンらの台頭しつつあったグランジロック・シーンのバンドに対するイギリスからの対抗馬としては物足りなかった。2作目の『ザ・ベンズ』はもっと成熟していて、美しく巧みに作られた曲で構成されているが、依然としてかなり直球のギター・ロックだった。

それでは『OKコンピューター』の新たなサウンドはどこから来たのだろうか。**それは何時間にもわたる反復、テスト、失敗の成果だった。**

最初の2枚の作品の成功によりバンドはレコード会社から制作を自由に任され、一種の実験室の設立（遊び場と言った方がいいかもしれない）を許可された。バンドのリーダー、トム・ヨークによると、「奇妙な空間」作りは制作プロセスに欠かせないだけでなく、彼が最も楽しんでいることでもある。

ロックバンドのザ・キュアーは南イングランドの14エーカー（約5万7000平方メートル、約1万7000坪）の隠れ家、女優ジェーン・シーモアの邸宅でアルバム『ウィッシュ』のレコーディングを終えたばかりだった。レディオヘッドは機材を全部その屋敷に入れて、エンジニア兼プロデューサーのナイジェル・ゴドリッチを連れてきた。ナイジェルは『ザ・ベンズ』で実験的な曲に関わっていた。3週間のセッション2回の中で、彼らはアイディアやサウンドをいろいろと試みるのだった。

「重要なのは、僕たちが従来のレコーディング・スタジオを望まなかったことだね」とギタリストのエド・オブライアンは『ローリング・ストーン』誌に語っている。「自由に使えるスペースを持てたことが大きな飛躍になったんだ」

バンドにとっては、休日で大人たちが留守にしている間、好き放題にできる子供に戻ったような気分だったのだろう。ケーブルが屋敷のあちこちに巡らされた。彼らは曲に取り組んでいる間、部屋から部屋へと移動し、中の音響を試すのだった。ボールルームは床が木製で、壁は大きな中世時代のタペストリーや羽目板が掛けられていたので、中で美しい音が生まれた。たくさんの本が並ぶ書斎とソフトなフラシ天のぬいぐるみでいっぱいの子供部屋からは、もっと静かな音響が作られた。奥のグリーンハウスには装飾が施されたガラスが張り巡らされ、ヨークはガラス張りの中で「パラノイド・アンドロイド」のボーカルを録音した。

実験は空間を利用した音響に留まらなかった。「カーマ・ポリス」のブーンと鳴る音は冷蔵庫の音をサンプリングしたものだ。ヨークはテレビで放映された映画『コンドル』の会話部分の一部を録音した。アルバムの1曲目「エアバッグ」のドラムはＤＪ・シャドウからのインスピレーションで、これがバンドにとっての出発点だ。

ゴドリッチからループ作りを依頼されたヨークは、こもった音をミキシングしてギタリストのジョニー・グリーンウッドに渡し、グリーンウッドはエフェクト・ペダルでトラックを埋める。最終的にそのすべてが採用されたわけではないが、ディストーションや他のエフェクトをかけた3つのトラックを残した。

バンドは興味の赴くままに、頭に浮かんだり耳に残ったアイディアを片っ端から試してその向かう先を見届けた。スペンサー・トゥイーディーの言葉を借りれば「**いじくり回していた**」のだ。

未発表デモから垣間見える軌跡

『OKコンピューター』のリリースから20年後、レディオヘッドはファン向けにアルバムのボックス・セットをリリース、ヨーク手書きのセッション中の日誌と90分に及ぶ未発表のデモと音響の実験を施したミックステープを付けた。するとハッカーが更に18時間に及ぶレコーディングのハード・ドライブをヨークから盗み、15万ドルを支払わなければインターネット上で発表すると脅した。

そこでレディオヘッドはレコーディングしたものを自分たちでリリースし、収益は環境の慈善団体エクスティンクション・レベリオンに寄付することにした。こうしたエピソードを含めて『OKコンピューター』で行われた実験は、**気ままな好奇心と失敗を恐れない果敢さ、満足いくまで繰り返す熱意の表れだった。**

この未発表の素材を聴くと、『OKコンピューター』は『ザ・ベンズ』の二番煎じになってもおかしくなかったことがはっきり分かる。「リフト」や「パロ・アルト」などのボーナスディスクの何曲かは以前の曲構成とメロディのフックが似ているのだ。そして「エアバッグ」には驚くほど数多くのライブ・レコーディングがあって、10分のハモンド・オルガンのソロへとトリップするバージョンは

1960年代のサイケデリックなジャム・バンドみたいだ。

だが何時間分もの音響的な演奏を聴くと、レディオヘッドが新たなサウンドに到達した手がかりが分かる。探求がすべてうまくいったわけではない。特にオルガンによるジャムはもう一つだし、こうしたトラックでの探求のすべてが、個々の曲やアルバム全体の美学に直結しているわけではない。

だがいくつかの曲で点と点をつなぐことができる。例えば未発表の〝ZXスペクトラム〟（訳注：1980年代にイギリスで発売されたホームコンピューター）を使った音響的な実験。豊かなモジュラーシンセが続いてそこにアルペジオが重なり、デジタルのブリップやビープ音が調和してコーラスを成すなど、バンドを成功に導いたギターから随分遠くまで来たことを思わせる。この曲のトラックは『OKコンピューター』本編の「レット・ダウン」の終盤で、華々しいテクスチャーとして登場する。

何もしないことが失敗であると言ったエジソンは正しかった。否定すべき失敗など存在しないと言い換えてもいい。プロトタイプ（試作品）をユーザーが検証するプロトタイピング・テストは新しいものを生み出す上ではどの段階も有益なのだ。

あなたが繰り返しチェックしながらデモを発展させていく際には、レディオヘッドの18時間に及ぶプレイを思い出してほしい。彼らがセッション中に探求したサウンドの多くは、後のアルバムでようやく実を結ぶことになる。まさにそれにふさわしいタイトルの「トゥルー・ラブ・ウェイツ（＊真実の愛が待っている）」は当時未完成だったが、20年が経ってようやく完成しリリースされた。

ベータモードに始まりベータモードに終わる

デジタルの世界ではベータテスト（訳注：開発中のソフトやサービスを発売前にユーザーに評価してもらうこと）が標準となっている。また、期間限定のレストラン、季節限定のショップ、小規模のフェスティバル、こうした仕事のすべては音楽のデモ作りと同じように進められる。

僕たちが普段使っているテクノロジー製品の多くは、**ずっとベータモード（試験段階）のまま**、顧客からのフィードバックを基に絶えずアップデートされる。常にアイディアを膨らませ、それを積み重ね、顧客と共に試作し、ピンチやチャンスに出くわすたびにそこから直に学ぶのだ。

ｉＰｈｏｎｅの進化

アップルがこれまでやってきたことすべてがまさにそれだ。最初のｉＰｏｄ（アイポッド）の導入から最近のｉＰｈｏｎｅに至るすべては、試作品作りと開発という一連の流れで行われてきた。

例えば、画面下部の「ホーム」・ボタン。２００１年に発表された最初のｉＰｏｄは、タッチホイールでスクロールさせる機能でユーザーを驚かせた。その見た目はブラウンのトランジスター・ラジオにヒントを得たものだが、アップルのデザイナーはこのアイディアを更に発展させて、音楽プレイヤーのどの機能もホイールとキーを使って操作できるようにした。

iPodの新バージョンが出るたびにホイールとボタンは簡素化していった。初代のiPhoneはボタンを残していたが、ホイールの代わりに全面がタッチスクリーンになった。数年後、ユーザーの体験談を聞いて操作部分を簡素化する探求を続けながら、アップルはホーム・ボタンを無くした。結局、スティーブ・ジョブズが常に目指していた目標は指1本だけで使える装置で、人間と機械の最も自然なインターフェイスだ。


こうした常にベータテストを行うマインドセットはウーバー、フェイスブック、ツイッター、Airbnb（エアビーアンドビー）ら多くのテクノロジーの巨大企業も実践している。本章の冒頭でスクエアにある壁に並べられている13個の試作品を紹介したが、そこに含まれなかった模型も数多くある。最初の会社名スクワール（リス）にちなんだ、どんぐり型のバージョンなどがそうだ。

こうしたどの会社にも、発売されたアプリやサービスの**「最終バージョン」が存在したことはない。**前のバージョンに繰り返し試行錯誤を積み重ね、次のバージョンの土台とする。

パノスが自ら立ち上げたソニックビッズがまさにそれで、すき間市場からスタートし、グローバルなプラットフォームに成長するまで試行錯誤の繰り返しだった。

ソニックビッズ

タレント・エージェントとしてキャリアをスタートさせたパノスは、ニーナ・シモン、パット・メセニー、チック・コリア、レナード・コーエンらと関わり、一方でキャリアを始めたばかりでライブのブッキングに苦労する有望なミュージシャンとも出会った。ただあいにく音楽のプロモーターに電話で彼らを売り込むとき、彼らの音楽を迅速、簡単にシェアする方法がなかった。

2001年、デジタル・ダウンロードが始まる前、ユーチューブやサウンドクラウドが立ち上げられる前のことだ。彼は電話でサウンドの特徴を述べCDを郵送で送る約束をしていた。お察しの通り、パノスはこうしたCDの運搬に多額の金を使いながら、同時にライブを取り付けようとするミュージシャンからのメール対応に追われた。

その結果、彼は若いアーティストたちに一晩で3000ドル以上を稼いでくれないと担当できないと言うしかなかった。だがこの数字に根拠があるわけではなく、みんなのやる気をそぐばかり。そこで彼は考えた。共通のプラットフォームを使って、有望な才能をまとめてプロモーターに売り込むもっといい方法があるはずだと。

そこで彼が立ち上げたのがソニックビッズというオンライン・マーケットだ。どんなバンドでもオンラインを活用して、活動歴、写真、獲得した賞、これまで出演したライブの履歴などのプロファイルを作ることができる。オンラインへのシフトによって、バンドがチャンスを手にしてファンとつながる術が新たに生み出されたのだ。

ソニックビッズの最初の試行錯誤は初期のベータ・バージョン（訳注：ユーザーに評価してもらう開発中のサンプル）そのものであり、文字通りキッチンテーブルで構想が練られた。具体的な商品や担保なしに銀行がマーチャント・アカウントを開いてくれるわけがない（20年前はそうだったのだ）から、パノス個人のクレジットカードと友人や家族の金を資金に充てた。残る大きな課題は、しかるべき相手との交渉だ。昔からよくあるヒヨコが先か卵が先かの問題、つまりアーティストが先かプロモーターが先か。

そこで彼はたくさんのマーケティングの素材を荷物にまとめて、テキサスのサウス・バイ・サウスウエスト（ＳＸＳＷ）・ミュージック・フェスティバルに出向いて、元タレント・エージェントとしてのスキルを駆使した。プロモーターとのミーティングの席で、こういう契約を提案したのだ。ソニックビッズにアーティストを加えてくれたら、最初に契約した5つのバンドのギャラはこちらで持ちますと。５組のライブに向こうがギャラを負担する？　プロモーターにとっては乗らない手はない。

彼のベータ・バージョンが一気に弾けた。毎日のようにライブの予約が取れた。２０１３年、会社がグッゲンハイムパートナーズの支援で買収の話に乗りビルボード・ミュージック・グループの傘下に入ると、ソニックビッズは事実上バンドが世界中の音楽プロモーターとつながる場となった。

プラットフォームには50万組を超えるバンドと3万５０００のプロモーターが参加し、１００カ国で１００万回のステージ契約が結ばれた。独占契約を結んだフェスは以下の通りだ。オースティンのＳＸＳＷ、ボナルー・ミュージック・アンド・アーツ・フェスティバル、シアトルのバンバーシュート・ミュージック・フェスティバル、ニューヨークのＣＭＪ、ミルウォーキーのミュージック・フェス。そしてソニックビッズは、ルミニアーズ、テンパー・トラップ、マックルモア、アーケイド・ファイアの初ステージも後押しした。

このすべてがデモ、試作品、ベータ・バージョンから始まったのだ。

正解も不正解も完成もない

カニエ・ウエストの流儀

アメリカのラッパー、シンガー、プロデューサー、起業家のカニエ・ウエストは、**ベータ・バージョンに終わりはない**という考えに新たな意味をもたらした。

彼の作品の中でも特に評価の高い『ザ・ライフ・オブ・パブロ』は作品自体がベータ・バージョンで、数週間かけて彼はこのアルバムのそれぞれに異なる3つのバージョンを作るという前代未聞の仕事を成し遂げたのだ。リリース直前までアルバムに対する彼のビジョンは日々変わるなど、アーティスティックな制作過程の凄さがそこに垣間見える。

彼はこれまでのアルバムよりもポジティブで感情的、「ゴスペル・ラップ」、「生きて呼吸し変わりゆく芸術的表現」を象徴するアルバムを作ってイメージを変えたがっていた。しかもその中身はファンからのフィードバックによって変更する余地を残したのだ。

最初のバージョン発表までの数カ月、カニエはソーシャル・メディアでファンに楽曲の一部を公開する。ファンは楽曲の一部はボツになることが分かっていたので、どれが完成バージョンとして収録されるか当てっこし合うようになる。

さらに彼はツイッターを使ってアルバムの仮タイトルを公開し、どれがいいかファンに意見を求めた。『ソー・ヘルプ・ミー・ゴッド』、『ＳＷＩＳＨ』、そして『ウェイブズ』などいろんな候補が挙がったが、最終的に決まったのが『ザ・ライフ・オブ・パブロ』だった。

カニエにはいろんな評価が与えられるが、一つ確かなのは彼には宣伝マンなど必要ないということだ。レコードの様々なアイディアを一般公開で試した後、彼は自身のファッションブランドであるＹｅｅｚｙ（イージー）３の発表期間中に、マジソン・スクエア・ガーデンで最初のバージョンを全曲プレイする。翌朝カニエは、２つ目のバージョンのリリースまであとわずか3日というところでスタジオに戻った。このバージョンは、ストリーミング・サービスのＴｉｄａｌ（タイダル）からリリースすると事前に発表済みだった。Ｔｉｄａｌは友人であるジェイ・Ｚの会社で、カニエも当時は大株主だった。そこで彼は曲順から歌詞に至るまで変えて大きな変更を加える。Ｔｉｄａｌに発表したバージョンは音も感触も変わったおかげでファンの注目を集め、ストリーミング限定としては初のプラチナアルバムとなった。

だがカニエの仕事はまだ終わらなかった。ファンが喜んで見守る中、彼はスタジオに戻って一般リリース用に更に変更を加えたのだ。結果的に『ザ・ライフ・オブ・パブロ』はグラミー賞に5個ノミネートされ、続くＴｉｄａｌでの高音質のストリーミング・サービスはアメリカの『ビルボード』誌で初登場1位となった。

『ザ・ライフ・オブ・パブロ』のジャケットに『Ｗｈｉｃｈ／ｏｎｅ（＊どれにする）』という言葉がある通り、アルバムの大きな魅力の一つは決定盤、最終盤が存在しないことで、まさにそれを分かっていたカニエの勝利だ。**結局音楽には正解、不正解などないし、完成品もない。**

ヒット曲を10年経っても毎年のようにプレイするバンドがいい例だ。コンサートでプレイするたびに曲は新しく生まれ変わる。これまでレコーディングされた曲はみんな、他のバンドにカバーされ、サンプリング素材となってリミックスされるのを待っているのだ。

音楽に完成はない。これは起業家にとって貴重な教訓である以上に考え方であり、世間を渡っていく際の有効な手段でもある。

一つの問いに対して最初に浮かんだアイディアが最良の答えだと信じてしまうと、逆に退屈この上ないだろう。常に改善点が見つかって、予想もつかない障害と探求すべき可能性がすぐそこに待っていると考える方が刺激的だし、楽しくもある。

変化しようと四苦八苦する会社が、現実と格闘し苦労も多い中で常に前に進んでいく姿はとても美しい。試作品やデモを作り修正とテストを重ねるその営みにゴールは無い。そう自覚したときに初めて成功は訪れるのだ。

プレイリスト

ジョン・レノンの装飾をそいでギターを爪弾いた曲、プリンスの完ぺきなピッチによるアレンジ、マイケル・ジャクソンのラフだが洗練されたデモ、ブルース・スプリングスティーンの驚くべき試行錯誤、これらのデモからはいかに自分の意図を伝えようとしているかが分かる。特に際立っているのはトーキング・ヘッズのデヴィッド・バーンによる「ダンス・フォー・マネー」の〝モゴモゴ・トラック〟だ。

ストロベリー・フィールズのデモ—ビートルズ

ビート・イットのデモ—マイケル・ジャクソン

レッツ・ダンスのデモ—デヴィッド・ボウイ

ダンシング・フォー・マネー（未完成のアウトテイク）―トーキング・ヘッズ
リハブのデモ―エイミー・ワインハウス
ボーン・イン・ザ・ＵＳＡのデモ―ブルース・スプリングスティーン
オール・アポロジーズのデモ―ニルヴァーナ
シーズ・ア・ジャーのデモ―ウィルコ
ワルツ＃1のデモ―エリオット・スミス
マニック・マンデーのデモ―プリンス
グリーザー・ラブ―スペンサー・トゥイーディー

もっと聴きたい！

アーティストがデモを気に入って、完成したアルバムとしてリリースすることがある。ブルース・スプリングスティーンの『ネブラスカ』を聴いてみてほしい。自宅にある自分の4トラックのテープ・レコーダーを使って2日でレコーディングしたプライベートなアルバムだ。そしてケンドリック・ラマーの『アンタイトルド・アンマスタード』は、『トゥ・ピンプ・ア・バタフライ』のセッション中にレコーディングした曲を収録したもの。

CHAPTER | 05

プロデュース

相手の「最高」を引き出す

「何をプレイしようと構わない。誰がプレイしているかが大事なんだ。
自分のプレイに愛情と全身全霊を込めて打ち込んでほしい」
——T・ボーン・バーネット

プロデューサーとは何者か？

これまでの章で、ミュージシャンのアイディアを活性化させるマインドセットについて述べてきたが、他にもビジョンや創造力を高みに至らしめるマインドセットがある。

ヒップホップのおかげで〝プロデューサー〟という言葉が脚光を浴びているが、映画では何十年も前からポップ・カルチャーの中に根付いてきた仕事だ。〝プロデューサー〟という言葉の真の意味は何だろうか。

映画のエンドロールまで見ていると、延々と続くプロデューサーのリストが目に入るだろう。彼らの役目は資金集めから様々な制作会社や起業間を取り持つこと、実際の撮影過程のプランニングまで様々である。

インディペンデント映画の場合、ハリウッドよりプロデューサーの数は多くなる傾向がある。今のところ最多記録はリー・ダニエルズ監督の『大統領の執事の涙』だ。この映画には5人のプロデューサー、17人のエグゼクティブ・プロデューサー、6人の共同エグゼクティブ・プロデューサー、4人の共同プロデューサー、7人の準プロデューサーが名を連ねている。

音楽業界では、プロデューサーの役目は少し違う。２０１０年代はプロデューサーといえばティンバランド、ディプロ、ファレル、ドレイクといったトラックメーカー（訳注：主にヒップホップにおけるプロデューサーで、バッキングトラックの制作などを担当する）がコラボに近い役回りでサポートしていた。もっと古くからのよくある例は、映画監督に近い存在で作品制作のあらゆる面に目を光らせる役回りだ。

伝説の暴君

中にはアーティストを締め付け、レコーディング・セッションであれこれ指示を出し、曲の選択や最終カットのリックやループまで選択するプロデューサーがいて、作品のあらゆる細部に彼らの痕跡を見ることができる。

曲やアルバムに自分のビジョンを執拗に押し付ける独裁的なプロデューサーの伝説として語り草になっているのが、ロックンロールの殿堂入りを果たしたフィル・スペクターだ。彼はレコーディングのたびに独裁的な態度をとり、ライチャス・ブラザーズ（「ふられた気持ち」）、ラモーンズ（『エンド・オブ・ザ・センチュリー』）、ジョン・レノン（『イマジン』）らの優れた才能に対してもそれは変わらなかった。

完ぺきを求めるあまりアーティストを罵倒し、スタジオで銃を振りかざして威嚇したりしてミュージシャンをスタジオから追い払い、彼らの意見を聞かずに曲を完成させた。あまりに横暴だったため最終的には歯止めが利かなくなり、誘いを断った女優を殺害し、実刑19年に処せられてしまう。どう見てもお手本とは言えない。

だが彼のような横暴なやり方（銃は抜きにしても）は、機能不全の組織で働いたことがある人には覚えがあるだろう。「俺のやり方が気に入らなければ出ていけ」的な命令と統率が促される環境だ。

これからのプロデューサー像

幸い、こうした会社は今では減って（あるいは淘汰されて）きており、実業界はバーチャル化したグローバル市場へと変貌し、常に流動的でスタッフも様々な価値観と世代の人材が集まっている。それと呼応するようにリーダーシップも柔軟性を増してきた。決断力を維持しながらも、エグゼクティブや経営者は組織の統率よりも活性化の重要性を理解し、一緒に働く人たちのモチベーションを追求し高めることで信頼を獲得しながら組織を引っ張っている。

音楽業界でも、より柔軟なアプローチによって大きな成果を挙げた人たちがいる。ハンク・ショックリー、Ｔ・ボーン・バーネット、ジミー・アイオヴィンといったプロデューサーたちは、ミュージシャンにとってのメンター、コンサルタント、コーチとして素晴らしい成功を収めた。彼らはアーティストがビジョンを育み、新たな形で成長し、彼らの創作を世間と共有する後押しをしてきたのだ。**あらゆる瞬間を見逃さず、これだという一瞬を刈り取り、収穫し、摘み取り、接ぎ木し、型取り、形を彫って最高の形に仕上げるのが彼らの仕事**だ。

この章では今紹介した3人のプロデューサー及び、アメリカの実業家であり起業家であるスティーブ・スタウトを紹介したい。**共に働く人たちを計画通りに従わせるのではなく、自分自身や相手の中から最高の成果を引き出すためにどうすればいいか**、その教訓を紹介しよう。

人ではなく環境をコントロールする

ハンク・ショックリーの流儀

ハンク・ショックリーはヒップホップ・グループのパブリック・エナミーとプロダクション・チームのボム・スクワッドの創設メンバーであり、デフ・ジャム・レコーディングスのリック・ルービンやラッセル・シモンズとも活動した。ＬＬ・クール・Ｊ、ベル・ビヴ・デヴォー、ＥＰＭＤのアルバムをプロデュースし、ピーター・ガブリエルやシネイド・オコナーのアルバムをリミックスするなど広範囲で活躍している。

僕たちがハンクにスタジオでの仕事のやり方を尋ねると、彼はすぐさま壮大なビジョンを語ってくれた。

「宇宙全体を見ると、知られているエネルギーは3パーセントしかないんだ。だから97パーセントは無ということになって、いわゆる空間なんだけど、その空間の中には無限のエネルギーがある。そのほとんどは知られていない。その対処の仕方なんて教わってないからね。なぜみんなはそれを無だと思うんだろうか。物質が空間を決定するのか、それとも空間が物質を決定するんだろうか。**俺に言わせれば大きい方が常に小さい方を規定する。そしてその大きい方の空間を俺は活用したい。**そのエネルギーをすべてのプロジェクト、やっていることすべてに向けたいんだ」

何だか現実離れして聞こえるが、ハンクはこの考えを実践してアートを築き上げる。

スリック・リック

彼がレコードレーベルのデフ・ジャムに在籍していた頃、レーベルはスリック・リックと契約した。スタジオでは頑に自分の意見を通し物議を醸すことで知られるブロンクスのラッパーだ。スリック・リックはレーベルと揉め、リード・プロデューサーのルービン、シモンズ、ラリー・スミスの誰もこれを収められなかった。

1年を超える努力の末、ハンクは違ったアプローチから入っていったそうだ。未知の97パーセントを利用したいという彼の欲求を実践したアプローチだ。結果として完成したアルバムが『ザ・グレート・アドベンチャー・オブ・スリック・リック』で、『ビルボード』誌のヒップホップ・チャートで1位になりプラチナを獲得、売り上げは１００万枚を超えた。

「**俺が決めたのは、あいつのクリエイティブなマインドセットを邪魔しないことだ**。あいつの伝えたいことを止めたり妨げたりしないで、レコードを形にすることを優先した」と彼は言う。「リックにはしっかりした考えがある。自分が完成させたいものを正確に分かっている。だから俺はプロジェクトを引っ張っていくのをやめて、お前の言うことに従うと言ったよ。俺があいつのアシスタントの役回りを務めたから、プロジェクトはうまく行ったんだ。あいつにとって最高のレコードが完成したよ。俺があいつらしくさせたからね。**人を管理するのではなく、あいつがやりやすいように環境作りに徹したというわけさ**」

実際、偉大なプロデューサーはほぼ存在感を消して目に見えない脇役に徹している。**その仕事はアーティストが成功するための空間作りだからだ。**

ハンクは素晴らしいテイストの持ち主だし、彼の経験は何物にも代え難い価値があるが、そんな彼が何よりも重きを置いていたのは人とプロジェクトだ。アーティストと膝を突き合わせ、話に耳を傾け、アーティストが自身のインスピレーションに向き合えるように行く手を阻む障害や疑念を取り払い、彼らが成長しながら最高の仕事を成し遂げられるよう後押しするのだ。

ハンクの話を聞きながら、僕たちは仕事の中で何度も感じたことを思い出して彼の言葉に深く共鳴した。**チームが最高の結果を出すのは僕たちの高圧的な態度の賜物ではない。僕たちにとって一番の成功はみんなと一緒に成功を分かち合ったときだ。**これは決して綺麗ごとではない。リーダーシップにおいて欠かせない教訓であり、みんなが力を発揮できる環境作りのコツをつかむ上でも必要なことだ。文化を築き助言を与え、ハンクが言う通り手助けすることである。

そしてそれが特に実感できるのは、運よくスーパースター、つまり野心と精力あふれる完成したメンツがそろったチームを率いたときだ。彼らは決して誰かに従っていると感じることはない。成功するために集まったのだと自覚してもらうだけで後は彼らに任せるだけでいい。

苦い経験

著者のマイケルが初めてリーダーシップを取るようになったとき、苦い経験を味わった。彼はバンドでの経験をマネージメントに生かさずに、上司だったプロフェッショナルなリーダーたちを真似てしまった。ハンクが言ったような振る舞いをせず、彼は自分がされたのと同じように権威を振りかざしたのだ。

みんなを遅くまで働かせて組織への忠誠心を試し、上司である自分のアイディアの方が勝っていると思って部下のアイディアを酷評し、従業員に対しては一緒にものを作る仲間ではなく目的達成の手段とみなした。おまけに組織で上の立場を利用して手柄まで自分のものにする始末だ。

マイケルがこうした振る舞いを自覚するのに数年かかった。２００８年、ＩＤＥＯでの最初の年も波乱のスタートだった。だが心配する仲間からチームのあり方を諭され、自分の間違いをはっきり自覚することになる。

いつものようにマイケルはプロジェクト・ルームに入ると、気付いたことに文句をつけただけで、スケジュールにかこつけてさっと出ていった。クリエイティブな業界ではこうしたリーダーシップの振る舞いを「フンのやり逃げ」と呼ぶ。鳥がフンを落としてさっと飛び去って行く様子をたとえたものだ。

するとプロジェクトのリーダーが廊下までマイケルを追いかけて、座らせてこう言った。「なあ、今の態度は良くないよ。君はチームに何も状況を尋ねなかった。君はチームがプロジェクトをどこまで進めていて、君にどうフィードバックしたいのか分かっていない。みんなのやる気をそいでいる。ここではそんなこと許されないよ」

彼の言葉はレンガで頭を殴られたようだった。マイケルは自分が間違っていたことに気付いて、すぐに戻ってチームに謝罪した。以前の仕事で上司が同じように振る舞っていたからついそうなってしまったが、今回のプロジェクトでは、命令によって統率するリーダーシップのあり方は通用しなかった。

こうした経験と素晴らしいメンターのおかげで、マイケルは気付いた。クリエイティブな環境にとって最も望ましいのはみんなを気遣うことであり、受動的攻撃性（訳注：明確に言葉にせず不機嫌な態度によって攻撃すること）によって期待に応えさせることではないと。

彼は自分に新たな行動規範を設けた。**答えを出すよりも状況を問いかけて、デザイナーには自由に任せ、同僚には興味を追求させることで創造性を高め技術を向上させることにした。**

彼は仲間を第一優先と見なすようになった。ビジネスの環境では問題の解決策をこちらが一方的に与えるよりも、一緒に問題を考えていく方がチームをまとめられる。**自分が統率するのは文化であって、人ではない**とマイケルは自覚するようになった。

こうした自覚は仕事場において発想力を促すだけでなく、リーダーとして一歩進んだ働き方でもある。

相手の最高のアングルを見つける

T・ボーン・バーネットの流儀

T・ボーン・バーネットはアメリカのミュージシャン、ソングライター、プロデューサーで、最初にその名を知られるようになったのは１９７０年代にボブ・ディランのバンドのギタリストとして活動したことがきっかけだった。

その後、彼はソングライターとしてオスカーを、プロデューサーとして（13回）グラミー賞を受賞した。手掛けたアーティストはアリソン・クラウス・アンド・ロバート・プラント、カウンティング・クロウズ、エルヴィス・コステロ、ギリアン・ウェルチ、グレッグ・オールマン、ジョン・メレンキャンプ、ロス・ロボス、ロイ・オービソンなど。

更には映画『コールドマウンテン』、『クレイジー・ハート』、『オー・ブラザー!』、ジョニー・キャッシュの伝記映画『ウォーク・ザ・ライン／君に続く道』のスコアを作曲した。

「何をプレイするか」より「誰がプレイしているか」

２０２０年5月、僕たちはマネージメント、リーダーシップ、インスピレーションについて彼に話を聞いた。

「プロデュースって違和感がある言葉だな。実際はコラボなんだけどね」と彼は言う。「これまで何度もプロデューサーが背後からミュージシャンをチェックしているのを見てきたよ。文字通り手の動きをよく見ているんだ。しばらくするとミュージシャンの腕が動かなくなる。観察されていると萎縮するからね。それじゃあ、せっかくの潜在能力の芽を摘んでしまうよ」

「**何より大事なのは信頼なんだ**。アーティストがプロデューサーを信頼しなければ、プロデューサーは当惑して力を発揮できないし、アーティストの後押しがもうできなくなる。プロデューサーがアーティストを信頼しなければ、アーティストは萎縮してしまう。だから信頼がないとコラボする意味がない」

そう語るＴ・ボーンも初めは違っていたそうだ。初めてレコードを制作したとき、彼はあらゆる楽器のあらゆるパートを書いた。そのすべてが脳裏に浮かび、自分の望む音が何もかも手に取るように分かるという自負があったのだ。だが彼はＩＤＥＯ時代のマイケルと同じような経験をして、そこで初めて自分がパートナーを抑圧していることに気付くのだった。

ビリー・マクスウェルという偉大なゴスペル・ドラマーと活動していたとき、あれこれ指示を出しているとビリーが手を止めてこう言った。「君に自分の望む音がはっきり分かっているなら、自分でやってみたらどうだい」。敵意むき出しとか、イライラした口調ではなく、彼は思ったことをずばりと言ったのだ。

「僕はビリーにあれこれ指示を出していたけど、彼は僕の1万倍もミュージシャンとして経験があった。50年前のことだけど、決して忘れないよ。あれがきっかけで僕は考えを改めた。レコードを作ることは、ある意味で写真を撮るようなものだと気付いたんだ。**相手の最高のアングルを見つけることなんだね**。最高の光を見つけて、ありのままの瞬間を撮ってあげたいと思ってるよ」

アーティストの最高のアングルを見つける方法はたくさんあるが、T・ボーンが言うには、最高のアングルはプレイそのものよりもプレイする本人の中から見つかるそうだ。

「相手がどんな音を出しているかとか、ちゃんと外さずに歌っているかどうかじゃない。何年も前から言っていることだけど、**僕にとって大事なのは何をプレイするかじゃなくて誰がプレイしているかなんだ**。作っているものに愛情と全身全霊を込めてほしい。つまりアーティストから最高のパフォーマンスを引き出すためには、こっちが懸命に耳を澄ませることが大事であって、ちゃんとやっているかを背後でチェックすることじゃない」

レイジング・サンド

T・ボーンから出てきたこの言葉には重みがある。彼はこれまでアーティストの本物の瞬間を捉える力でキャリアを築いてきた。

一つの輝かしい例が２００７年のアルバム『レイジング・サンド』。レッド・ツェッペリンのフロントマンであるロバート・プラントとブルーグラスの女性シンガー、アリソン・クラウスの共演アルバムだ。ＮＰＲ（ナショナル・パブリック・ラジオ）は、「似つかわしくない取り合わせだが、２人の悲しくて切ない歌声は、ロックとカントリーの曲をそのはるか奥の魂までむき出しにする」とレコードを評した。

Ｔ・ボーンの手腕は言うまでもないが、アルバム全編に彼の色がくっきり出ていることはない。彼はアーティストが無理をせずに本物の音を見出す手助けをしているだけだ。

プラントとクラウスは繊細さと情緒的な瞬間を曲に表現するのに苦労したと言っている。クラウス曰く、自分の最もブルージーな曲の一つである「レット・ユア・ロス・ビー・ユア・レッスン」は歌うには声が高くて「白すぎる」、つまり黒っぽさが足りないと感じたそうだ。

Ｔ・ボーンはそんな彼女に対して、ブルーグラスのアルバムと同じように魂を込めるよう勧めただけだ。両アーティストは引き続きＴ・ボーンの指示をオープンに受け入れ、これまでのコンフォート・ゾーンから踏み出した。プラントは、このアルバムのおかげで自分のキャリアが変わったと公言している。威風堂々としたロック・スターから、自身を築いたアメリカン・ミュージックに敬意を払うシンガーへ変わることができたと。

プロデューサー兼クリエイティブ・ディレクターであるＴ・ボーンは、自分の役割は信頼を築き、プラントとクラウスにインスピレーションを与え、２人の音楽的ルーツを結びつけることだと感じたそうだ。

「レッド・ツェッペリンを聴いたとき、僕の耳に聴こえたのはハード・ロックではなかった。エディ・コクラン、バディ・ホリー、スキップ・ジェイムズ、ロバート・ジョンソンらの古い音楽だ。それにアリソンがハード・ロックのＡＣ／ＤＣを好きなことも知っていた。彼女の声の中にこれまでなかったブルーグラスに対して別のアプローチが聴こえたんだ。彼女が育った環境は、みんながモリー・ハチェットとかあの辺のサザン・ロックの曲を聴いていた頃とは時代も場所も違うからね。だから僕が２人に対して取り組んだのは、純粋なトーン、つまり２人の声のトーンを融合させることだった。どこに最適解があるか、２つの魔法のトーンをどこでブレンドさせるかを考えた。ジャンル、というか呼び方は何でもいい。このカテゴリーをどういう言葉を使って呼ぶかはともかく、ジャンルを支えているのは純粋なトーンなんだよ」

ハンクが言ったことを髣髴とさせながら、Ｔ・ボーンは続けた。「**まず相手の本質を見抜かないといけない。これには経験とか読書が必要だ。**ギリアン・ウェルチと初めて仕事をしたとき、古代ギリシャの作家ソフォクレスの本を彼女にあげた。そこにすべてが、ドラマのルーツがあるんだ。しっかり本を読むほどものを作るプロセスに注意が向くようになって、洞察力が身に付く。絵を見たり、創造というものに広い視点を持ったり、たくさん音楽を聴くことだね。ミュージシャンに向き合うなら、いろんな場所やアプローチから生まれたいろんな音楽を聴くことが大事なんだよ」

インタビューがここまで来たところで、彼はノートパソコンを操作して、最近よく聴いているという曲を聴かせてくれた。アメリカ南部を研究する学者のビル・フェリスが発掘し、ダスト・アンド・デジタルというデジタル・アーカイブ・グループがオンラインに投稿した曲で、１９６８年にレコーディングされたブルースだ。

「アイ・ウィッシュ・アイ・ウォズ・ア・ジェイバード・イン・ジ・エアー」はスコット・ダンバーというシンガーによる語り口調のブルースで、ある男が愛人となる女性の家にバーボンのボトルとチキンを抱えて訪れるという内容だ。男は女をこっそり連れて帰ろうとバーボンで彼女の母親の、チキンで彼女の父親の注意を惹きつける。曲は5分を超える長さだが言葉数は少ない。

一緒に聴いていると、Ｔ・ボーンはいかにも楽しそうだ。シンプルで美しいメロディ、装飾をそいだ楽器、コーラスのコール・アンド・レスポンス、ダンバーに曲を止めろと言う観客からの笑い交じりのヤジ。曲の途中で気付いたのだが、Ｔ・ボーンは無理なく自然な形で、僕たちを彼のペースに巻き込んでいた。彼はこれはという瞬間を探し出し、一緒にそれを探求しようと僕たちを誘っていたのだ。

一緒にいるうちに僕たちはその瞬間が分かってきた。**相手を招き入れ、体験を共有させ、ここだという瞬間にスポットライトを当て、それを損得抜きで一緒に楽しみ探求する。**まさにリーダーシップはこうあるべきという素晴らしい例だ。

「この曲のユーチューブでの視聴者は１３００人だ」と彼は言う。「ケイティ・ペリーやドレイクみたいな人気はないけど、僕の中では僕たちのカルチャーや社会にとってはトップ40のどの曲よりもずっと作品としての価値がある。何かがあるんだろうね。人の目に触れれば触れるほど存在価値は軽くなってしまうもんさ。でも現代のカルチャーはそっちの流れなんだ。その瞬間に輝いているものが愛されて、そのときに重要であればそれで良しとされてしまう」

今の意見は本書で僕たちが問題提起していることの多くの根幹をなしている。チャンス・ザ・ラッパーが**「テクノロジーの動きはビジネスより速く、音楽の動きはテクノロジーよりさらに速い」**と語る現代。そんな時代にあって、時代の先を行くミュージシャンは、加速していく変化に適応する新たな術を手さぐりしながら、そのプロセスを分かりやすく説明できる。だが一方で大事な瞬間を楽しみ、捉え、味わったら、それを後々まで残しておくことにも意味がある。

「テクノロジーは効率を生む。それだけだ。イギリスの作家オルダス・ハクスリーは、テクノロジーは不慣れなことをより速く行うための方法に過ぎないと言った。アートは効率とは対極の存在なんだ。インスピレーションは効率的ではない。風のようなものさ。風は目には見えないけど、風が木を揺らし、木を倒すことだってある。時には倒れた木が家を直撃することだってある。こうした風のようにそれとなく力を与えることがこの仕事の一番大事なところだね。アーティストとその音楽的ルーツを結んで、彼らにインスピレーションを与えることなんだよ」

大げさに聞こえるかもしれない。だがT・ボーンにとってプロデューサーとはそういう存在であり、かつアーティストとプロデューサーは互いに刺激し合う関係でもある。

「いつもこんなアイディアはどうとか、こんなプロジェクトがあるけどって一方的に送り付けられてくるけど、現実にはオープンに何でも話し合った方が互いのためになるよ。エルヴィス・コステロは30年間僕のプロデュースを務めてくれている。ずっと僕のプロデューサーだ。彼のアルバム『スパイク』を一緒に制作していたとき、僕はシステマチックなやり方に慣れ切っていた。ついループを作ってしまうんだ。ループだと何でも好きにできる。テンポにバリエーションがないから、どこにでもパフォーマンスを重ねることができるしね。ある意味で自由なんだけど、一方でそれに囚われると自由が奪われてしまう。コステロがループを気に入っていたのは、きっとこれまで使ったことがなかったからだろうね。でも一方でループの一部を消そうともしていた」

ここにはビジネスによくある「マネージング・アップ（部下が上司をうまく使うこと）」と「マネージング・ダウン（上司が部下をうまく使うこと）」の関係よりも深い絆がある。コラボする相手がこれは使えるというアイディアを持ってきて、一方がそれにダメ出しして一緒に組み立て直す、そんな風に互いを尊重し合う形だ。実際T・ボーンにとってプロセスやシステムは重要ではない。**大事なのは人と人との絆だ**。彼が繰り返し言う通り、個人の経験、表現、絆よりもシステムを重視すれば、作る側の人間を過小評価することになってしまう。ジャンルの設定、定められたシステム、周到な方法論は役に立つこともあるが、そればかりに頼ってしまうと、アーティストとの大事な瞬間を生み出して形に残す機会を逃してしまいかねない。

「グレッグ・オールマンと『ロウ・カントリー・ブルース』を手掛けていたとき、グレッグの過去の作品すべてを聴いた。彼の仕事は知っていたけど、彼が初めて好きになったレコードとか、ラジオで初めて聴いた曲、彼の両親が彼の幼い頃に家で聴いていた音楽に思いを馳せた。そして彼の歴史を築いたと思えるものを30曲か40曲選んだ。すると彼はこう返事を寄こしてきたよ。『君は僕のことをよく分かっているな』とね」

T・ボーンは俳優のジェフ・ブリッジスにも同じ想像を働かせて、『クレイジー・ハート』でバッド・ブレイクのキャラクターを発展させた。彼が言うには映画の背景を調べるよりも、担当するアーティストを深く掘り下げて、そこで見つけた核を土台にイメージを膨らませることが必要なのだ。

「こうしたイメージ作りはすごく重要だし素晴らしいことだけど、かといってそれがアーティストのすべてというわけではない。僕が探すのは彼らのルーツで、そこに僕の好きな音楽とか一緒に取り組んでいることを重ねるんだ。そこから豊かな音楽が生まれるんだよ」

信頼がすべて

50年にわたって、T・ボーンはこのようにアーティストとアーティストが共鳴し合う瞬間を求めてきた。彼が言うには、**正直であることが、本物を生むカギだそうだ。**

「一つ確信を持って言えるのは、ウソをついたりとか、パートナーを大げさに持ち上げることはやってはダメだってこと。特にコラボしたり懸命に取り組むときって、みんなすごく敏感になっているからね。自分が大げさに扱われているんだってことは誰だって察するよ。意識的に気付かなくても、細胞レベルで感じ取るんだ」

パノスはまさにこうしたリーダーシップが実践されるのを目の当たりにしたことがある。スペインのバルセロナにあるバークリーのキャンパスで、ＥＳＡＤＥ（エサデ）ビジネス・スクールのエグゼクティブ研修プログラムを指導していた頃だ。

大学でプログラム・ディレクターを務めるパブロ・ムンギアを彼は招いた。パブロはスーパー・ボウルのハーフタイム・ショーやグラミー賞、オスカーの演出を指揮した人物だ。プロデューサーがタレントに対してどうアプローチし、最高のパフォーマンスをどう引き出すのかを彼に示してもらうのが狙いだ。

部屋にはサウンド・ブースがあり、中では若いシンガーがマイクの前に座っている。パブロの仕事ぶりはなるほどと言えるもので、シンガーとの信頼を築きながらむやみにおだてずに励ますことでアーティストの中に自信を築いていった。テイクを重ねながら、一つひとつにパブロは声から感情を読み取り、シンガーのミスよりも、うまく行ったところとそれをどう伸ばすかに集中していた。

その後、パノスが人を管理する点で学んだことについてエグゼクティブたちと語り合う機会があり、実感したこととして最も頻繁に使われた言葉が「**信頼**」だった。自分の力を信頼し、プロデューサーとタレントとの間の信頼を築き、**人を作るよりも環境を作る**。そして人に聴かせられるくらいまでパフォーマンスを改善させていく。

これまであなたが出会ったマネージャーや、あなたがマネージャーだった経験をちょっと思い出してほしい。まず相手を信頼することから始めていただろうか、それとも従業員に対する信頼が欠けていなかっただろうか。状況についていけずに苦労している人がいたら、問題はその人にあったのだろうか。自信のなかった人が自信を持つようになったとき、どんなマジックが使われたのだろうか。

「これは音楽やアートだけに当てはまることじゃない。どんな場合でも同じで、不安を取り除くには信頼しかないんだ」とT・ボーンは言う。「ビジネスの場合、従業員は失敗すれば職を失って、子供たちを養えなくなるんじゃないかと不安になる。こんな言葉は使いたくないけど、そう思わせるのはファシズムだよ。自分の思い通りにしようと相手を萎縮させてはダメだ。**プロセスではなくその人を信頼しないとね。どんな音を出そうと構わない、大事なのは誰が出しているかなんだよ**」

聞いて、理解して、引き出す

ジミー・アイオヴィンの流儀

相手を成功へと導くマインドセットを習得すれば、大きな局面でも驚くほど応用できる。これについて話を聞くなら、第1章で紹介したインタースコープのメガヒット・プロデューサーであるジミー・アイオヴィンが最適だろう。彼はレコーディング・スタジオでミュージシャンと共作し、ビーツ・バイ・ドレーを共同設立し、アップル・ミュージックの創設に関わってきた。

アーティストやコラボ相手に対する彼のリーダーシップを支えるのは、自分を信じ、相手を理解し、人よりも環境を管理することだ。

レジェンドアーティストとの仕事

ハンクに取材した数週間後に、僕たちはジミーと歓談した。

「僕はブルックリンの出身で、家はワーキング・クラスだったけど素晴らしい家族だったよ。親父は港湾労働者でね」と彼は言う。「僕が音楽制作を始めたとき、やる気とエネルギーに満ちていたけど、肝心の知識はあまりなかった」

ある日、父親のいるソーシャル・クラブを通りかかると、ジミーは外で父親と友人が話すのを耳にした。「相手が親父にこう聞くんだ。『あんたの息子は音楽とヘッドホンを使って何やってるんだ？』とね。親父が『魔法の耳を持っているんだ。お前の考えていることだって聞こえるんだぜ』だって」

当時まだ21歳だったジミーは類いまれな才能はもちろん、あり得ないほどの幸運にも恵まれていた。キャリアを始めて5年間で6枚のアルバムに関わった。ジョン・レノンと3枚、ブルース・スプリングスティーンと2枚、パティ・スミスと1枚だ。

「大学で学んだような素晴らしい経験だった」と彼は言う。「まだ自分なりの哲学はなかったよ。頭をオープンにして子供の頃に知ったことをすべて一から学び直し、あの3人のアーティストとレコードから学んだことを全部吸収した。あれだけのアーティストと一緒にいたんだよ。こっちはただ話を聞いて、彼らのことを知り、彼らの頭の中をのぞいて何をしたいのかを見出すだけ。彼らを手助けすることが自分の仕事だった。今どきのプロデューサーは音楽まで全部書いてあげるようだけど、僕はそこまでしなかった」

20代半ばには、彼は柔軟に対処するスキルを身に付けていた。相手の話を聞き、相手のことを深く理解し、時にはリードし時には従い、果敢に実験を続け、ふさわしいパートナーとの活動で最善のものを作る術を知った。ジミーにとってその相手とはトム・ペティ、スティーヴィー・ニックス、ダイアー・ストレイツ、U2ら錚々たる顔ぶれだ。

デヴィッド・ゲフィンとも組んだことがある。ゲフィンはアサイラム・レコード、ゲフィン・レコード、DGCレコード、映画スタジオのドリームワークスの創設者であり、そんな彼とのコラボレーションについてかつて聞かれたとき、ジミーはこう答えた。「自分の中でメンタル・ゲームをやってたよ。デヴィッドとはいろいろ意見が食い違ってね。でも彼の意見の方に賭けてみた。こう考えたんだ。『この人は本当にすごい。絶対間違っていると思うけど、取りあえずそれでやってみよう』とね」

これは僕たち全員にとってどんな仕事にも言える教訓だ。自分のビジョンを持った優れた人と組んだら、相手をよく知り、相手から最高のものを引き出す術を学ぶこと。

「スティーブ（・ジョブズ）は優秀な人たちを周りに置いていたけど、会社のトップであるだけに彼らの限界も分かっていた。彼らの才能だけでなく不得意なものも把握していたんだ。マーケティングのトップと呼ばれている人が、マーケティングのすべてをこなせるわけじゃない。それこそ起業家が知っておくべきことなんだよ。アップル、グーグル、フェイスブックのどこにいてもそれは変わらない。アイディアがあってそれをパートナーに伝えるなら、相手のアイディアもきちんと受け取って評価してあげないとね」

分野の枠を超えたコミュニケーション

ジョン・レノン、ブルース・スプリングスティーン、パティ・スミス、トム・ペティ、スティーヴィー・ニックス、U2。こうしたメンツと関わったジミーにとって、自身の経験は類いまれな素晴らしいものであり、プロデュースやリーダーシップについて学んだ教訓は大きな局面でも応用可能だと考えている。

そこでアップルがビーツを30億ドルで買収した後、彼とドクター・ドレー（本名アンドレ・ヤング）は南カリフォルニア大学（USC）でアカデミーを共同設立し、学生に対して自分たちが若いときには得られなかった機会を与えた。USC・ジミー・アイオヴィン・アンド・アンドレ・ヤング・アカデミーは起業教育と認知され、その目的は4つの必修分野を同時に学ばせて従来の型を覆すことだった。その必修分野とはアートとデザイン、機械工学とコンピューター・サイエンス、ビジネスとベンチャー起業、**コミュニケーション**の4つだ。

「アカデミーを設立する際、僕はよく知らないまま人生の新たな局面に入っていったんだ」とジミーは言う。「僕もドレーも大学に行かなかったから、何も分からなかった。2人とも学校なんて大嫌いだったし、どうせみんなも同じだろうと思っていた。実際ハイスクールの子たちに会ってみると、『大学に行く意味ある？　何の役に立つの？』って聞かれた。当然の質問だよね。世の中は変わったのに、大学は変わっていないんだから」

アカデミーで、学生たちはチームを作ってすべての分野を横断して学習する。様々な専門の教授が互いにコミュニケーションを取り、共同で授業を受け持つ。初日から学生は他の分野の価値と意義、課題を理解する。

これは優れたミュージシャンが違う楽器を演奏する共演相手を理解するのと似ている。ドラマーと共演したことがなくても、ギタリストがドラマーの考えと視点を理解しているおかげで、曲の中で彼らは互いの立ち位置が分かる。同じように、学生はアカデミーを卒業する頃には、他の学部生とコミュニケーションする言葉を磨き上げている。

「だからドレーと僕はアカデミーの設立に７０００万ドルを投資したんだ」とジミー。「ＵＳＣのプログラムを無償で立ち上げることもできたけど、それだと学生に教えることもわずかしかない。既にそこにあるものを使って、アートのクラスを足すぐらいだね。だけどそれは理念に反することだ。僕は新しい仕事に対してこう考えた。どうして誰も他の学部生のことを理解して彼らとコミュニケーションを取る術を学ばないんだろう。ほとんどの大学でそういうのがないのなら、うちの大学でそれをやろうとね」

彼はこう続けた。「会社にいた頃は、エンジニアともコミュニケーションが取れるデザイナーを求めていた。エンジニアになる必要はないけど、彼らのそばで勉強して自分の仕事を学びながら一緒にプロジェクトに取り組めば、エンジニアの言葉と彼らが『どうして？』と疑問を持つ意味が分かるよ。僕たちはもっと柔軟性を持って取り組む懐の大きな人たちを育てながら、彼らに本当の意味での恩恵を与えているんだ」

スティーブ・ジョブズの未亡人となったローレン・パウエル・ジョブズと組んで、ジミーはＸＱインスティチュートと一緒にこの考えを更に一歩推し進めた。

ジミー・アイオヴィン、教育者のジョフリー・カナダ、ファッションデザイナーのマーク・エコーとミッシェル・クラン、ミュージシャンのヨーヨー・マらの役員の指導で、ＸＱ・インスティチュートはデザインについて6つの原則を確立した。強い使命感と文化、意義ある専門的な学問、相手を思い信頼し合う関係、若者の意見と選択の重視、時間、空間、テクノロジーの賢明な使用、**コミュニティ間のパートナーシップ**だ。

組織は個々のパブリック・スクールとその制度と共にアメリカ中で活動し、ハイスクールの可能性について大きな夢の実現に向かっている。同時に目指すのはアイディアを革新へと変え、学校生活にこれまでより厳格で公平な機会を与えることだ。

テクノロジーが進化してもやることは変わらない

ジミーは自身のキャリアにおいて、４つの仕事を経験した。レコード・プロデューサー、レコード会社の共同設立者、ヘッドホン会社の共同設立者、ストリーミング・サービスの代表。

ある意味で、彼の物語は産業とテクノロジーの戦いの歴史でもある。レコード会社は当初デジタル・フォーマットに抵抗し、それからインターネットと格闘し、あれこれ訴訟を持ち出して最終的にはストリーミング・サービスを支持するに至った。

２０１９年、『ニューヨーク・タイムズ』紙の取材で、音楽ビジネスはナップスターによる混乱から回復したのか、問題は解決したのかと聞かれて、彼はこう答えた。

「問題が解決したとは見ていない。前進はしたけどまだ解決は先だね。もし今もインタースコープにいたら、そこが悩みの種かな。顧客との直接的な絆が持てないことに悩むだろうね。アーティストとストリーミングのプラットフォームにはその絆があるんだ」

「（テクノロジーと）〝距離を置きたい〟とは思わなかった。むしろ一体化させたかったんだ。別に音楽を軽視していたわけじゃない。テクノロジーによってもっといい方法でみんなが音楽を聴くようになって、ストリーミング・サービスがその後押しになると思ったよ。ただしすべてが一体化した上での話だ」

彼は業界をどう前進させ続ければいいか、まだ答えが見つからないと認めていた。『タイムズ』紙にこう語っている。「キーワードは分断だね。アーティストが人々を分断させることを恐れる時代になったのだろうか。この国が分断しているせいで、僕自身もリスナーを分断させることを恐れているのか。インスタグラムとスポンサーを分断させるのを恐れているのか。自分でも分からない。ただひたすら自問しているんだ」

だが一つ明らかなことを彼は僕たちに語ってくれた。ビジネスから引退して学校に専念していても、ジミーはパートナーや消費者の意見に耳を傾け、彼らがビジョンを共有できる場を作ろうとしている。そして若者たち、特にアカデミーの卒業生としての自覚を持つ若者たちは前に進んでいくものと彼は確信している。

「アカデミーを出る子たちは素晴らしいよ。仕事のオファーが山のように来ている。（Ｓｎａｐ Ｉｎｃ．のＣＥＯ）エヴァン・シュピーゲルをアカデミーに案内するとこう言ってくれた。『ジミー、僕の大学時代にこの学校があったら、ここの学生たちに職を取られていたよ』ってね。もし僕が今ＡＴ＆Ｔやワーナーにいたら、アカデミーを今度卒業する25名を雇うよ。大企業は様々な分野の知識がある社員を求めている。もしアカデミーのモデルが正しいことを証明できたら、規模を大きくして全部の学校、特に若者たちがもっと恵まれた機会を望んでいる場にこのモデルを取り入れてもらうね。そうすれば機会が生まれて、それを生かせるようになる」

起業家とミュージシャンの未来

今と逆の立場から考えてみよう。ブランド、製品、マーケティングを企業の側から見てみたい。広告と音楽産業の起業家であるスティーブ・スタウトは、最近アルファベット社、アンドレセン・ホロビッツ、21世紀フォックス社から７０００万ドルの投資を受けて、新たな音楽ベンチャーのユナイテッドマスターズを立ち上げて世間の注目を集めた。

彼の履歴にはソニー・ミュージックとインタースコープ・ゲフィン・A&Mのエグゼクティブとしての活動、クリエイティブ・エージェンシー（広告会社）のトランスレーションの設立も含まれる。トランスレーションはスポーツとエンターテインメントを通じて世界的なブランドとカルチャーを結びつける会社だ。他にも『The Tanning of America : How Hip-Hop Created a Culture That Rewrote the Rules of the New Economy』を執筆した。ジェイ・Zによると、「スティーブは企業社会アメリカと、ラップとストリートを結ぶパイプであり、彼は２つの世界の言葉を話す」そうだ。

お金に関係なくやりたいことは何か

僕たちは２０２０年の春から夏に向かう頃、彼に話を聞くことができた。いかにして他分野にまたがる従業員を育成し、アートとビジネスの折り合いをつけるかがテーマだ。

レコーディング・スタジオ、マーケティング・エージェンシー、重役会議、日々のビジネスの取引、そのいずれの場でもスタウトは単なる「旬の起業家」ではない。マーケティングビジネスを立ち上げる前、彼はソニーとインタースコープ・ゲフィン・Ａ＆Ｍのエグゼクティブを兼ね、ラッパーのナズやメアリー・Ｊ・ブライジのマネージャー、映画『ワイルド・ワイルド・ウエスト』と『８マイル』のプロデューサーまで務めた。彼は相手の肩書きではなくその人の持ち味を生かすことで、最高のものを引き出すのだ。

「僕たちは箱に閉じ込められることがあまりに多過ぎる。〝何をしているか〟を監視できるように型にはめられ、その中で仕事をさせられるんだ。仕事で秀でて、認められ、安定した給料と安心などが期待できれば、それはそれで素晴らしかった。でも状況は変わってしまった。自由な考えが広まって、誰もがいろんなことにアクセスできるようになって、求めるものが分散していった。アーティストや起業家のあるべき姿が進化しているんだ」

彼が現在もＣＥＯを務めるトランスレーションでは、業務は洗練され流動的だ。社員はみな会社での主な役割と、自分が最も情熱を傾けたいことを発表することが求められる。スティーブが問うのは、**お金に関係なくやりたいことは何か**だ。こうしたコミュニケーションによって分野を超えた絆が芽ばえ、顧客にとっても新たな機会が生まれる。クリエイティブ・ブリーフ（訳注：広告会社における指針や戦略など）が社内に伝われば、従業員は自分の情熱を基に少しでもできることはないか検討し、プロジェクトに貢献できるようであれば、チームに誘われる。

越境する

その結果、新たな形の知性を伴った新たなタイプのチームが生まれる。ルールを書き替えるわけではない。そもそも本当の意味でのルールは一切存在しないのだから。ユナイテッドマスターズと共にスティーブが作ろうとしているのは、データとテクノロジーを基にしたサービス会社だ。彼は従来のレコード会社のモデルを残しながら、クリエイターが力を最大限に発揮できるツールを提供しようと考えている。**産業を解体するのではなく、新たな産業を生み出そうとしているのだ。**

「会社では、カルチャーに根差した人間はクールを気取っていて、ブランドを一般に普及させると価値が下がると思っている。テクノロジーの専門はオタクだから同じ専門家としか組まない。そしてストーリーテラーは守りに入ってしまう。でもその3者が組めば、そこからマジックが生まれるんだ。そこで僕たちはカルチャー、テクノロジー、ストーリーを一つの組織だと考える。僕たちが雇うエンジニアは、音楽ビジネスに興味があってカルチャーの動向に夢中になる人だ。僕たちが雇うストーリーテラーは、テクノロジーによってストーリーが広がると考える人だ。誰もがこうした2つ3つのことに精通していた方がいい。これが明日の会社の姿なんだよ」

スティーブはこの考えをブランドとセレブのコラボにも当てはめ、アーティストが消費者とつながるように自らのビジョンと価値観を認識して、これを明らかにすることを促している。

「80年代にアーティストはこう言っていた。『こんなのやらないよ。製品にはタッチしたくない。クールじゃないし。権力者とか企業と組んでいるようなもんだ』。そこへヒップホップが登場してアート・フォームとしてこんな発言をするようになった。『いいか、一番大事なことは金を稼ぐことだ。金が稼げることなら何だってやるぜ』だよ」

アートとビジネスのあるべき姿

だがアーティストとブランドのパートナーシップは、スティーブに言わせれば「ひどいアイディアにケチャップを塗りつける」みたいにお粗末なものばかりだった。ブランドはセレブにお金を払って顔の近くに製品を持たせるだけ。両者の関係は浅く、消費者にはそれが透けて見えた。

「あのやり方はどう考えてもお粗末だった」と彼は言う。「ミュージシャンが広告塔になるのを断ったのは、会社のマーケティング戦略に加担すればアーティストとしての信頼を失うと感じたからだ。広告がブランドをダメにしたのは、パートナーシップに共通の価値観が示されなかったからだ。ブランドとアーティストやアスリートに共通項があるなんて誰も思わないからね」

そこで一部のブランドは一歩先に進んで、アーティストに対してクリエイティブ・ディレクターの肩書きを提示した。

「彼らをパートナーシップに迎え入れるための手段として肩書きを与えるんだ。アーティストの自尊心をくすぐるからね。タイガー・ウッズとビュイック社なんて、どう見ても合わなくて語り草となった。あとレディー・ガガとポラロイド。こうした価値のないパートナーシップは散々見てきた。たいして語られることもなく消えていったけどね」

だが音楽と広告担当のエグゼクティブであるスティーブは分かっていた。アーティストがカーテンを開けて自分の価値観をしっかりさらけ出し、一緒に組むブランドに真摯に向き合えば、力が生まれると。

そのために必要なのはアーティストから最高の部分を引き出す特別なスキルであり、このスキルは現在のビジネス環境においてはどの産業にも応用できる。応用できるだけでなく何物にも代え難い価値がある。様々な分野や個性に順応してそれに対応する力があれば相手と自分の能力を拡大させ、同時に会社の力も拡大できる。そして目を閉じて耳を傾け、相手がビジョンと情熱を探求できるような環境を整えること、つまり、時にリードし時に従うことで、顧客との絆が生まれるのだ。

クリエイティブが世界を救う

この章、そして前後の章でも、僕たちは今日のビジネス界ではマルチな知識が大切であることを目の当たりにしてきた。ファレルは曲を作りスニーカーをデザインした。イモージェン・ヒープの自己表現はスタジオを超えてブロックチェーンの起業にも体現された。ハンクはＣＥＯでありＤＪでもある。従業員と教員を大学レベルで統括するビジネス・リーダーとして、僕たちは教育制度のギャップを痛切に感じている。同じ気付きによってジミー・アイオヴィンとドクター・ドレーはアカデミーを築くことになった。

数学の天才を生み出すことはできても人間性が欠落している学校制度は、アルゴリズムは生み出せても、その社会的な影響など考えない従業員を作ってしまう。

僕たちはＳＴＥＡＭ（スティーム）教育（訳注：科学、技術、工学、芸術、数学の５つを重視する教育）やＩＴ、ビッグデータの発達を大いに支持するが、肝心のクリエイティブな能力を発達させることが、残念ながら今日の教育について語るときに欠けている。

今求められるのは、好奇心や学び、冒険、コラボ、探求したいという欲に突き動かされる市民やリーダーであり、その中でも核となり必要不可欠なのが好奇心だ。**好奇心がある人は学ぶ、学ぶ人は新たなアイディアや実践を進んで受け入れる。そうすれば自分のコンフォート・ゾーンから一歩踏み出せる。そしてコンフォート・ゾーンから踏み出せば共感が生まれる。**

「アートが答えだ」という言葉は古臭くて傲慢にも聞こえるだろう。僕たちは答えを持っていると言っているのではない。クリエイティブな力を磨くことは、社会にはびこる現実的で命を脅かす問題を解決するカギだと考えている。

一歩下がって考えてみてほしい。ビジネスや政治において、リーダーが自分の主な役割を、障害を除去し信用を築き、他者が力を発揮する環境作りだと考えたらどうだろうか。僕たちが若者に好奇心が大切でそれを探求するように教えて、他者の中にインスピレーションを求め、コンフォート・ゾーンから出て共感を育むように指導したら、世界はどう変わるだろうか。

効率的なシステムは大事だが、それだけを社会の指標にして、他者と組み一緒に仕事をする際に好奇心を犠牲にせざるを得なくなったら、リアルなものが失われる。**結局、創造性と想像力が人間と他の動物との違いなのだ。**

僕たちがこの話をT・ボーンに持ち出したとき、彼はちょっと間を置いてからこう答えた。「20世紀はシステムを中心に決断が下された。例えば学校のシステムがそうなんだけど、子供たちに教える効率ばかりを重視して教育からアートを排除する決断がなされた。でもシステムは効率よりも何十年、何百年と持ちこたえるし、賞味期限を過ぎてもずっと残ってしまう。社会の一員である僕に言わせれば、システムがもてはやされるあまり、ひとたびシステムに機能不全が生じると、みんなが慌てふためくようになってしまったんだ」

だがここで出番になるのが**創造性**だ。プロデューサー、マネージャー、リーダーとして、僕たちにできることは場を築き障害を撤去して、才能ある人たちがアイディアを探求し、インスピレーションを活用できるようにしてあげることだ。そうすればみんなが一緒に前に向かって進んでいくことができる。

「経営するにせよ統括するにせよ、手助けしてあげようという人を信用しなければ、不安を生んでしまう」とＴ・ボーンは言う。「アーティストがプロデューサーを信頼しなければ、プロデューサーは当惑して力を発揮できないし、アーティストを助けることができなくなる」。そして本章を締めくくるかのようにずばりこう言うのだった。「一緒に仕事する相手を信用しなければ、相手は力を発揮できないし、逆に信頼してあげてこそ相手は力を発揮できるんだ」

プレイリスト

Ｔ・ボーンはアメリカのポップ・ミュージックはすべて遡るとフィスク・ジュビリー・シンガーズに行き着くと語っている。１８７１年にフィスク大学の学生で結成されたアフリカ系アメリカ人によるアカペラのアンサンブルだ。２年足らずで彼らは世界的なポップ・スターとなり、黒人霊歌、ブルース、パーラー向けの歌をワシントンＤＣでユリシーズ・Ｓ・グラント大統領に、ロンドンでビクトリア女王に披露した。このプレイリストで紹介するのはハンク・ショックリー、ジミー・アイオヴィン、T・ボーン・バーネットがプロデュースした曲で、こうした文化遺産に歌詞と音楽の両面をブレンドさせている。

ハンク・ショックリー

ポイズン―ベル・ビヴ・デヴォー

ジュース―エリック・B&ラキム

トゥモロー・ピープル―ジギー・マーリー&ザ・ウェイラーズ

ジミー・アイオヴィン

エンジェル・オブ・ハーレム―U2

ドント・ゲット・ミー・ロング―ザ・プリテンダーズ

ビコーズ・ザ・ナイト―パティ・スミス

T・ボーン・バーネット

サブゼロ・ファン―オートラックス

リッチ・ウーマン―ロバート・プラント&アリソン・クラウス

ワン・デイ・レイト―サム・フィリップス

ロスト―カサンドラ・ウィルソン

もっと聴きたい!

２００９年の映画『クレイジー・ハート』のサウンドトラックを聴いてみてほしい。収録される顔ぶれはＴ・ボーンとジェフ・ブリッジスが主人公バッド・ブレイクのイメージを膨らませて選んだ。誰が歌っているか分かるだろうか。

CHAPTER | 06

ファンとつながる

イマジネーションを共有する

「分かってほしいのは、僕の声は観客のエネルギーから生まれるということだ。エネルギーが増すほど僕もボルテージが上がる」

――フレディ・マーキュリー

歴史に残る2つのステージ

1985年7月13日、フレディ・マーキュリーは一世一代のパフォーマンスを行った。映画の『ボヘミアン・ラプソディ』を見たあなたはお分かりだろう。史上屈指の大規模なロック・コンサート、ライブエイドにおける伝説のクイーンのステージが21分にわたりオリジナルに近い形で再現されている。

だが映画以上に現実の方が奇跡的だった。スクリーンではさほど描かれなかったが、裏にはもう一つのドラマがあったのだ。

ライブエイド1985

クイーンがステージに登場したとき、注目を一身に浴びたわけではなかった。それどころか彼らの人気は下火で、コンサートの目玉はレッド・ツェッペリン、ザ・フー、エルトン・ジョンら当時のビッグネームだった。しかもクイーンの前にはＵ２、後には伝説のデヴィッド・ボウイが控えていたのだ。

だがフレディは史上最高のロックパフォーマンスと広く認められるステージを披露した。破格のエネルギーと自信で、バンドの代表曲7曲をシャウトし、自分だけのために用意されたかのようにステージを闊歩するのだった。

それから33年後のコンサートを追想した批評の中で、ライブエイドのときに生まれてもいなかったＣＮＮのジャーナリストであるホーリー・トーマスは、フレディがハイライトだったと記した。

「ピークを過ぎていたし、前年の南アフリカのアパルトヘイト下でのショーが散々な出来だったこともあり、クイーンは期待されていなかった。特にマーキュリーはメディアで何かと書きたてられ、彼の性的嗜好がバンドのアメリカ進出を阻んでいた。悲観的なムードが漂う中で、マーキュリーはステージから踊るように登場して、観客を親友のように出迎えた。ピアノに座って『ボヘミアン・ラプソディ』のキーを叩き始めると、スタジアムを完全に制圧する。その後の21分間、観客もテレビを見ていた世界中の19億の人たちも、彼に夢中になった。彼のユーモア、筋肉美、ド派手なエネルギー、4オクターブという驚異的な声は圧倒的だった」

唯一会場が静かになった瞬間は、マーキュリーがステージの端に立ち即興で声を引きのばして客席を煽ったときだ。それは「世界中で聴かれた音」として知られるようになる。

彼は客に向かって「エーオーーーーー」と声を伸ばし、7万2000人がそれに応えた。彼はそのフレーズを繰り返し驚異的な声域を披露して、小ぶりのマイクスタンドを観客に向けると、観客はマーキュリー1人の声に向かって（声を限りに）歌で返すのだった。

スティーブ・ジョブズのプレゼン

ライブエイドから22年が経ち、スティーブ・ジョブズもまたキャリアの中で最も人々の記憶に残る姿を披露する。マック・ワールドで初めてiPhoneのベールをはがしたときだ。彼のプレゼンは忘れがたきコンサートに引けを取らなかった。観客の好む音楽を聴かせファンファーレで盛り上げ、それから最新の曲を精一杯演奏するコンサートの熱気そのものを再現させたのだ。

　彼は４０００人の出席者にこう切り出した。「時に画期的な製品によってすべてが変わることがあります。……今日私たちは一緒に歴史を刻むのです」。彼は自分の最大の持ち味を生かし、25年近く前に自らが画期的なマッキントッシュのコンピューターを公開したとき、そして後にｉＰｏｄを紹介したときを髣髴とさせた。確かにｉＰｏｄは人々の音楽の聴き方と音楽産業全体を変えた。

　最新の革命品のベールをはがす、その前振りで彼はこれまでの製品を再び紹介した。「今日、アップルは電話を大きく変えます」と5回繰り返し、期待を盛り上げる。彼の次の言葉に誰もが座席から身を乗り出そうとする。「今日、我々は3つの革命を取り入れた製品を紹介します。３つの革命の１つ目は、タッチ・コントロールが付いたワイドスクリーンのｉＰｏｄ。２つ目は画期的な携帯電話、そして3つ目は画期的なインターネット通信のデバイスでした。……ｉＰｏｄ、電話、インターネット通信機、お分かりですか。これが３つ別々の機器ではなく1個の機器となります、その名もｉＰｈｏｎｅ。今日、アップルは電話に革命を起こします、ご紹介しましょう」

　ところがスクリーン上では、ずんぐりして時代遅れで野暮ったいテクノロジーの代物が映し出された。どこから見てもｉＰｈｏｎｅのミニマルなデザインとは正反対だ。笑う出席者を尻目に、ジョブズは今回の製品の特長を述べながら彼らの心をしっかりつかむと、遂にそれを世界に初めて披露するのだった。人々の話し方、聴き方、物の見方、交流の仕方を変える携帯電話を。

　彼のプレゼンが力強かったのは、製品と共に本人の熱意が伝わったからだ。ジョブズはテクノロジーについて自分のビジョンを信じ、魔法のような製品に注目を集めさせる魔法の空間を生み出した。

これは単なる製品の発表会ではなく、啓蒙の瞬間だった。新たな未来が生まれようとする、まさにその瞬間だ。

インパクトで視線を引く

このデジタル・ミュージックの時代には、毎日2万４０００曲がウェブ上にアップされる。それぞれの楽曲の陰でアーティストが望むのはファンの獲得であり、〝いいね〟やシェアを獲得するためならば派手でショッキングなパフォーマンスに訴えることも多い。

マドンナが思ったことを正直に発言する様は、あらゆる世代のシンガーに影響を与え、カニエ・ウエストはグラミーのステージでスピーチするテイラー・スウィフトのマイクを奪い、カーディ・Bは大統領をこき下ろした。

こうしたパフォーマンスはアーティストの活動において必然的なものもあれば、マネージャーやマーケティング・チームと組んで戦略的に行う場合もある。いずれにせよ、バズらせるには派手なスペクタクルが一番だとミュージシャンは考えている。

仕掛けの鬼才

伝説的なマネージャーのシェップ・ゴードンはスペクタクルを生み出す名人だ。1960年代の終わりに頭角を現した彼は、これまでピンク・フロイド、ブロンディ、リック・ジェイムズ、ケニー・ロギンス、俳優グルーチョ・マルクスのマネージャーを務めてきた。

彼にとって最初の世界的な成功は、アメリカで最初のショック・ロッカーの1人、アリス・クーパーのプロモーションを務めたときだ。クーパーはジミ・ヘンドリックスやジャニス・ジョプリンと交流があったヒッピー時代のイメージを変えたいと思い、ゴードンに助けを求めた。

そこで彼らは何を考えたか。アメリカ中の親たちを怒らせて、子供たちにアリス・クーパーのコンサートに行くなと言わせることだ。彼らはアルバムジャケットにマンガチックな悪魔のイメージをあしらい、消火器で巨大なペニスを作ってライブ中にクーパーがそれを放つよう細工した。記者会見では爆発まで偽装し、クーパーはレンタルした救急車で救命士に扮した友人たちに病院に搬送されるのだった。

次に彼らは海外に視野を向けた。ゴードンはロンドンの会場で1万席を確保するが、前売り券はわずか50席しか売れなかった。ある朝ゴードンはイギリスのテレビを見ていて閃いた。自分のメッセージを伝える最高の媒体は朝のニュース、特にヘリコプターからラッシュアワー時を中継してくれたら最高だと。

　プレス向けの資料に彼はクーパーが裸でヘビだけをまとった写真を用意していたから、その写真を拡大してトレーラー・トラックの側面に貼りつけた。それから運転手にロンドンで一番にぎわうピカデリー・サーカスまで行って、そこで止まるよう指示する。ゴードンはトレーラーに裸のロック・スターの巨大な掲示版をはめ込み、毎朝イギリスの食卓に向けてそれが放送されるように仕組む。この挑発的な冒険は思った通りの成果を生んだ。アリス・クーパーのことは親たちの話題となり、ゴードンの作戦通りみんな怒り心頭だった。

「あらゆる世代の人が見て心に留めるアーティストっているんだよ」とゴードンは２０１９年にポッドキャストの『ザ・ナレッジ・プロジェクト』で語っている。「今のレディー・ガガがそうだ。彼女なんかまさに40年前のアリス・クーパーだ。基本的に同じだと思うよ。経済が変動するように、商品をアピールする方法も変わったが、元は同じようなもんさ。**大事なのはどうやって注目を集めて、カーテン裏の商品を紹介するかなんだよ**」

　それから数年後、ゴードンはプロモーションの才能を新たな業種に応用する。ドラッグをやめたゴードンは、興味の対象をドラッグから料理や食べ物に変えた。

　こう考えるようになったのだ。どうしてシェフの有名人はいないのだろうかと。

「世間のシェフに対する扱いがひどいと思うようになったんだ」と彼は言う。「フランスのシェフは世界でどこよりも待遇がいい。（ところが）アメリカのシェフはフランスに比べて扱いが違う。（それでも）彼らは優れたアーティストなんだ……だからこう考えた。これから先はアーティストに出資しようと。僕はノウハウを知っているから、シェフという仕事の方向性を変えてみせようとね」

ゴードンはシェフのクライアントを引き受けた。その中の1人、エメリル・ラガスのためにゴードンはフード・ネットワークのお昼のショーへの出演交渉をする。エメリルは地に足の着いた愛すべき人柄もあって、『エメリル・ライブ！』という冠番組が登場した。彼の有名なキャッチフレーズ「バン！」、「もっと盛って」、「難しくなんかないさ！」などレストランのキッチンでお馴染みだったセリフが、装いも新たにテレビの視聴者に向けられた。

たちまち多くのファンが生まれて、ショーのピーク時には視聴世帯は毎日25万世帯を超えるのだった。

カーペット大作戦

トーク・ショーに出演したり、巨大な裸の写真で交通渋滞を引き起こそうなどと思う人はいないだろうが、今のエピソードから得るものはあるはずだ。

企業の世界では、相手を説得する際は直感よりもあれこれ頭を使った方がいいと思われがちだが、

顧客とつながるために事実や数字と同じくらい力になるのは直感と自信なのだ。僕たちはそれを身をもって経験した。

２００１年、マイケルは数年間何を起業しようかとあれこれ考えた末、３人の友人とトライシクルという会社を設立した。目的は、カーペット業界で使っている見本に代わって、デジタルを使って紙で３Ｄ印刷した見本を提供すること。

カーペットの見本なんて、満員のコンサートに比べれば地味だが、トライシクルのテクノロジーは市場の動向を変え、石油の使用とゴミの埋め立てを大幅に減らすことで、業界に何百万ドルもの費用を削減させることになる。

だが実物そっくりだったにもかかわらず、カーペット業界のエグゼクティブからは一切反応がなかった。紙の見本がいくら本物そっくりでも、ナイロンで紡いだ実物の代わりになるとは誰も思わなかったのだ。そこで計画を練り、個人投資家から基金を集めてシカゴに出向いた。世界最大のインテリア製品の見本市が開催されるから、そこに製品を出品しようと考えたのだ。

展示の準備は、ステージや照明も含めライブの準備に似ている。展示会のためにマイケルは縦横３フィート（約1メートル）の木のプラットフォームをデザインして、そこに４枚の本物のカーペットの見本を置いた。その上から照明を操作するために設計したアルミニウムの覆いを片端に付けた。色をよく見せるために欠かせない設定だ。それからチームはそのカーペットの隣に紙の見本を丁寧に並べて、完ぺきに柄を合わせた。一歩下がって見ると、ナイロンと紙の見本との区別がつかなかった。ステージの用意が整い、あと必要なのは見た人にまさかと思わせ、期待を抱かせるパフォーマンスだ。カーペットのエグゼクティブがトライシクルのブースに通りかかると、マイケルはパフォーマンスを始めた。

トライシクル「カーペットの見本は毎日お使いですか？」

ミスター・カーペット「ええ、製品のデザインを仕上げてから市場に出すためにね」

トライシクル「見本はどのくらいの枚数を使用しますか？」

ミスター・カーペット「ええと、何十枚も。それ以上のときもあるけど」

トライシクル「それで使い終わった見本はどうするのですか？」

ミスター・カーペット「埋め立てて処理します」

トライシクル「紙の見本に変えてみるのはどうでしょうか。少なくとも製品デザインの初期段階とかにでもお使いになるのは」

ミスター・カーペット「いいアイディアだけど、色と柄がちゃんと再現できないでしょう。実際に見せてもらわないことには」

トライシクル「既にご覧になっていらっしゃいますが」

彼らがディスプレイに近づくと、首を横に振ってなおも信じられない様子だ。紙の見本の角をつまんで指で撫で、これが幻ではないことを確かめた。マイケルは対話を通じて相手にまさかと思わせ、目からウロコの瞬間を築き上げたのだ。

製品自体は修正を加えずとも、既に上質なものとして出来上がっていた。だが展示をしなければ、そこまでのインパクトは得られなかっただろう。

マイケルとチームは大手のカーペット企業のあちこちから名刺をもらって会場を後にするのだった。素晴らしいパフォーマンスを行うのに、ステージの大きさは関係ないという実感を胸に抱いて。

価値観は「つながり」の磁力になる

マダム・ガンジーの流儀

起業家に対してビジネス界で好きな人のベストテンを挙げてもらったら、上位に挙がるのはリチャード・ブランソンだろう。元祖ビジネスのやんちゃな問題児であり、ヴァージン・グループの創設者であるブランソンは人々にアピールする仕方を心得ている。

有名なエピソードだが、彼は女性フライト・アテンダントの制服を着て口紅を付け、ヴァージン・

エアラインのプロモーションに出たり、ヴァージン・ブライズの打ち上げには花嫁の格好で現れた。ヴァージン・コーラのプロモーションでは、シャーマン・タンクを運転してタイムズ・スクエアに登場、コカ・コーラの缶を積み上げた壁に衝突してみせた。摩天楼からスカイダイビングしたかと思えば、ボーリングのボールに扮する。ヴァージンのブランドをネタにした行動で話題を作り収益をもたらすブランソン。

そんな彼の本来の力は自身の個性と、感情を表に出すことから生まれている。顧客の生活を改善したいという彼の真摯な努力もそうだが、これと同じくらい輝いて見えるのが彼の無防備なまでの情熱なのだ。

彼がスペースポート・アメリカという新たなフロンティアに足を踏み入れ、プライベート用のスペース・シャトルの打ち上げ台を築いたときも、自然の成り行きに思えた。彼の魅力の一部はリスクを恐れないところだ。ヘリコプターから飛び降り、ミュージックストア、ホテル、携帯電話、フェスティバル、映画などビジネスで大胆な方向転換を図ったりなど。彼の大胆で華々しい行動は人々を刺激した。

ブランソンはビジネスとはこういうものであり、ビジネスパーソンはこうあるべきという、人々の見方を変えたと言っても過言ではない。彼は利益よりももっと大きなものに突き動かされていることを誰もが知っているから、彼が更に野心的なプロジェクトに取り組むのをみんなが応援している。そのプロジェクトとは、プライベートな宇宙旅行だろうか。それに成功するとしたら、リチャード・ブランソン以外にはいない。

自分の個性を軸にした組織作りには落とし穴もあるが、同時に新たな機会と責任が与えられる。ブランソンは自分の個人的な魅力を使って、世界中の人道主義を支援してきた。ここ数年、彼はウガンダの大統領を説得して国内のホモセクシャリティを違法とする法案に拒否権を発動させた。

お金が役に立つのは世界を変えるときくらいだと彼は言ったことがある。「ビジネスは人々の生活を改善するアイディアに過ぎない。積極的に人々の生活を良くしようとしなければ、ビジネスをやる意味はない」

血まみれのロードマラソン

マダム・ガンジーことキラン・ガンジーもまたビジネス・ベンチャー、活動、音楽を通じて深く個人レベルでリスナーとつながる起業家の1人だ。彼女にとって〝個人と政治と仕事は三位一体〟であり、この3つを分けることはできない。

ニューヨークとボンベイ（現・ムンバイ）で育ったガンジー、そのファースト・ネームはヒンズー語とサンスクリット語で「朝一番に浴びる日の光」だ。そんな彼女はジョージタウン大学で数学、政治学、女性学の3つを専攻した。そしてハーバード・ビジネス・スクールでMBAを取得し、また一方でアカデミー賞にもノミネートされたイギリス人とタミール人の混血ラッパーM．I．A．のドラマーとしてツアーに参加している。

僕たちが初めてマダム・ガンジーに会ったのは、巨大フェスティバルのステージではなかった。彼女はボストンで、スタートアップ企業が投資家にプレゼンを行うデモ・デイに参加していたのだ。彼女が8週間かけて携わっていたのは実験的なデザイン・ベンチャーで、ＩＤＥＯ、フィデリティ・バンク、ハーバードのｉ-Ｌａｂ（アイラボ：イノベーション・ラボ）などから専門家を集めてブロックチェーンの新たなコンセプトを探求しようというものだ。

ビジネス・コンセプトをプレゼンする中で、スライドをクリックする彼女は説得力と魅力にあふれ、自信と熱意を持ってテンポよく語っていた。

次の年、僕たちは世界の人たちと共に彼女のことをニュースで聞いた。彼女は生理中にもかかわらず、生理用品を着けずにロンドン・マラソンを走ってみんなを驚かせたのだ。彼女が血にまみれたレギンスのままでゴールした写真は、ニュースやソーシャル・メディアを騒がせた。

その後何度も取材を受けるたび彼女はこう答えた。まず自分のために走ることを選び、そしてこの機会に世界中の女性が生理などについて辱めを受けていることを訴えようと決断したのだと。

「走るに当たって、自分の思いが満たされて初めて42キロを完走できると判断した」と彼女はイギリスの『インディペンデント』紙に語っている。「そうはいっても、毎月の自然現象についてあまり話題にされることがないから、私の決断は多くの人にショックを与えたようだけど」

続く記事の中で、彼女は女性の人生において生理のことがおおっぴらにされず、この生理への態度がより大きな問題につながっていると語っている。「女性は感情を押し殺して露わにしてはいけない、嬉しかろうと悲しかろうと表に出してはいけないと教えられている。女性だからって、自分の感情を表に出していけないということはないし、強い人間だからって本当の自分よりも強く振る舞えということもないはず」

音楽を通してつながる

ブランソンのモチベーションは広告であり、その根底を成すのは彼の個性だ。マダム・ガンジーのモチベーションはまず個性ありきで、次に広告だ。正義と平等を拡大させたいという欲求が、彼女の行動すべてを突き動かしている。

自身が重要だと考える問題に対して世間の注目を集めさせた後、彼女は自分が選んだメディアを通じて女性の権利についてメッセージを広げていこうと考えるようになった。そこで選んだのが、ずっと好きだった音楽だ。

幼い頃からピアノを弾いていた彼女にとって、音楽に対する見方を変えてくれたのはニューヨーク市のスクール・バスの運転手だった。彼がバス停で止まりアコーディオンドアを開けると、親たちの耳に聴こえてくるのはクラシックだ。ところが子供たちが乗り込みドアが閉まると、彼は地元のヒップホップ・ステーションから流れる曲を聴かせた。

当時保育園児だったガンジーによると、彼は生徒たちに、他では教わらないような違った経験をさせたかったようだ。「ナズやローリン・ヒルを聴いて、他の場所では得られない共感と語りの魅力を擦りこまれた」と彼女は『ビルボード』誌に語っている。

8歳になった頃、ガンジーはドラム・スティックを手にした。「スティックを握る女性は珍しかった」と『ビルボード』誌のプロフィール欄は評している。「そして彼女は権威に逆らうことと自由に叩けるドラムを愛した。ドラムは以前にピアノで学んだ○か×かの世界とは別次元だったようだ」

マダム・ガンジーとして彼女は2枚のアルバムをリリースした。『ビジョンズ』と『ボイシズ』。後者のアルバムについて『ビルボード』誌はこう評した。「愛、力、女性であること、傷心が複雑にもつれ合った海を繊細な波がたゆたっている。『ボイシズ』でガンジーは表現の旅を始め、伝統的に〝女性〟のあるべき姿とされるものをさらけ出している。アメリカやグローバル・カルチャーでは弱者としてさげすまれる女性の姿が、誰もが思い描いていたよりもはるかに強いものであることを示そうとしているのだ。当の女性たちも気付いていない強さを」

「女性は絶えず不当に評価され弾かれている」と彼女は言う。「私たちがそれを当たり前に思うのは、せっかくの機会を与えられず、女性が最大限の力を発揮できるなんて誰も思わない状況に慣らされてきたからよ。誰も私の野心をあざ笑わないようになってほしい。自分の身体が守られる家が欲しい。自分の意見を自由に好きに発言できるような場が欲しい。そういうのがユートピアってものでしょう？」

僕たちがガンジーに対して、フェミニズム、音楽、彼女のブランドの新製品について考えを求めると、このどれもが目的達成の手段に過ぎないことがはっきりしてきた。その目的とはファンとつながって自分のメッセージを拡散させることだ。

「つながることはとても効果的よ」と彼女は言う。「特にまだ駆けだしの新米は、『これを信じる、これが楽しい、これに加わりたい』と言う人たちに出会った方がいい。いろんな成功話や成功のモデルを紹介すると、何だか私も役に立っている気になるし。リスクに挑んで成功する人の話がみんな大好きなのよ」

商品を通してつながる

彼女はつながりが一方通行ではダメなことも分かっている。ファンが望むもの、**ファンに届く術を知っておかないとメッセージが伝わらない**ことを自覚しているのだ。

このインタビュー当時、彼女はインドのツアーから戻ったばかりで、チケット売り上げでステージの収益を挙げるチャンスを目にしながら、一方で重要なアイディアを共有する機会にも出会っていた。多くのアーティストは商品を二の次に考えるが、マダム・ガンジーは違う。デリーに拠点を置く女性による服飾ブランド、ノアブラック・ノアホワイトとの提携を決め、明るい色のリネン、シルク素材のオシャレなシャツとジャンプスーツ、グラデーションデニムを作ろうと考えたのだ。

「私がすごく刺激を受けたアーティストは、メジャー・レーベルの予算で高いレベルの仕事をする人たちよ」と彼女は言う。「例えば、私はジャスティン・ビーバーの大ファンで、彼は服飾のブランドを背負っているわ。それに刺激されて、『私も長持ちしてオシャレなものを２００ドルの値段で作りたい』と思ったの」

しかしガンジーは、こういった服をコンサートやステージで販売しても、自分のファンなら手を出さないことが分かっていた。

「私のアルバム・リリースのパーティで、みんなが高い品物を喜んで買ってくれたのは、いかにも高級っぽく紹介していたから。それをありのままに写真に撮って、ビデオを用意して、ポップアップ・ショップもすごくオシャレにして、ショップ経営を経験した気分だった。でもツアーでは状況がまったく違う。みんなビールの匂いにつられてバーに入ってしまう。片手にビールを持ちながら、３００ドルのドレスを買おうなんて思わないでしょうね。酔った流れで買うようなものではないし」

「みんながクラブのショーに行く流れは違うの。夜の11時を過ぎているし、例によってもう何杯かお酒を飲んでいる。シャツ1枚に30ドルなら払うとか、みんなはそれくらいしか期待していないのよ」

そこで彼女は製品を一新して、靴下や彼女の曲の印象的な歌詞をプリントしたTシャツなどの新製品を加えた。「Let boys be feminine（男たちにフェミニズムを教えてあげて）」、「The earth is still waiting for us（地球は今も私たちを待っている）」、「Own your voice／don't be afraid（自分の意見を持とう／怖がらないで）」などの言葉だ。

SNSを通してつながる

音楽と商品を通じて、マダム・ガンジーはファンとつながる方法を身に付けている。そしてステージの外に出ると、彼女が何より輝く場はソーシャル・メディアだ。

インスタグラムやツイッターはブランドからのメッセージの場合、過剰に凝り過ぎたり演出過剰で冷ややかなものになったりする。だがガンジーのソーシャル・メディアを見ると、彼女の生活が驚くほどリアルに映し出され、彼女が真剣に打ち込んでものを作る姿を見ることができる。

「**大事なのはインパクトを与えられそうなものに投資することであって、自分のエゴを満足させることじゃない**」と彼女は言う。「始めた頃はもっと大きな機会を求めていたけど、でも実際は、何か価値のあるものを提供すれば、言葉が勝手に拡散して大きな機会が自然に飛び込んでくるものよ」

取材の中で、彼女はこのアイディアについて詳しく述べてくれた。

「私はソーシャル・メディアに対して魂というか、例えばインスピレーションを込めてアプローチしている。ファンを楽しませるために毎日必ずアップした方がいいという意見もあるけど、そこに投稿するのは自分の一部だから慎重にもなる。もちろん精力的に活動して、その実生活での活動をソーシャル・メディアに反映させたい。でも一方で仕方なくアップしたものは、インスピレーションとか価値あるものをファンと共有したいという欲求がないから、出来はパッとしないし見栄えも良くない。本当のインスピレーションがあれば、エネルギーが満ち溢れていて、その興奮が伝わるはずよ」

２０２０年のコロナ禍の最中に、僕たちは再びマダム・ガンジーと話をした。テーマは離れている人と本当の意味でつながるにはどうすればいいかだ。

彼女はチャンネルごとの用途を分かりやすく説明してくれた。手の込んだ内容はユーチューブ、スポティファイ、ＩＧＴＶを使い、もっと生の話やファンが望むようなつながりはサウンドクラウドやインスタグラムと使い分けていた。ブログとウェブサイトは情報のアップデートと活動の概略を紹介するため、フェイスブックはお知らせ用の大きな掲示板として使っている。

「プラットフォームの探求に夢中なの」と彼女は言う。「ハイテクのコミュニティは刺激的だし、どのプラットフォームにもマイナス面はあるけど絶えず改善している。勇気を持ってサイトに登場して存分に活用するのは、クリエイターの責務よ」

もちろんテクノロジーは目的達成の手段だ。その目的とはファン・ベースやＬＧＢＴ（性的マイノリティ）の人たち、学生、若い女性たちとコミュニティを作ることで、彼女はそれに情熱を注いでいる。

オンライン上での彼女は、いろんなコミュニティの人たちをオープンな態度で受け入れているが、それは共通の目標を前進させたいと思うからだ。共同ブランディングの多くがご都合主義で利益目的であるのに対し、マダム・ガンジーは自分の情熱、アート、生計をすべて融合させる術をそこに見出した。

「実際は多くの時間を1人で過ごしている」と彼女は言う。「時間があるとスピーチを考えて、アイディアを書き留めて練習し、依頼されたコミュニティにどんなインパクトを与えようかと考えているの。あともちろん音楽もね」

1人でいながらも孤独ではないというこの視点は、ガンジーの中に深く根付いている。彼女は子供の頃から自分はどのコミュニティにも属していないと感じていたそうだ。だから彼女はどこまでもアイディアを追求し、1人で考え行動できるようになったのだ。

こうした経験が大きな価値観をもたらすのは、他人が決めたことに動かされることなく、彼女の見方が独特で正直であり続けるからだ。

「だから私がスポティファイやユーチューブとかの大きな媒体や大学で発言するとき、言いたいことが言えるし、自分の意見を曲げたり忖度したりしない。こうして私の仕事は更に評価されて、そうしたコミュニティに歓迎されるってわけ」

誰とでもつながれる時代

マダム・ガンジーは自分自身の価値観、そしてリスナーとつながる原動力を積み上げた新世代アーティストの1人だ。それはこれまで確立していた産業における大きな変化であり、2001年にジミー・アイオヴィンはその到来を見抜いていた。彼はその当時のインタースコープでのミーティングで、音楽産業全体が根本から行き詰まっていることに気付いた頃をこう振り返る。

「ミュージシャンに前金を渡してラジオに出演させるやり方は、立ち行かなくなっていた。変化が必要だ。若いアーティストの多くはレコード会社の人間以上に、コミュニケーションのプラットフォームに生まれつき馴染んでいる。アーティストが自力で活動をスタートさせているのに、会社側はいまだに、よしこいつはモノになる、500万ドル払おうだからね」

彼はアメリカのラッパーで、シンガー、ソングライターのリル・ナズ・Xのサクセスストーリーを話してくれた。リル・ナズ・Xはフェイスブックに短いコメディ・ビデオをアップし、インスタグラムやツイッターへと展開させた。同時にニッキー・ミナージュのファン・アカウントでショート・ショートの「シナリオ・スレッド」を特集、複数のツイッター・アカウントを使って意図的にツイートを拡散。最もフォロワーの多かったアカウント「@NasMaraj」はスパム防止対策に違反するとしてツイッターから停止されたため、新たなアカウントを立ち上げたが、後にそれを使用したことは否定している。

２０１８年10月、オランダ人プロデューサーのYoungKio（ヤングキオ）が作ったリズムボックスをオンライン・ストアから30ドルで購入し、ロック・バンドのナイン・インチ・ネイルズの「34・ゴースツ・ⅠⅤ」をサンプリング。これらを使ってリル・ナズ・Xは「オールド・タウン・ロード」をレコーディングし、20ドル払えば1日だけプロモートができるアトランタ・スタジオのサービスを使い、1時間足らずで世界的にヒットさせる。

２０１９年初め、ミームを作ってマイクロプラットフォームのビデオ共有アプリ、ＴｉｋＴｏｋ（ティックトック）で曲をプロモートした。ＴｉｋＴｏｋのビジネス・モデルの一部は、5億人のユーザーに対して「バズった動画をマネて」もらい、その数を増やすことだ。

リル・ナズ・Xによると、曲のプロモートに１００個ほどのミームを作って、「#ヤッホー・チャレンジ」を作り上げたそうだ。何百万ものユーザーが曲をバックにしてカウガールやカウボーイに扮したビデオをアップし、２０１９年7月、こうしたビデオが６７０万回再生された。「オールド・タウン・ロード」は同年11月にはダイヤモンドの認定を受け、アメリカの『ビルボード』誌で1位になり、19週間これを維持する。これは１９５８年にチャートを開設して以来の最長記録だ。

「レコード会社は立場を見極めないといけないね」とジミーは僕たちに言った。「今、会社は最も人気があるアーティストを発掘して、彼らに最高額を支払っている。でもそれでは行き詰まってしまう。若いアーティストたちはテクノロジーにすごく精通していて、同じく精通した相手と組んでいる。アーティストがテクノロジーの使い方を身に付けて精通して行けば、主導権を握るのは彼らの方だよ」

世界とつながる。宇宙とだって

第3章で、僕たちはコラボによってアーティスト間のコミュニティが築かれると述べた。マダム・ガンジーが言った通り、同じことはアーティストとファンとのつながりでも起こる。そこでライブエイドの話にちょっと戻りたい。

ワールドレコード

１９８４年、ボブ・ゲルドフはエチオピアで何十万もの人たちが飢饉で亡くなっているとの報告を聞いて、アフリカに出向いた。惨状を目の当たりにした彼は、ロンドンに戻りイングランドとアイルランドの最も有名なポップ・アーティストに呼びかけて、売り上げを寄付する目的でシングルをレコーディングする。

「ドゥ・ゼイ・ノウ・イッツ・クリスマス」はカルチャー・クラブ、デュラン・デュラン、フィル・コリンズ、Ｕ２、ワム！らの共演でレコーディングされた。アメリカではマイケル・ジャクソンとライオネル・リッチーがこの曲を聴いて触発され、書き上げたのが「ウィー・アー・ザ・ワールド」だ。この曲のレコーディングにはハリー・ベラフォンテ、ボブ・ディラン、シンディ・ローパー、ポール・サイモン、ブルース・スプリングスティーン、ティナ・ターナー、スティーヴィー・ワンダーらが集まった。２枚のシングルが集めたお金は合わせて５０００万ドルを超えた。

ライブエイドのコンサートはこうした基金集めの努力が発展して実現されたものだ。ゲルドフの企画によりウェンブリー・スタジアムに７万２０００人、フィラデルフィアのＪＦＫスタジアムには10万を超える観客が集まり、世界中で生中継され１億２７００万ドルを集めた。このショーはテレビで同時中継された最大規模のコンサートとして記録を打ち立て、１５０カ国で19億人が視聴した。

だが重要なのは記録を打ち立てたことではない。コンサートによって出演したバンドが生涯にわたるファンを獲得し、人々が餓死するのを食い止めようとお金が集まったことだ。そして一つの使命によってコミュニティが築かれたことも大きい。

ライブエイドはアイディアと大義名分だけの勝利ではない。それをもたらしたのはパフォーマンスであり、バンドが持てる力を使って人間だけが持つ共感と同情を増幅させ、他者とのつながりを築いたおかげなのだ。

ゴールドレコード

つながりの例をもう一つ紹介しよう。１９７７年、ＮＡＳＡは太陽系の外のデータ収集のため、宇宙に向かって宇宙船ボイジャー1号を打ち上げた。だがロケットにはもう一つミッションがあった。貨物倉庫の中に2枚の金メッキをした銅製のレコード盤が入れられたのだ。

レコードの中身は天文学者でＳＦ作家であるカール・セーガンの選曲による１００を超えるサウンド、例えば落雷、火山の爆発、赤ん坊の泣き声などと一緒に地球の生き物の写真が収められた。そして27曲のプレイリストにはベートーベンからチャック・ベリーまで幅広く収録された。

レコードと一緒に、ダイヤグラムがバイナリー・コードで刻まれレコードのかけ方を図で記してある。ＮＡＳＡは視覚と音を使って、太陽系の外にいるかもしれない知的生命体とつながろうとしていたのだ。

この宇宙のミックステープが公になるのは２０１７年になってからだ。この年、グラフィック・デザイナーのローレンス・アゼラッドは、未来研究所のリサーチ・ディレクター、デヴィッド・ペスコビッツ、サンフランシスコのアメーバ・ミュージックのマネージャー、ティモシー・デイリーとチームを組んだ。3人は90分のプレイリストを3枚の金製のアナログＬＰに再現し、併せて写真を収録したハードカバーの本、オーディオのデジタル・ダウンロード、オリジナルジャケットに刻まれたダイヤグラムのリトグラフを作った。

キックスターターで始動したプロジェクトは18万ドルの目標を超えてトータルで１３６万ドルを売り上げ、グラミー賞を受賞する。つまり、このプロジェクトに魅了され、つながろうとしたのは宇宙人ではなく、当の地球人だったということだ。

僕たちはローレンス・アゼラッドの日当たりのいいスタジオで彼と話をした。彼はこの成功に喜びはしたけど、驚いてはいない様子だった。エスペランサ・スポルディング、レッド・ホット・チリ・ペッパーズ、スティングらの代表的なアルバムジャケットを手掛けた彼は、リスナーとどうつながればいいのかを心得ている。

「ボイジャー号に入れたレコードは落ち着いて聴くようなアルバムじゃないよね」と彼は言う。「すごく深遠なレコードだ。どれだけの人が最後まで聴いてくれたかと思うよ。でもみんながこの作品を欲しがった。歴史的な記念碑だし大事なことを象徴しているからね」

話をしているとき、ローレンスはウィルコの11枚目のスタジオ・アルバム『オード・トゥ・ジョイ』のジャケットデザインを仕上げたばかりだった。２つのプロジェクトに共通点はあまりなさそうだが、ローレンスにとっては両方とも本物の絆を作るものだった。

「グラフィック・デザイナーとして、僕は自分を抑えてミュージシャンのメッセージを伝えることを学んだ。僕のアートではなくミュージシャンにとってのアートだからね。そしてそれが公になると、みんなにとってのアートになる。それを所有するのは彼らだからね。『ヤンキー・ホテル・

フォックストロット』（ウィルコの4枚目のアルバムで、これも彼がデザインを手がけた）のジャケットを思い出すよ。すごく直球のジャケットだけど、みんながそれを聴いたときの経験と重ね合わせる。だからこそジャケットは重要なんだよ。ビートルズの『アビイ・ロード』が多くの人に何か意味をもたらすのは、あのレコードがカルチャーの分岐点を示していて、あの時代に共通した空気をもたらしたからなんだ」

『オード・トゥ・ジョイ』でジェフ・トゥイーディーと一緒に活動していたとき、ローレンスはアルバムの付録となるポップアップ・ブックの制作を依頼された。無の概念を込めた飛び出す絵本だ。ビートルズのホワイト・アルバムによってシンプルなアイディアが先を越されてしまったから、グラフィックを通じてファンとつながる方法を別に探したと言ってローレンスは笑う。彼のイラストには曲のリズムがこだましている。ウィルコの歌詞はビジュアルな詩として扱われ、カードをずらしたりクランクを回したりすればパンチ穴が開閉し、そこからのぞけるようなしくみだ。バンドの写真はシルエットになっていて、シャイで内向的なトゥイーディーの人柄そのものが映っている。写真を手に取ったファンは、それを実感し感じ取る。デザインの中にバンドを感じるのだ。

ローレンスにとって、デザインはアイデンティティの追求であり、アーティストとファンを結ぶリンクだ。ファンが自分の好きなアルバムジャケットを誇らしげに見せたいと思うのは、コンサートに行く人がクイーンのTシャツを着たり、アップル信者が製品発表に夢中になるのと、基本は同じだ。ファンとして熱中するあまり我を忘れるというよりも、好きなアーティストを信じることで自分を発見し、彼らと一緒に想像する。そしてそれはどこまでも純粋なものだ。

その人自身よりもそのイメージの方が現実的に見えるようなこの時代に、一つ明らかなことがある。**その根本に真実があれば、表のシンボルにもそれがにじみ出るということだ。**

ボイジャー号のＬＰを宇宙人が発見したらどう感じるかを想像してみてほしい。コミュニケーションの伝達手段、素材、ダイヤグラム、フォーマットはすべて、僕たち人間が誰であるかを少しでも伝えようと企画されたものだ。

だがたとえ宇宙人がコードを読めなくてレコードがかけられなくても、つながりたいというこちらの気持ちは彼らに伝わったかもしれない。

「つながること」が生むパワー

世界中の人たち（あるいは宇宙人）とつながる機会を誰もが持っているわけではない。だが偽りない感情と意志があれば、自分が大切だと思うことを伝えることができる。

僕たちと歓談して数カ月後、マダム・ガンジーは、自分のメッセージをあらゆる人に届けようというつもりではないと語った。交友範囲の大小に関係なく、周囲の人たちと触れ合うことができればいいと考えているそうだ。

「みんな何か大きなことをやらなければって考えているみたいね」と彼女は『トム・トム・マグ』誌に語った。「でも**一番大事なステップは、自問してみること**。自分の影響がどこまで及ぶのか、毎日誰と関わっているかを自問してみるといい。関わる場はソーシャル・メディアでも自分のコミュニティでも同じ。やみくもにソーシャル・メディアで不特定の相手に向けて投稿するよりは、自分の家族や友人に影響を及ぼす方がはるかに難しいと思う。私は家族や友人たちと興味深い話や難しい話をしようと心がけているから、それが世間に対して自分の価値観や意見を真摯に説明する練習になっているの」

アーティストは自分の作品を通じてアイディアを表現し、その表現を通じて他の人々とつながりたいと思っている。同じことは起業家にも言える。だがこのためには自分の強みを知り、自分と相手にとって大事なことを表現することが必要だ。このことについては本書の最終章でもっと述べるつもりだが、今はこの点だけ伝えたい。

僕たちの潜在意識は、情報を処理し生活に溶け込ませることで絶えず蓄積されていく。この潜在意識のおかげで、言葉では表現できない一部の思考や感情を他の形で表現することができるのだ。音楽がまさにその例だが、他にもたくさんある。製品やサービスだって深いレベルで人との絆を作ることができる。実際、平凡なユーザー体験と素晴らしいユーザー体験との違いは、作る側とユーザーとの間に絆が生じたかどうかだ。

企業文化につきものの予算の打ち合わせだとか、時間や資金をどう割り当てようかという話し合いの中で、こうしたつながりを声高に主張するのは難しいが、特に情報過多の時代において成功するために、消費者との絆作りは絶対に必要なことだ。

信じるものを突き詰める

ケヴィン・グレーディはアメリカで最も歴史がある広告代理店（設立は何と１８７３年だ！）、ＦＣＢのエグゼクティブ・副社長でデザイン主任だ。以前、彼は『レモン』というポップ・カルチャー誌を設立した。デヴィッド・ボウイ、ダフト・パンク、ジェフ・クーンズ、ソニック・ユースらと共に制作したオリジナル作品を掲載していた雑誌だ。広告とは縁がないようだが、彼のギャンブルは大当たりだった。彼の作品はカンヌ、Ｄ＆ＡＤ（デザイン・アンド・アート・ディレクション）、ザ・ワン・ショーで賞を受賞した。

ケヴィンの最も知られたプロジェクトは、パッケージ食品に表示されるアメリカ食品医薬品局の栄養成分表示の新たなデザイン作り、及びトゥルース（真実）・喫煙反対キャンペーン向けに作ったテレビ・コマーシャルだ。ＣＭでは気管支切開手術を受けたカウボーイが喉から声を出して歌い、若者たちに禁煙を呼びかけている。

　オバマ政権が健康的な食事を奨励するキャンペーンの一環として、栄養成分表示の新たなデザインを手掛ける際、ケヴィンは「泣きわめく赤ちゃんをあやす母親、お年寄り、目を患う糖尿病の人とかをイメージした」と語った。そこで彼はカロリー計算のフォント・サイズを3倍にするなど、栄養士やデザインの専門家が使わない手法を選んだ。歌うカウボーイという彼のコンセプトが2つのエミー賞を受賞した後、彼はこう語った。「たくさんの賞を頂いたけど、それ以上に10代の喫煙に影響を与えられたことが何よりだ。実際、僕にとってすごく重要なことは、自分が広告にのめり込んだ理由でもあるんだけど、トゥルース・アカウントとか、重要だと思う運動に関われることなんだ」

　ケヴィンは昨年の秋、僕たちにオープンに語ってくれた。テーマは自分にとって大切なことを追求し、それを使っていかに交流を築いていくか、そして傷つくことを恐れないことがいかに重要であるかだ。

「デザイナーとしてスタートしていく頃、クライアントのプロジェクトに時間をたっぷりかけて打ち込んだよ。今もそれは変わらない。でもどうしても避けられない制約があるし、表現する最善の方法についてはクライアントと意見が違うこともある。向こうのアイディアの方が優れていることもあるしね。ある時自分で好きにやりたくなって、それがきっかけで『レモン』が生まれたんだ。その中で僕はデヴィッド・ボウイとか当時自分が夢中になっていたものを自由に何でも探求した。それをテーマに他の人たちも自分が好きなものを持ち寄って語り合うみたいにね。ポップ・カルチャーのオタクがイケてるものを求めるみたいに夢中で取り組んだよ。同じ志を持った人たちがそれを見て、同じ匂いを感じて、そこに自分も参加したくなるんだ」

自分が深く感銘を受けるものがあって、他の人もそう感じる。そういった人たちとのつながりは本物の絆だから、自信と努力と使命感が得られる。

ケヴィンは更にミュージシャンとしてこうした絆を探求した。彼は楽器をまったく弾かないのだが、ロサンゼルスのクレオパトラ・レコードと、ブラック・プラスチックという別名でエレクトロニック・ミュージックのレコード契約を結んだ。

「メロディは割と簡単に思いつくよ。構成も分かる。素晴らしいコラボ相手に恵まれているしね。それに音楽の場合、みんながそれに反応するかしないか、好きか嫌いかだからはっきりしている。音楽を聴く人たちは、言葉がなくてもつながっているんだ。ブラック・プラスチックとして、僕はダークな音楽を作りたかった。特別ゴス系の音楽に関心があるからではなく、世界が本当に暗い場だと思うし、僕にとって音楽は闇に対処する素晴らしい方法だからさ。音楽は総合的なものだろうけど、言葉はとてもリアルだし、音楽に込められた感情はものすごくリアルなんだ。そうやって音楽に魂みたいなものが込められたらいいね」

この章の当初のタイトルは「パフォーミング」だった。だが書き進めるにつれ、パフォーマンスはふさわしくないと思えてきた。

僕たちは絶えずパフォーマンスを行っている。仕事でも人間関係でもインターネットでも。だが偉大なパフォーマーが探し求めているもの、観客の中に作っているものはステージではない。

それよりずっと深いもの、それはみんなが信じているものを探求し、共に想像し、経験を分かち合うこと。ステージの縁に立ち、思いを歌に乗せ、客席の心からの声援を自分の耳で受け止めることなのだ。

プレイリスト

以下のライブ・パフォーマンスはアーティストが信じられないような空間を生み出し、自らと観客との体験を共有する。このプレイリストの締めの曲はこの章で紹介した他のアーティストにスポットライトを当てている。

グリーティングス・フロム・ザ・セクレタリー・ジェネラル・オブ・ザ・UN―ボイジャーのゴールデン・レコード

レディオ・ガガ（ライブエイド）―クイーン

エーオ（ライブエイド）―クイーン

グロリア（ライブ・アット・レッド・ロックス）―Ｕ２

アラウンド・ザ・ワールド／ハーダー、ベター、ファスター、ストロンガー（ライブ）―ダフト・パンク

ザ・ナショナル・アンセム（ライブ）―レディオヘッド

ノース・アメリカン・スカム（ライブ）―ＬＣＤサウンドシステム

キッキング・テレヴィジョン（ライブ）―ウィルコ

ラプチャー（ライブ）―ブロンディ

スクールズ・アウト（ライブ）―アリス・クーパー

ウィッシュ・ユー・アー・ヒア（ライブ）―ピンク・フロイド

ボーイズ―Ｍ．Ｉ．Ａ．

バッド・ハビッツ―マダム・ガンジー

もっと聴きたい！

ジョニー・キャッシュの『アット・フォルサム・プリズン』。１９６８年１月に刑務所内でレコーディングされた。キャッシュ自身が７度刑務所入りした経験があるせいか、彼と囚人たちとの間に流れるエネルギーと同胞愛が感じられる。

CHAPTER｜07

リミックス
組み合わせて新しいものを生む

「連中はこういう決まり文句で利益の追求に走る。『前にこれがうまくいったから、今後もこれでいくぞ』。会議室で俺はこう言うんだ。『いや、それは違う。必要なのは、新しいデザインとリミックスだ』ってね」

——ハンク・ショックリー

イノベーションの正体

発明とは独自の製品、サービス、工程を生み出すことであり、時代の節目に最も大きな影響力を持つ発明が生まれる。例えば印刷機、電球、アインシュタインの$E=mc^2$。

一方でイノベーション（革新）によって既存の製品やサービスが大きく変わる。イノベーションは今も僕たちの周囲で起きていて、そのほとんどは**既存のものを賢く組み換えて出来たものだ**。例えば次にある通り。

タクシー＋スケジュール・アプリ＋地図＝ウーバー
ラジオ＋曲のライブラリー＋プレイヤー・アプリ＝スポティファイ
クロワッサン＋ドーナッツ＋ディープ・フライヤー＝世界的に有名なクロナッツ

音楽業界でいうリミックスはサンプルと呼ばれる音の断片を使って、曲の中に新たなビート、テクスチャー、フレーズを組み立てることだ。アーティストは編集者及びクリエイターとして、他のミュージシャンの作品をじっくり聴いて、自分が興味を持った一部を拝借する。

掛け合わせて生まれたビートルズの名曲

サンプリングといえば主にヒップホップというイメージだが、実際にポップ・ミュージックで初めてそれを行ったのはビートルズだ。

１９６６年にライブでの演奏をやめて、リバプール出身の４人の若者は新たなサウンドの実験を始めた。ジョージ・ハリスンはインドで過ごした影響からシタールをスタジオに持ち込み、ミニマルなハーモニックで従来のシングルCコードからの逸脱を試みていた。

そしてプロデューサーのジョージ・マーティンは消去ヘッドを取り外したテープ・レコーダーを持ち込んだ。この機器でテープループを作動させると、テープは自動的にオーバーダブしてサウンドが飽和する。これに興味を持ったバンドは30を超えるループを作りだし、スピードを上げ下げしてテープを逆回転させた。アルバム『リボルバー』の「トゥモロー・ネバー・ノウズ」用に、4人はテープからのサンプルをオーバーダブするのだった。

5つのループが曲の中で聴こえる。録音したポールの笑い声の速度を上げてカモメのような鳴き声を作ったループ。メロトロンというエレクトロメカニカル（電気機械式）キーボードをフルートにセッティングしたループ。BフラットとCを交互に奏でたループ。オーケストラ・コードのBフラット・メジャーを録音したループ。上昇するフレーズを奏でるシタールを録音したループ。

マーティンは著書『ザ・ビートルズ・サウンドを創った男：耳こそはすべて』（吉成伸幸／一色真由美訳、河出書房新社、２０１６年）の中でこのときの制作過程について述べている。

ループはそれぞれ別のスタジオで再生され、技術者がループに鉛筆を引っかけてテープをピンと張らせたまま、ビートルズはミキシング・コンソールのフェーダー（訳注：ミキサーで各出力の音量を調整する部分）を操作した。8本のテープが同時に用いられて曲の途中で変わる。マーティンによると完成したミックスは、オーバーダブをランダムに行ったためにまったく独自のサウンドとなり、再現したくてもできないそうだ。

ポールはこのときの体験をこう語る。「僕たちはフェーダーを操作した。まだループという呼び名が生まれる前の話だよ。あの延々と繰り返すやつね。僕がフェーダーの一つを入れて……僕たちは半分デタラメに半分ちゃんと演奏し、それをマスター・テープのトラックに録音し、いいものが出来ればそれをソロとして使うつもりだった。僕たちは何度か通しで演奏して、テープを何本か変えた末にやっとこれだと納得いくものが出来上がったんだ」

その年のインタビューでジョージはこの曲について「これまで聴いたことがないような最も驚くべき作品」と呼び、ちゃんと耳を開いて聴かないと〝ひどいノイズの塊〟にしか聴こえないとも言った。ポールがこの曲をボブ・ディランに聴かせたところ、「なるほど、君たちはもうアイドルでいたくないってことだな」と言って立ち去ったのは有名な話だ。そして40年あまりが経ち、サンプルをベースにしたこの曲は今なお影響力を維持している。

『ローリング・ストーン』誌はこの曲をビートルズのベストソング・リストで18位に、『Q』マガジンは史上最も偉大な曲の75位に選んだ。

ミキシングに必要なもの

ビートルズは初期のサンプリングによって傑作を生んだが、現代のサンプリングにおいて、王様といえばハンク・ショックリーだ。

僕たちは第5章で彼を紹介したが、彼との話はプロデュースのみならず、サンプリング、リミックス、インスピレーションをどう形にするかにまで及んだ。

大事なのは周波数

ハンクはラップ、ロック、パンクをブレンドすることで知られている。また革新的で騒々しく、無調（訳注：主音などの中心音が存在しない音楽）で、いくつも音を重ねた〝ノイズの壁〟によって、サンプリングをアートに変え、一つのトラックに数十ものサンプルを加えることでも知られる。

「まず分かってほしいことがある。俺は音楽というよりも映画的な人間なんだよ」と彼は言った。

「俺の場合まず何をやるにもアイディアやストーリーが先にあって、そこから音楽にも向かうってわけ。音楽だってアイディアがないとね」

コンサート・ピアニストだった母親から音楽理論を教わった彼にとって、理論は応用を生み出す元なのだ。曲を作るとき、まず思いつくのはストーリーなのか、それともムードやフィーリングなのか、そして様々なソースからどうやってストーリーを組み立てていくのか聞いてみた。

「リバース・エンジニアリング（訳注：機器を分解、観察して構造を分析すること）みたいなもんさ。まずアイディアがあって、そのアイディアから更に別のアイディアやサンプルのために必要なものを探求していくんだよ。どんな場合でもムードが必要だ。俺にとって音楽は、ベース、ドラム、シンセ、ギターなんかの楽器じゃない。**大事なのは周波数なんだよ。周波数があってそこに色を付けていくのさ**」

ハンクが言っているのは、カニエ・ウエスト、スティーヴィー・ワンダー、メアリー・J・ブライジ、ロード、ファレル・ウィリアムスら多くのミュージシャンが言うような共感覚（＊音などに色を感じること）とは違う。彼らの場合、味覚に風味を付けていくように音符が視覚に色を付ける。彼が言っているのはもっと深く感情に根差した感覚で、それは誰でもアクセスできる。

「視覚域や聴覚域は、互いが反響し合っている。周波数が同じなんだね。だから**アイディアとは周波数をミックスしてマッチさせ、自分の望む感情を呼び起こすことなんだ**。みんなから聞かれるよ。『どうやってこんなサンプルを思いつくんだ、どうやって決めたんだ』とかね。どうして素材としてあっちよりこっちを選んだかというよりは、サンプルやサウンドにフィーリングがにじみ出るんだ。サウンドが何を伝えていて、それが3次元レベルで伝わっているかを念頭に置く。そうやってこのプロジェクトはこのサウンドで行こうみたいに決まっていくんだよ」

はじめにバイブスありき

彼がこうしたプロセスの第1ステップを語るとき、思い出されるのは、ボブ・クルーと曲のタイトルを出し合いながら決めていくデズモンド・チャイルドのやり方だ。「俺たちはアウトラインから始めて、チャックDがタイトルだけをボードに書き出していた。いろんなタイトルをね。それから一緒にタイトルを見て、それらに共通する中心テーマを見出す。そこからプロジェクトをどう進めていくか、どう伝えていくかを絞り込んでいったんだ」

僕たちはアイディアとイメージのどちらが先でもうまく行くのか聞いたところ、彼は違うときっぱり否定した。

「**アイディアが浮かんで、それにフィットするものをこじつけようとか、そういう観点でやったことはない**。俺に言わせればそういうのって疑わしいね。それだとある段階から抜け出せなくなる。俺はそうはなりたくない。**俺が最初に求めるのはバイブス（バイブレーション）なんだ**。バイブスを感じたら自然とストーリーが生まれる。けど同時にいろいろと調整しなくちゃいけない。状況だとか、周囲で起きていること、ストリートレベルで起きていることとか、現在の出来事でも歴史的な出来事でもね。こうしたエネルギーすべてを取り込んで、そこに精力を傾けるんだ。すると求めていた周波数に出会えるってわけ」

才能をリミックスする

これを高いレベルで成し遂げるために、ハンクは自分の持ち味を徹底的に知り尽くし、ありとあらゆる機材を使って、できることとできないことまで精通する必要があると考えている。機材の限界を知って、それを障害や立ち止まるポイントと考えるのではなく、それをきっかけに機材を使ってできることを広げていけばいいのだ。

「笑っちゃうよね。新しい機材が手に入ると、たっぷり時間をかけて実験とか研究開発の段階に浸るんだ。ゆっくりと時間をかけてね。一晩でいいアイディアが浮かぶことはない。ぱっと閃いたりとか、そんなにうまく行きはしない。機材を徹底的に調べて、できることとできないことを知るんだ。それって機材だけじゃなくて、自分にも当てはまることだ。憧れのミュージシャンになれなくたって落ち込まずに、自分の持ち味を最大限に生かせばいい。自分の長所と短所を知ることだね」

ハンクはこの方法論を自身のバンドやコラボにも応用した。サンプルを切りばりしてリミックスするが、人を相手にするときはその人よりも環境作りを心がけた。

「プロデューサーとして、自分の望む相手を担当するなんて贅沢は言っていられない。大体はたいしたことないアーティストを任せられる。するとそいつらの言い分は『あんたはヒット・メーカーだから、うちのアーティストにヒットを作ってくれ』だよ。それが間違ってる。そんな安易な考えじゃうまく行くわけがない。俺はこう考えるんだ。『このアーティストでこれまでと違うことをやろう、アーティストがやったことのないものをやるにはどうしたらいいか。**こいつの長所を利用して、短所を隠すにはどうしたらいいか』ってね**」

音だけでなく才能をリミックスすることだってできる。彼はR&Bのエネルギッシュなグループ、ニュー・エディションの元メンバー3人について語ってくれた。

ボビー・ブラウンがニュー・エディションを脱退したのに続き、1989年に3人はグループを離れた。ハンクはグループのバックアップシンガーだった彼らの手助けを依頼される。リッキー・ベル、マイケル・ビヴィンズ、ロニー・デヴォー。今回は厄介な仕事を引き受けてしまった。3人の誰もリード・ボーカルを担当したことがなかったのだ。

「最初に思ったのは、どうして3人の中にボビー・ブラウン、ラルフ・トレスヴァント、ジョニー・ギルがいないんだってことだ。リード・ボーカルが欲しいけどそうは言っていられない。そこでまず3人に尋ねたんだ。君たちの長所と短所は何だって。リッキー・ベルは声の調子やハーモニーを維持できる。マイケルとロニーはバックシンガーとしての方が向いている。リード・ボーカルが必要だったが、3人でそのギャップを埋めることができたんだ」

ハンクはリミックス・プロジェクトに挑んだ。マイケルとロニーにはラップをやってみてくれと言って、リッキーにはボーカルに集中させた。それが功を奏した。グループはベル・ビヴ・デヴォーとなり、デビュー・アルバムから2枚のシングルがどちらも『ビルボード』誌で3位になった。それぞれの強みを生かすことで、グループはニュー・エディションをしのぐ成功を収めることができたのだ。

もう一つのリミックスの例として、更に高いハードルに挑んだのが、ラッパーでプロデューサーであるアイス・キューブのデビュー・スタジオ・アルバム『白いアメリカが最も望むもの』に取り組んだ時だ。１９９０年当時、東海岸と西海岸ではスタイルがかなり違っていた。東海岸はスピーディーで好戦的、西海岸はもっとメロディアスだった。

「両者は基本的に住む世界が違っていた。当時、東海岸のアーティストと西海岸のアーティストは互いを良く思っていなかったんだ。俺たちは西海岸からアーティストを招いて、彼のサウンドで本物のレコードを作ろうとした。同時に東海岸の繊細な部分も加えてね。両者が融和し、その架け橋となるレコードをどうやって作ったと思う？」

「インテリジェント・デザイン（訳注：宇宙や自然界のシステムは何らかの知性によってデザインされたものであるという思想）、そこに何もかも集約されている。周波数と3次元を利用して初めてそれができるんだ」

ツールはそろっているのにリミックスが足りない

ハンクが僕たちに繰り返し言っていたことの一つは、**新たなものを生み出すために必要なツールは何もかもそろっている**ということだ。でも肝心の周波数を活用できないと、選択を間違えてしまう。あるいは手に入れた素材とほぼ同じ作品を作ってしまう。ハンクは音楽でもビジネスでも、絶えず壊し、刷新する。

「俺が学んだのは経済学で、学校で音楽を勉強したことがなかった。そこで気付いたんだが、クリエイティブな世界はビジネスの世界が分かってないし、ビジネスはクリエイティブな人間のことが分かってないんだ。音楽には締め切りもタイムラインも関係なくて、好きにアイディアを活用して、膨大な素材を駆使して作品を作っていけばいい。ところがビジネスの世界は逆だ。締め切り、時間、数字の世界。だから俺はミュージシャンとエグゼクティブの双方の立場で語ってこれたってわけさ」

「ビジネスが何を求めているかといえば、利益だ。だが利益の追求になると決まって『以前にこれがうまく行ったから、これからこれで行こう』ってことになる。俺は会議室でこう言うんだ。『ダメだ、そんなの間違ってる、探すなら新しいデザインとリミックスだ』ってね。前と同じだったら、あらかじめ用途が決まった機械みたいなもんだ。だから言うよ。『ただそっちの指示に従うだけじゃ機械みたいだ。まったく違うことをやりたい。ただし着地点は変わらないよ』とね。そうやって新しいコンセプトとアイディアを考える。今はツールはそろっているのに、そのリミックスが足りない。

ちゃんと深く考えて作ってないんだ」

ストーリー、ムード、深いバイブスとつながる方法が湧いてくると、ハンクは頭の中にある素材を引っ張ってくるだけではない。敢えてオープンにして外部の意見を受け入れ、共感する。

「俺が謙虚でいるのは、すべてに畏敬の念を抱いているからだ。何に対してもファンになるよ。相手の感じていることを知りたいんだ。**いいプロデューサーになるには、アーティストやプロジェクトの懐に飛び込むしかない。そうやって俺は相手との絆を作る。**外から冷静に見ると、みんなが何をやろうとしているのかが分かるよ。そのエネルギーを活用して、伝えたい自分のアイディアを具体化することで、そのアイディアは正直で真摯なものになるんだ」

シンセサイザー誕生物語

リミックスして統合することはミュージシャンのスキルであり、同時に起業家にとっても必要なスキルだ。別個の情報から共通点とパターンを見出し、様々な要素を統合させる力によって、発明とイノベーションが生まれる。

アップルの最初のマウスはユーザーのインターフェイスに脱臭剤のローラーボールを応用したものだ。ガソリンスタンドの給油サービスは、ＡＴＭのインターフェイスと野外の自販機を合体させたものだ。

黎明期

音を統合（シンセ）する〝シンセサイザー〟といえば、思い浮かぶのはステージにあるヤマハの電子キーボードか、地下室に眠るホコリをかぶった機種だろう。最初のシンセサイザーは、フランスの発明家エドゥアール・クプルーとジョゼフ・ジブレが１９２９年に作った、電子音発動機とシーケンサーを組み合わせたものだ。

アメリカの特許局によると、２人は開発したこの機器に〝The Automatically Operating Musical Instrument of the Electric Oscillation Type（電気オシレーションタイプの自動操縦機器）〟と名付けた（頭文字を取った〝AOMIOTEOT〟は覚えたり発音するには難しかったため、一般にはクプルー／ジブレ・シンセサイザーと呼ばれた）。その技術はコンセプトこそ単純だが実行するとなると複雑で、電子音を穿孔テープによって機械的に制御するというものだ。

〝シンセサイザー〟という言葉は１９５６年にＲＣＡエレクトロニクスが自社のマーク１パンチカード・モデルに使用したのが始まりで、これを開発したのはアメリカのエンジニア、ハリー・Ｆ・

オルソンとハーバート・ベラーだ。だが今日知られるシンセサイザーが楽器として世に出たのは１９６０年代、ボブ・モーグという人物の画期的な仕事の成果だった。

ボブ・モーグによるリミックス

１９６０年代は実験にあふれた時代だった。アート・フォーム、共同生活、サイケデリックなドラッグ、新たな形の宗教。誰もが至る所で、歴史的な偏見や思い込みから距離を置き、自由にものを考え、あらゆるカルチャーが新しいものを探求し、それを取り入れ、再構築することにオープンだった。

モーグはエンジニアと物理の専門家だった両親の間に生まれた。10代の頃、彼はテルミンという電子楽器に夢中になった。不釣り合いなアンテナが付いた小型の木製ラジオみたいなこの楽器は、初期のＳＦやホラー映画の不気味で幽玄な音響効果を出すことで知られる。動かしにくい楽器だから、扱いが難しくマスターするのはまず不可能だ。

成人して、モーグはニューヨークの北にミュージック・ショップを開き、ミュージシャンが訪ねてくると、簡単にテルミンを指導していた。ある日、店を訪れたビーチ・ボーイズのブライアン・ウィルソンに、モーグはテルミンの弾き方を教えた（「グッド・バイブレーション」を聴けば、ああ、あれかと気付くだろう）。試しに演奏したウィルソンは、テルミンをポップ・ミュージックに欠かせないものにするには、ギターみたいなフレットが必要だとモーグに言うのだった。

1950年代終わりになって、モーグは間に合わせに作った実験室であらゆる素材を試し、遂にたどり着いたのは、1920年代の機械に残っていた長いリボンコントローラーだ。この音を出すならここに手を置くように指示するマーカーが付いていた。それから1963年、モーグは作曲家のハーバート・ドイチュに会い、キーボード付きの電圧制御型の振動器とアンプ・モジュールを組み合わせてはどうかと言われた。結果生まれたのが、電圧制御型のシンセサイザー、音の周波数から音楽を作る初期モデルだ。

キーボードを付けたモーグは、ピアノ、チェロ、稲妻など様々な音、つまりモジュールをまだ作っていなかった。だが可能性は無限にある。後はキーボードを叩いて、ちゃんとした音が出るまであれこれ試すだけだ。

賞を獲得したドキュメント『モーグ：ドキュメンタリー・フィルム』の中で彼はこう語っている。

「『自分が思いついた』と考えるのは傲慢だろうね。実際は**心をオープンにして、そこにアイディアが入ってきたんだ**……。発見と目撃の中間みたいな経験だね」

デヴィッド・フレンドによるリミックス

モーグのような発見をした人は、他にもいる。シンセに取りつかれた2人組がアラン・パールマンとデヴィッド・フレンドだ。2人は１９６９年にＡＲＰインストゥルメントを共同設立し、たちまちスティーヴィー・ワンダー、ザ・フー、レッド・ツェッペリンらから支持された。

現在クラウド・ストレージのスタートアップ企業Ｗａｓａｂｉ（ワサビ）のＣＥＯであるデヴィッドは、イェール大学で作曲を学んだが、卒業後にこれでは食べていけないと感じて、電子工学の大学院に進むのだった。

「僕は昔からテクノロジーのオタクだった。子供の頃は電波無線が好きで、いつも電気系のものを組み立てていた。結果的に分かったのは、会社を立ち上げるのは、作曲するときと同じ感触なんだ。どちらもたとえて言うならば、白紙の状態から始まるっていうことだね」

デヴィッドによると、ＡＲＰを始めたとき、シンセは世間的には新しい存在で誰も使い方をあまり知らなかったそうだ。いろんなパフォーマーが演奏するのを聴くと胸が躍ったと言う。「スティーヴィー・ワンダーが２６００を弾いたり、ハービー・ハンコックがオデッセイを弾くのを聴くたびに、素晴らしいと思った。スティーヴィー・ワンダーが初めてシンセのレッスンを受けたのは僕のオフィスだったんだよ」と彼は無邪気に語る。

だが誰も聴いたことのないレンジの音があるとはいえ、使い勝手には疑問が残った。シンセは楽器というよりスタジオの装置みたいだった。重くて壊れやすい電子機器で、使い勝手や耐久性、ステージでの移動などを考慮して設計されたものではなかったのだ。

構造的にも、ミュージシャンはパッチ・コードの扱いに苦労した。パッチ・コードは入出力をつなぐケーブルで、モジュール・シンセでは電気のコントロールから音声の送受信まで多岐にわたる。このケーブルがシンセにたくさん付いていたため、まるで多彩な色のスパゲティが盛られているみたいだった。

誰からもクレームは出なかったものの、デヴィッドはこのままではダメだと考えて、策を練った。

「２６００のユーザーがステージでパッチ・コードの扱いに苦慮しているのを見て、僕は『パッチ・コードを全部取ってしまおう』と言ったんだ。誰も言わなかったことだよ。パッチ・コードのないシンセなんて誰もリクエストしてこなかったし、誰もそんなことができるなんてイメージできないよね。でも発明なんてそんなものさ」

こうした全体像、つまり文脈、テクノロジー、ユーザーを見る力、共通の需要を見抜いて次に何をすべきなのかを予見する力があったからこそ、初期のＡＲＰ以降デヴィッドは７つの企業を起こすことができたのだ。

「多くのエグゼクティブは、顧客の声を聞いて、彼らの要望を聞き出せば成功すると思っている。僕はそうは思わない。**顧客に要望を言ってもらうだけなら、バックミラーを見ながら運転するようなもので、前を向いていない**。みんなが予想できる以上のものを作らないとね。みんなに見えてからでは、もう遅すぎるよ」

そこで必要なのがデヴィッドやハンクみたいに、周波数を感じ取ることなのだ。

異文化のリミックス

バークリーとＩＤＥＯの挑戦

ビートルズ、ハンク・ショックリー、ボブ・モーグ、そのいずれも自由な発見の精神、感情移入、技術を使ってリミックスを成し遂げた例だ。そこから一つの共通した視点が浮かび上がってくる。それは**どの意見も等しく重視する**ということであり、僕たちはこれまでの仕事、起業家として活動していく中でこれを垣間見てきた。

そして最近それを実感したのは、アラブ首長国連邦（ＵＡＥ）において僕たちの会社と学校がコラボしたときだ。パノスはバークリー・アブダビ校を立ち上げ、マイケルの同僚たちはドバイにパームウッドという、ＩＤＥＯとＵＡＥ政府省庁をマッシュアップさせたような創作スタジオを開発した。

いずれのケースも、共通の目的によって提携がなされ、そこには中東と西洋の文化をサンプリング素材としてまったく新しいものを生み出そうという狙いがある。

バークリーのリミックス

時計の針を巻き戻すが、バークリーが１９４５年に設立されたとき、そこはコンテンポラリー・

ミュージック、つまり同時代の音楽を教えるカリキュラムを用意した世界初の音楽学校だった。従来の保守派は学問としてジャズ理論やパフォーマンスを教える新進のプログラムを一笑に付したが、このアイディアは画期的で時代の波にも乗っていた。何せアメリカ軍が第二次大戦から帰還してジャズ・バンドに仕事口を見つけようにも当てがない時代のことだ。４年後、大学は５００人を超える生徒を抱えることになる。

その後数年間、バークリーは現代音楽教育の定義を押し広げていった。教育機関としては初めてエレクトリック・ギターを楽器として認め、サウンド・デザイン、作曲、映画のスコアの専攻を取り入れ、シンセサイザー、ターンテーブル、デジタル電子モジュールを楽器として指導したのだ。大学に入れば目標は常に開かれており、常に何らかの機会が待っている。

こうした機会を追求しながら、僕たちはアート・フォーム、音楽的伝統、テクノロジー、機関のコネクションを広げ、革新、コラボ、コミュニティを追求する世界的なネットワークを作るに至った。ボストン、ニューヨーク、スペインのバレンシアにキャンパス、施設、センターを設置した僕たちは、２０１８年に中東を視察した。

僕たちの目標は、分断した人たちをつなぐ新たな芸術表現をサポートするために、連絡網のある教育コミュニティを作ることなのだから、アラブ諸国や中東の文化を無視する理由はない。

アブダビの文化観光省と会談するに当たって、パノスの相手を務めたのは議長のムハンマド・カリファ・アル・ムバラク大臣だ。アル・ムバラクはアブダビで生まれ、ボストンのノースイースタン大学で経済学と政治科学を専攻した。彼の任務は、教育プログラムに携わり、国内の映画を支援し、不動産を通じて都市網を築くことであり、アブダビの皇太子であるムハンマド・ビン・ザーイド・アール・ナヒヤーンに状況を直接報告する。

パノスが聞かされたのは、文化観光省がすでにルーブル美術館とグッゲンハイム美術館、ニューヨーク大学の付属機関、建築家ザハ・ハディド設計のパフォーミング・センターを、サディヤット島文化区域に設立していたことだ。

またＵＡＥの出資により、４万２０００平方フィート（約３９００平方メートル、約１１８０坪）のパビリオンが２０１０年の上海エキスポで紹介されていた。エキスポが終わると、ステンレス鋼を２万４０００個に解体して海を４０００マイル（約６４３７キロメートル）渡り、現場で組み立て直した。だが建物は完成したものの中身がまだで、文化観光省はアブダビの若者に音楽、ダンス、演劇を指導してくれる組織との提携を求めているところだった。

バークリーに白羽の矢が立ったのは、ＵＡＥ政府の目的が若者たちの創造性を築くことにあったからだ。他の学校がダンス、音楽、演劇を指導する際の基にするのは、既存の音楽に対する従来通りの解釈であるのに対し、バークリーは先進的で、アートによってまだ誰も作ったことがない現代的な表現が可能だと考えている。

こうした視点はアブダビのリーダーたちと同じだった。ＵＡＥが共感したのは、誰かが作った作品をパフォーマンスするように指導するなどの、西洋的な音楽指導を押し付けないバークリーの指導だった。僕たちはすでにあるものを土台にして、アラブの若者たちが自分なりの表現を見つけ、それを世界に伝えてほしいと考えている。僕たちが中東と北アフリカ地域の卒業生たちとこうした仕事をしてきたことが提携の大きな後押しになった。

1人だけ例を挙げさせてもらうなら、トルコ系アメリカ人でバークリーの卒業生でもあるパイナー・トプラク。彼女は映画、テレビ、ビデオゲームの作曲家で、国際映画音楽批評家協会賞を2度受賞し、大ヒットした映画『キャプテン・マーベル』を最近担当した。スーパーヒーローの大ヒット映画の音楽を担当する作曲家として女性では初めての快挙だ。

2019年4月、パノスは文化観光省のリタ・アブド・アウンからこう聞かれた。「2020年初めまでにセンターの準備ができますか?」。パノスの返事は正直で説得力があった。「そちらで建物を用意してもらえるなら、全力を尽くすことをお約束します」

2020年1月、センターがオープンする1カ月前、パノスは敷地を回って視察した。建物は改築されており、パフォーマンスのスペース、レコーディング・スタジオ、リハーサル・スタジオ、練習ルーム、アンサンブル・ルーム、マルチメディア・テクノロジーの実験スタジオが加えられていた。この視察の際、パノスはムハンマド・アリ・ムバラク陛下、ムハンマド・ビン・ザーイド首長と会談した。首長が穏やかな語り口で、話にしっかり耳を傾け、建前がなく、しかも衣服の下には質素で実用的な上履きを履いていたことにパノスは驚き感激するのだった。

首長が推し進めているのは彼の祖父のビジョンだ。祖父はＵＡＥの設立者で、この国で石油が発見される前から始まった50年に及ぶ戦略によって、文化を教育手段として用いながらベドウィン族を現在の国家繁栄の中心へと変えた人物だった。

会談中に、首長は子供向けの音楽について、それがどう子供たちの人生に影響するのか尋ねた。会談の中で彼は携帯電話を取り出して、彼の2人の娘がイディナ・メンゼルのヒット曲で、ディズニー映画『アナと雪の女王』の挿入歌「レット・イット・ゴー」を歌うビデオを見せてくれた。パノスにも2人の娘がいるので、パノスはこの曲の歌詞を一語一句覚えていた。このように僕たち3人は生い立ち、経験、文化もバラバラだが、娘たちの好きな曲は同じでそれを同じように歌っていたのだ。

1カ月後、バークリー・アブダビ校の開校の夜、僕たち全員がオープニング・コンサートに出席すると、そこは目を見張る光景だった。ステージに立つバンドのメンバーは、アラブ首長国、レバノン、インド、ヨルダン、メキシコ、フランス、アメリカ、日本のミュージシャン、そして前に紹介した伝説のギター・ヒーローで発明家のスティーブ・ヴァイだ。人と文化の驚くべき融合がなされ、全員が同じ曲を歌い、客席の若者たちに自分たちで曲を書くように促すのだった。

僕たちの特に忘れられない瞬間が訪れたのは週末のことだ。僕たちは友人で同僚のステファン・ウェッバーがそのときに撮った写真を持っている。彼はバークリーのニューヨーク・シティ校のエグゼクティブ・ディレクターで、ターンテーブルのクラスを教えている。テーブルに集まったのはインドのサリー、西洋のガウン、イスラム教徒が頭を覆うヒジャブを身に着けた女性たちだ。その姿に僕たちは心打たれた。アブダビの多くの若者たちにとって、アートを通じて自分の意見を表現し自分のことを語り、それを世の中に示すことができるのは、今回が初めてだろう。

何千年もの間、多くの女性たちは自分の声を使って日々の生活で生まれた自分の経験を言い表すことができなかった。音楽やテクノロジー、文化を通じて、彼女たちは新しくて素晴らしいものを世界と共有することができるのだ。

ＩＤＥＯのリミックス

ＩＤＥＯも最近、ＵＡＥでバークリーと似たような経験をした。

近年、ＩＤＥＯのクライアントにはプロジェクトに対して同等の立場でコラボを求める企業が増えている。これはクライアントがＩＤＥＯに難題を丸投げするこれまでのプロジェクトベースからの大きな変化だ。

そこでＩＤＥＯは〝ラボ〟という、ＩＤＥＯとクライアント双方のスタッフによる総合的なデザイン・チームを結成した。これこそマッシュアップであり、その例としてフォードとＩＤＥＯ、三井物産とＩＤＥＯ、ターゲットとＭＩＴとＩＤＥＯによるチームがある。ＩＤＥＯは自由なコミュニケーションと融合を昔から信じ、こうしたチーム作りが次なるステップとなった。

　バークリーと同様に、ＵＡＥにおけるＩＤＥＯの仕事もドバイを拠点とする政府との提携だ。クリエイティブな組織であるパームウッドはムハンマド・アブドゥラ・ゲルガウィのビジョンで始まった。彼はシェイク・ムハンマド・ビン・ラーシド・アール・マクトゥーム殿下事務局長、ＵＡＥ閣僚会議未来省大臣の肩書きを持つ人物だ。その肩書きだけからも彼が大きな責務を抱え、大きな尊敬を得ていることが分かる。

　２０１６年、世界政府サミットでゲルガウィは壇上でこう語った。「私たちは危険な近隣諸国に囲まれ、原理主義と過激思想が迫っている。この原理主義に立ち向かうには、これまでと根本的に違う創造の形を持たねばならない」

　そこで以下のビジョンを体現するべく生まれたのがパームウッドだ。10代の若者たちのアイディアを真剣に受け止め、彼らの創造性を高めたらどうなるかという問いを基に未来のＵＡＥを築くこと。こうしたイニシアチブによって、ＵＡＥを世界で最も創造性に富んだ国にしようとする多様な政府プロジェクトを築くこと。そのためにコミュニティ間の対話を活発にし、ビジネス、アーティスト、起業家に対して未来の創造的な経済を築く権限を与えようというものだ。

　このようにアラブの人たちの好奇心、寛大な心、創造力という刷新可能な資源を広げていくために生まれたパームウッド。それが扉を開いた日から、ＵＡＥとＩＤＥＯは食料確保、教育、年齢差別、心の健康という課題に取り組み、国内に新たなプログラムと政策をもたらした。これは2つのまったく異なる文化、マインドセットを融合させようという試みで、一方が政府でもう一方がデザイナー、一方が中近東でもう一方がカリフォルニアという一見相いれない取り合わせだ。

カリフォルニアといえばカウンターカルチャー発祥の地であり、たまたまＩＤＥＯ誕生の地でもある。カリフォルニアの楽観性と中近東の厳格さを融合させて、国家全体を作りかえたらどうなるかを、僕たちはこの目で見たかった。

著者のマイケルが初めてドバイを訪ねたとき、文化的影響がモザイクのように出来上がっていることに驚いた。アラブならではのものにも出会えた。砂漠、暑さ、砂、唸り声をあげるラクダ、これらすべてがテネシー州で育った彼にはまったく新鮮だった。

だが一方で著名な建築家によって新たな幹線道路や電気自動車などハイテクな都市も築かれていた。世界一高い高層ビル、ブルジュ・ハリファの陰にモスクがある。夜ともなればレーザーによるショーが始まる。豪華な店に囲まれた巨大な水族館にクジラやサメを見物しようと入ると、警備ロボットが出迎える。すでに文化の融合がなされていたのがまさに見て取れた。

マイケルのケンブリッジ・スタジオから派遣されたミッチ・シンクレアは、パームウッドのチーフ・クリエイティブ・オフィサーであり、ＩＤＥＯのエグゼクティブ・デザイン・ディレクターだ。ドバイに行けば、白と黒のコントラストが鮮やかなシース型ドレスを身にまとい真っ赤な口紅をした彼女の姿にお目にかかれる。彼女は外見も中身も大胆だ。

僕たちはこうしたパームウッド内の文化の融合についてミッチに話を聞いた。ＩＤＥＯチームと政府役人というまったく異なった素性の人たちが集まったチームについてどう感じるかミッチに尋ねたところ、彼女は顔を輝かせてこう答えた。

「私たちが惹かれ合ったのは、例えば互いに現状維持に満足しないところ。ベドゥインの文化は移りゆく砂漠の生活から生まれた。毎朝目を覚ますと前日とは形が変わっている砂漠での生活は、文字通り毎日違う場所にいるようなもの。デザイナーの中にも似たようなマインドセットがあるの。『次はどうなるか分からないけど、冒険して試してみよう、何か新しいことをやろう』みたいなね。良かったのは、共通点はたくさんあるけど、それをドロドロした粘土の中で混ぜ合わせなかったこと。『皆さんは皆さんのことを、私たちは私たちのことをこなして、新しいものを作っていきましょう』と私たちは言ったの。**混ぜることじゃない。私たちは教えることがたくさんあるけど、教わることもたくさんあるという認識だった。そこには謙虚さがあるのよ**」

エッジ・エフェクト

このリミックスに対するマインドセットが功を奏した例として、２０１９年に遂行されたあるプロジェクトを紹介しよう。パームウッドが採用したすべてのイニシアチブ同様、そのミッションは共同で生み出されたものだが、当初のアイディアは、原理主義に代わる別の物語としてイスラム信仰の利点と美に光を当てる物語を作ることだった。僕たちがこのアイディアを若いイスラム教徒たちと検討していたとき、彼らは異を唱えた。

僕たちはこう言われた。「皆さんに分かってほしいのは、社会を分断している根っこと社会にはびこる幻想です。誰もが閉じられた世界に住んでいます。キリスト教徒はイスラム教徒を恐れ、スンニー派はシーア派と分け隔てられ、自由主義者は保守派と戦い、国家は内政へと引きこもっています。そんな中で次世代の若者は、つながりと独立を深める世界の中で、自分のアイデンティティと信仰を守っていこうとしているんです」

今の言葉でミッチは**エッジ・エフェクト**のことを思い出した。これは著名なチェロ奏者のヨーヨー・マが自身の慈善芸術団体、シルクロード（元シルクロード・プロジェクト）の使命として盛り込んだアイディアだ。

生態系におけるエッジ・エフェクト（エッジ効果）では例えば、森林が平野と出会い、新たな生息環境を生み出す。これをヒントに生まれたアートにおけるエッジ・エフェクトは様々な文化の最高のものを融合させ、新たな文化を作るべく活動している。ヨーヨー・マはこれを音楽で実践していて、これは他のクリエイティブな表現にも応用できるかもしれないとミッチは考えた。

手始めに、パームウッドのチームはまさかという人たちを集めたディナー・パーティを主催した。例えば、イスラム教徒の女性が10代の娘と祖母と一緒に参加し、キリスト系アメリカ人、ＵＡＥのリーダー、アーティスト、ラビという面々がそろっている。

パーティではアイデンティティ、信仰、属性などUAEでは滅多に話題に上ることがないテーマについてサークルの枠を越えて、質問が飛び交った。各イベントが速やかに展開し、次はうちで集まりましょうなどといった招待客同士の密な情報交換で終わった。

ミッチは僕たちにその後開かれた有機的な集会の写真を見せてくれた。UAE、イスラエル、ケニア、アメリカ、日本、それぞれの国の5人の女性が小さなアパートのテーブルに腰掛け、信仰やアイデンティティについて真摯に話し合い、話を共有し、共通の基盤を見出しているのだ。

ファンデーション

対話のみならず一緒にものを作るために、新たな場を設けることが必要なことは言うまでもない。こうした様々なアイディアをミキシング、あるいはリミックスするためだ。

この種のマッシュアップを導くために**ファンデーション**というコンセプトが生まれ、ミッチはIDEOのパートナーたちと共にこれを開発するチームを集めた。

ミッチは言う。「カリフォルニアとボストンのデザイナーがこのファンデーションを理解していないことは初めから分かっていたわ。彼らはただ見解を述べるだけで、その地域に対する配慮がまったく欠けていた。だから私たちは様々なパートナーを用意したの。1人はUAEの若い写真家。サウジの資料デザイナーとか、スペインのビデオ制作会社のＲａＰａＰａｗｎ（ラパポーン）とも活動していた人よ。私たちは彼らに対して、政府の働きかけとか〝宗教の枠を越えた〟という名ばかりの試みとは違った、世界の若者に響くようなものを作ってと頼んだの。（彼らのファンデーションが展開する）０８０ブランドでは、生々しくエッジが利いて、グローバルで、若々しいスタイルが感じられる。中近東で生まれながら、中近東だけのものじゃない。アラブ世界から他の世界への贈り物で、『ほら、僕たちはこんなこともできる』ってメッセージを添えているみたいなの」

　視野が広がるにつれ、チームも拡大し、ヨルダン系カナダ人建築家、トルコのデザイン研究家、ミネソタのグラフィック・デザイナー、第一世代のインド系アメリカ人のビジネス・デザイナー、シリアのコピーライターらが招かれた。チームは新たに生まれるファンデーションの使命を具体化し、アラブと西洋のデザインのエッジを融合させて新たな文化を築いていった。

　ミッチはサンクチュアリーズと呼ばれる、異なった宗教間のアート・コミュニティとも一緒に研究していた。

「違った考えを持った2人が近づくと、〝反発〟の態度がしばしば生じるけど、他の人と何かを生み出そうとするとき、一線に並ぶことによって〝一方向〟の態度が生まれる。私たちはただ話し合うのではなく、一緒に何かを作り、新しいプロジェクトを生み出し、新たなサービスを生み出そうとしている。共通の方向にエネルギーが向いている感じね」

　パームウッド、あるいは０８０ファンデーションの仕事を見ると、誰か1人の作品とは到底思えない。それがリミックスの美しさだ。

様々な源を継ぎ目なく統合させて新たな全体を作りだす。曲を聴くときがそうだが、個々のパートを聴き分けられても、他のパートと一緒に聴かなければ、真に味わうことはできない。

自然とテクノロジーのリミックス

ビョークのバイオフィリア教育プロジェクト

第1章で、ビョークが感情のつながりに耳を澄ませることで、２００８年の金融危機の際、投資会社と協力して祖国を助けたことを紹介した。

その後、このアイスランド出身のシンガーは、音楽と自然とテクノロジーの融合という独自のビジョンを教育にもたらした。科学者、アプリの開発者、ライター、発明家、楽器製作者、他のミュージシャンらと組んで、彼女はバイオフィリア教育プロジェクトという、マルチメディアを使って宇宙と自然、原子から宇宙までを探求するプロジェクトを創設したのだ。

プロジェクト名は彼女の２０１１年のアルバム『バイオフィリア』にちなんでいる。スタジオ・アルバム、ｉＰａｄ向けのアプリ・アルバム、ライブ・ツアー、教育ワークショップを含むマルチメディアのプロジェクトとしてリリースされたアルバムだ。全10曲の歌詞はどれも科学的テーマを歌っている。例えば「クリスタリン」は結晶（クリスタル）の構造の複雑さがテーマで、器楽編成にそれが反映されており、「ヴァイルス」ではヴァイルス（ウィルス）の増殖さながらにフレーズが重ねられ繰り返される。

「私にとって音楽と自然との境は曖昧なの。2つはほぼ一緒だから」と彼女は語った。「プロジェクトのテーマはサウンドを徹底的に追求し、自然の中での音の営みを祝福することなの」

プロジェクトのアプリは10個のモジュールで構成されている。収録曲ごとに作られた各モジュールではコード、音階、アルペジオ、対位法などの音楽理論を少し取り入れ、それを科学的現象と結びつける。その目的は素朴で身近な自然体験と結びつけることで音楽理論の複雑さを解きほぐそうというものだ。

アプリを開発する際、ビョークはサウンド・エンジニアとの作業で以下の問いを念頭に置いた。インターフェイスはどのくらい使い易いか、インターフェイスはソフトウェアとしっかり統合するか。

最終的にチームは、既に定評があり若者たちにお馴染みのテクノロジーを使って行こうと決断した。それはタッチスクリーンだ。両手を使ってユーザーは曲にちなんで付けられた惑星を飛び交い、楽譜をスクロールするとスコアが表示され、音をベンドすれば曲自体が調節され、クリックすれば音楽について学んだり曲作りもできる。

「『ヴァイルス』は細胞を食い尽くして破壊してしまうウィルス（ヴァイルス）についての歌。インタラクティブなゲームでは、ユーザーが細胞に侵入した病原をスワイプして追い払うけど、ゲームでは負けるが勝ちなの。細胞を死なせないと曲が最後まで聴けないから。アルペジオについて教えてくれる『サンダーボルト』のアプリでは、サンダーボルト（稲妻）のアイコンをタップしたりスワイプしたりすればベース・ラインを更に際立たせることができる」

ツアー中に、ミュージシャンとスタッフたちは演奏した地元のアート・センターで教育目的のワークショップを立ち上げた。10歳から12歳までの子供たちとつながることで、特に音楽的な想像力を養わせ、自由で縛られない発想と、自然の世界からのインスピレーションを与えることが目的だ。ビョークは、アルバムは子供たちに1日に少なくとも1曲を教える機会だと考えた。「1日の前半は作品に物理的に接する。それに触れてゲームを楽しみ、生物学者から話を聞くの。アプリを使えば、音楽の先生が音楽の構成について教えてくれる。そして今度は自分で曲を作ってUSBに入れて持ち帰ることができるってわけ」

「私はエレクトロニクスの一番すごいところをミックスしようとしたの。最先端のテクノロジーを使って、子供たちの右脳をもっと刺激して、それから人類が作った最も有名なアコースティック楽器にプラグを入れるの」と言って彼女はこう続けた。「こうした教育的側面を拡大できればと思っている」

拡大の一環として、2013年にビョークはアンドロイド用アプリの開発支援のキックスターター・キャンペーンを始めた。キックスターターのページではアプリには教育を変える可能性があり、ＡＤＨＤ（学習障害）の生徒たちにも効果的であることをアピールした。

30日で43万６０５７ドルを集めるのが目標だったが、２週間後にキャンペーンで集まったのはそのわずか４パーセントだった。ビョークはアプリのプログラムは思っていた以上に複雑だったことを実感する。完成までプログラマー8人がかりで5カ月を要したのだ。

キャンペーンのページに投稿された手書きのメモに彼女はこう書いた。「これが完成するまではこのプロジェクトはやめない。最も可能性があるエリアで……だからこそ多くの人がバイオフィリアの音楽的な方向を学校に応用しようと寄付してくれたわけだから」

そして半年後にようやくアプリが完成した。ビョークがiＯＳのアプリをアンドロイドに転換できるモバイル・テクノロジーのパートナーを見つけたおかげだ。

「チームは予想より費用も時間もかなり抑えて、アプリをアンドロイドに転換する方法を思いついた」と説明するのは、ビョークのウェブサイトのブログ・ポストだ。「幸いなことに、テクノロジーが進化してくれたおかげで、わずかな費用で実現することができた」

以来プロジェクトはグリーンランドやフェロー諸島を含む多くの北欧諸国に波及した。レイキャビクの大学院講師、アイスランド大学の科学者、北欧閣僚会議の監督の下、学生たちは作曲、コラボレーション、創造力の伸ばし方を学んでいく。

リミックスの本当の力

多くの点でプロジェクトの目的はアメリカのSTEAMと同じだ。科学、技術、工学、芸術、数学の教育を重視するプログラムがある点は同じだが、バイオフィリア教育プロジェクトのボーダーレスな独創性は際立っていて、通常の学校では使用しないツールを使って科目をリミックスし、その規模を拡大させ続けている。これは学校というシステム、文化施設、科学と研究施設のダイナミックなコラボレーションだ。

ビョークのアプリはアイスランドでは音楽教育のカリキュラムの標準となっていて、北欧諸国の外に広がっている。カリキュラム、ワークショップ、プログラムはパリ、サンパウロ、ブエノスアイレス、マンチェスター、ロサンゼルス、サンフランシスコで用いられている。

そしてその中心にあるのが音楽制作だ。図書館やマンハッタンの子供博物館と一緒にバイオフィリア・プログラムの推進を宣言する際、ビョークはこう語った。

「私は5歳から15歳までアイスランドの音楽学校に通っていて、楽しかったけど少しフラストレーションが溜まっていた。音楽を教わっているとき、いつも学問的なことばかりだったから。イスに座ってじっとして、誰かが言ったことを書きとめるのが週2回、1時間半、それだけやって帰宅した。それが私にはすごく違和感があって……。バイオリンやピアノやパフォーマーをやる上ではすごく大切なことが教え込まれたけど、音楽を作ることにはまったく役に立たなかった」

アプリにおけるテクノロジーと自然の融合は子供たちにとって音楽理論の理解だけでなく、音楽作りにも役立つ方法だった。各アプリに曲のモードと楽器のモードがあるので、学生はビョークの曲をリミックスし自分で曲を作ることもできる。彼女にとって、リミックスと創造性は複雑に絡み合っているのだ。

「リミックスという言葉が過小評価されていると思う」と彼女は１９９７年のインタビューで答えている。「きっと、今までそれはレコード会社がラジオ向けとかヒットしやすいようにする手段だったからでしょうね。でも何年もかけて多くのリミックスがクリエイティブなものになってきた……。恐れ多いけどバッハだってリミックスしていた。彼が作ったオルガンのパートがそれよ。彼は敢えて譜面に余白を残したから、誰が演奏してもオルガンのパートを自由に弾くことができるの」

プレイリスト

このプレイリストはボム・スクワッドがプロデュースした3曲で始まり、その後も最高のサンプリングを華々しく披露するトラックが続く。終盤もサンプリングだがミュージシャンたちはシームレスに素材に溶け込み、サンプリングには聴こえなくなる。仕上げは素晴らしいシンセのコラボレーションだ。サンプリングとリミックスがデジタル時代の決定的な創作プロセスなだけに、今回のプレイリストが最も作るのに苦心した。とても高次元の作品で、使用されるサンプルは盛りだくさんだ！

ナイト・オブ・ザ・リビング・ベースヘッズ―パブリック・エナミー
ザ・ボム―アイス・キューブ
バウンス・ザット―ガール・トーク
シェイク・ユア・ランプ―ビースティ・ボーイズ
ザ・ニュー・ポリューション―ベック
フリップト・アウト―マカヤ・マクレイヴン
ストロンガー―カニエ・ウエスト
エンジェル・アイズ（レーヨ＆ブッシュワカ・リミックス）―エラ・フィッツジェラルド
……アンド・ザ・ワールド・ラフズ・ウィズ・ユー、フライング・ロータス・フィーチャリング―トム・ヨーク
アークエンジェル―ブリアル
シェンチョウ―バイオスフィア
クローズド・サーキット―ケイトリン・アウレリア・スミス＆スザンヌ・チアーニ

もっと聴きたい！

トリプルプレイを紹介しよう！　まずはポッドキャストの『ソング・エクスプローダー』で聴けるビョークの「ストーンミルカー」。ここで彼女は曲の要素をすべて解体している。次にケアテイカーの『エンプティ・ブリス・ビヨンド・ディス・ワールド』で、これはアルツハイマー病患者の研究を基にした高度なコンセプト・アルバムだ。ビンテージのパーティ・レコードをスクラッチして作ったこのリミックスは、消えゆく記憶のようにフェイドアウトしていく。最後にデンジャー・マウスの『ザ・グレイ・アルバム』を探してみてほしい。これはジェイ・Zの『ブラック・アルバム』とビートルズの『ホワイト・アルバム』をマッシュアップしたもの。残念ながらストリーミングで聴くことはできない。

CHAPTER | 08

感情、感性、感覚

心や肉体の発するサインに従う

「僕は断念することを積極的な行為だと考えたい」
——ブライアン・イーノ

五感は訴えかける

僕たちがヨーコ・センと再び連絡を取ったとき、彼女はこの2年間ステージで投げかけてきた問いを提示した。「死ぬ前に聴きたいと思う最後の音は何？」。彼女の切実な思いがこめられたこの問いかけが大きくクローズアップされたのは２０１５年、彼女がＩＤＥＯに在職中のときだ。

ヨーコはIDEOフォートナイトという、アーティストの2週間在籍プログラムに参加していた。これは同僚のニール・スティーブンソンが、イギリスの音楽ファッション誌『ザ・フェイス』の編集者だった頃に考え付いたものだ。コンセプトはクリエイティブな人たちをオフィスに招いて自由に活動してもらい、従業員やクライアントに刺激を与えること。

エレクトロニック・アンビエント・ミュージシャンで、サウンド・アーティストでもあるヨーコは、在職中にテクノロジー・アーティストのアヨダモーラ・オークンセインドと一緒に『マザー・タング』に取り組んだ。これは美しいサウンドと彫刻作品のインスタレーション（訳注：空間全体を作品として表現すること）で、ロボットと人間が調和して暮らす明るい未来を描いていた。ヨーコのサウンドスケープとボイスオーバー、そしてアヨが作ったマイクロコンピューターで動く〝共感ロボット〟が融合し、交流というものの根本を問う。ロボットは愛を学ぶことができるだろうかと。

アヨは繊維の管に泡を入れて〝生命体〟としてのロボットを作った。泡は膨らみながら、ビョークのビデオに出てきそうな有機的な塊を成していく。彼はこうした無定形のエイリアンに色を付け、そこにスピーカー、LEDライト、マイクロフォンを装備した。人が話しかけると、ロボットはヨーコのピッチを変えた声に反応しながら〝学習〟し、相手に感情移入する。

人間がロボットを愛し、ロボットも人間を愛する。インスタレーションの経緯を見守るうちに僕たちがこの生き物を好きになると（ロボットも僕たちを好きになってくれたと思う）、予想もしなかった感動が生まれた。どういうわけか、ロボットとサウンドスケープがどこまでも人間的なものに感じられたのだ。

死ぬ前の最後の音

人間的だったのにはわけがある。彼女が実は病気で数カ月間入院し、ＩＤＥＯにいたときはまだ病み上がりだったことを僕たちはまったく知らなかった。彼女が入院生活で辛かったのは、まずい病院食や病人用の携帯トイレではない。絶対音感があるために、冷ややかで非人間的なアラームやビーッと鳴る機械の音が耐えられなかったのだ。

『ニューヨーク・タイムズ』の記事によると、ヨーコの耳には冠動脈のモニター音が音楽のＣコードに近い音に聞こえて、そこに別の装置から発せられていた高いピッチのＦシャープと共鳴した。その不協和音は中世の教会では「悪魔の音程」と呼ばれ、鳴らすのを禁じられていたほど不快感をもたらす。更に悪いことには、機械から発せられるその音は鳴り止むことがなく、解決音にも至らず彼女の脳に響いたのだ。

「こうしたノイズに囲まれていると、死ぬ前に聴く最後の音という本で読んだ一節を思い出した」と彼女は僕たちに語った。彼女はあのビーッという音が、自分が死ぬ前に聴く最後の音になりはしないかと思ったのだ。

セン・サウンド

ヨーコはソフトウェア・シンセサイザーを使い、フルート、サクソフォン、チェロ、バイオリンを演奏する生のミュージシャンと一緒に、癒やしとダウンテンポの音楽を作っている。彼女はエレクトロニック・ミュージックのデュオ、シーベリー・コーポレーションのロブ・ガーザと世界を回り、ワシントンＤＣのベスト・エレクトロニック・アーティストに2度選ばれたことがある。だが入院してから彼女の野心は変わった。

ＩＤＥＯへの参加に続き、ヨーコは音について考えてもらうことを目的とする別のアート・インスタレーションをプロデュースした。医療の現場で、いかに音楽が生活の質を上げるか（あるいは下げるか）を考えてもらう企画だ。彼女は看護師や現場にいる人たちから、患者はもちろん医療従事者にも音がストレスになることを聞いた。彼女の展示会を訪ねた人たちは、この状況を改善するために何ができるかを自分に問い始めるのだ。

「突然、問題を解決してくれるんじゃないかという期待が私に寄せられた」と彼女は言う。「私は起業家になるつもりはないし、そういうタイプじゃない。デザイナーの資質があるとも思えない。それよりも、この難題を解決するために何かできることはないかと思っただけで」

ヨーコはセン・サウンドという、医療施設の音響を改善するための社会事業を立ち上げた。ジョンズ・ホプキンズ大学シブリー・イノベーション・ハブとスタンフォード・メディシンＸと共に、セン・サウンドは重篤な状況をスタッフに知らせるもっと穏便な手段や、患者のみならず看護師や医師のストレスを軽減する低コストの医療機器を開発中だ。

「いろんな看護師や医師から聞いたんだけど、音がストレスだとは絶対言っちゃいけないと感じているそうなの」と彼女は言う。「別にあのビーッという音にハーモニーを付けようとは思わない。ミュージシャンだからワンクリックで解決できるはずと思うだろうけど、そうじゃない。あの機械の音はごく限られた人たちが調整器を使って作ったわけだから、それを否定するわけにはいかない。関わった人たちのほとんどは、出来上がった音を耳にするような立場にはいないけど、だからってその人たちが悪いわけじゃない。みんな志を持ってやってくれたわけだし。私たちがやろうとしているのは、あの音を実際に聞く立場にある人たちの声を聞いた上で、誰もが納得するサウンド・デザインを作っていくことなの。例えば看護師、患者、家族とか当事者の意見が何よりよ」

死に向き合うことで人はつながる

ミュージシャンであるヨーコは、音感を使って複雑なアイディアを表現することができる。そんな彼女が言うには、起業家になって表現とコミュニケーションの新たな扉が開かれたそうだ。「私は人の気持ちは分かっても、オープンな人間ではなかった。実際はすごく閉じていて、もっと言えば音楽だけが世間と交わる術を知る唯一の方法だったかな。それ以外に人々とどうつながればいいか分からなかったけど、ここ数年でそれが大きく変わった。いろんな人たちに自分のアイディアを伝えて語りかける必要に迫られたおかげね」

「こうしたシステムの変化がいろんな面で土台となって、数年後に状況が変わり出してくれたらと思っている。人生の終わりだとかの不安やタブーについて話すとき、私たちは素の人間に戻って、肩書きとか職業なんてどうでもよくなってしまう。そういう話になるとどうしても人間は弱くなるし、死に向き合うと文化や時代の違いなんてどうでもよくなる。死に向き合うことで私たちはつながるのよ。誰にだって死が訪れる。ポップ・メディアやポップ・カルチャーがあるのは、死の怖さを忘れさせてくれるため。そのおかげで私たちは死について考えなくて済むわけで。でも不安に向き合えば、そこには美があるし、その美を感じ取れば人生はより充実したものになって、視野も広がっていくのよ」

コミュニケーションする際に僕たちは五感を働かせている。ストレスを受けて思わず両手が固まってしまったときを思い出してみるといい。あるいは恐怖で耳があらゆる音を感じ取ったとき。逆に幸せな気分のときは突然日が差し込んできたような気分になって、爽やかな匂いを感じたりなど、僕たちの体は正直に反応する。

世界と身体の関わり方で感情が形成されるし、逆に感情によって身体が影響を受けるのだ。

何もかも止まった空虚な感覚

ケヴィン・シールズの流儀

ミュージシャンは自分の身体、そしてリスナーの身体のリズムにどう曲を合わせていくかを考える。音楽によって踊りたくなるのはなぜだろうか。

答えは僕たちの**肉体の中のテンポ**にある。健全な心臓は1分間に60回ほど拍動するのに対し、平均的なポップ・ソングは1分間におよそ１２０ビート（ｂｐｍ）だ。

レディー・ガガの「バッド・ロマンス」やダフト・パンクの「ゲット・ラッキー」は大体１１６から１１８ｂｐｍで、それらがラジオから流れてくると血流が上がり頭は上下に動き始め、グルーヴに身を委ねたくなってしまう。ファレルの「ハッピー」は１５６ｂｐｍだから、曲と一緒に体が踊り出してしまうのも当然だ！　だがリズムは僕たちが音楽から感じる多くの感覚の一つに過ぎない。

ラヴレス

アイルランドのロック・バンド、マイ・ブラッディ・ヴァレンタインの売りはダンサブルなバップではなくインディー・ギター・サウンドだ。包み込んで目をくらませるようなサウンドがリスナーを直撃するが、それでいてやるせなく美しい。バンドは1983年に結成され、ロカビリーからパンクまで一望するアルバムとミニアルバムを出し続けたが、ライブではラウドで騒々しいサウンドを出していた。

「僕たちがライブをやっているときは2つのバージョンを披露していた。ガレージ・バンドの格好で静かな曲をプレイしていたかと思えば、逆に髪型や服装はお茶目だけど、聴くに堪えない騒々しい音を出したりとかね」と語るのはフロントマンのケヴィン・シールズだ。「僕たちは（周波数を）3・5キロヘルツまで上げた。そこまで行くとかなりのもんだよ。ちょっと胸くそ悪くて、ちょっと場違いだよね」

だがアルバム『ラヴレス』のリリースによって、バンドの生活が変わると同時に新たなロックのカテゴリーが生まれる。イギリスのメディアはこれを「シューゲイズ」と呼び、スマッシング・パンプキンズ、オアシス、マジー・スターらのバンドに影響を与えた。

ダニエル・ジョンストンとニルヴァーナのように、シールズもまた1980年代の音楽はプロデュースが過剰で、リバーブのようなスタジオ・エフェクトによって曲が小奇麗になってしまうと感じていた。

「サウンドはすべて携帯ラジオから鳴っているようにしたかった」と彼は言う。「アグレッシブで小さなライブに通っていたときに体感した音だよ。小さなコンサートだとベースだとかの重低音やハイファイ（原音に忠実な再現）のサウンドなんてどうでもいい。ミドルレンジではすべての音が聴かれようと格闘しててすごくエキサイティングなんだけど、肝心のレコードではそれが聴けなかった」

彼はパブリック・エナミーのジャリジャリしたサウンドを生み出したハンク・ショックリーのプロデュースにヒントを得た。「あれはヒップホップのレコードとしてはハイファイな音ではなかったし、アリーナ向けの音楽でもなかった。だけどあの前のめりのサウンドと、安易に小奇麗な音でリスナーを和ませないところが良かったんだ」

シールズにブレイクが訪れたのは、友人からフェンダー・ジャズマスターを借りたときだ。このギターのワーミーバーはゆるくてテープで貼り付けてあるため、シールズはこれまでできなかったやり方で弦を震わせることができた。

「2度目にやったとき、僕の中で何かが閃いた。自分の中の感情を自分のつたないスキルで表現できたのはあれが初めてだった。これまでやっていたことを忘れてプレイすることができたんだ。感じるんだよ。何というか、何もかもが止まっていて空虚で、レコーディングのとき自分がギタリストだという意識がなかった。文字通り頭の中で聞こえていたものを音にしている感じだね」

ギターの音の中にシールズが感じた、あの何もかもが止まって空虚な感覚が『ラヴレス』の軸となった。彼がギターから受けた感触、意識が半分眠って半分起きたまま体を出たり入ったりする催眠状態を音に取り込もうと、シールズは睡眠不足の状態で作品に取り組むことにした。

2、3日間徹夜して寝ぼけまなこの状態で、ギターとボーカルを次々に重ねそのどちらも前面に出ないように等しいレベルでミキシングし、遠くて同時に近くで聴こえる感触を出した。アンプを向かい合わせにして、サウンドの周波数を衝突させて音をひずませた。トレモロ・アームを使い全部のコードの音をベンドさせてピッチを変え、目もくらむような効果を出した。

マイ・ブラッディ・ヴァレンタインがアルバムをリリースしたとき、シールズは批評家から総スカンを食らうと予想していた。だが批評家の多くは絶賛し、イギリスの音楽誌『ＮＭＥ（ニュー・ミュージカル・エクスプレス）』はこう評した。「『ラヴレス』は未来に向けて銀メッキの弾丸を放ち、ムードと感覚、感情、スタイル、そして斬新さをミックスさせている。この音を再現できるものならやってみろと挑発する」

アイラ・ロビンスは『ローリング・ストーン』誌でこう批評した。「感覚を失わせる力を持つレコードでありながら、妙に気分を高揚させる。『ラヴレス』から発せられる香りは、人生の強いストレスを取り囲んでこれを優しく粉砕する」

もちろん、批判する批評家もいた。ブリティッシュ・ロックの雑誌『Ｑ』のマーティン・アストンは、『ラヴレス』の1曲は「特に驚異的で、シロップを混ぜたディズニーのサントラと、東洋のマントラが酔って乱闘しているみたいだ」と書いた。

僕たちのクラスの中でマイ・ブラッディ・ヴァレンタインとか、もっと言えばあのような音楽を聴いたことがある学生はほとんどいなかった。バンドはシューゲイザーのスターとなるも早々に燃え尽き、3年足らずでブリットポップのバンド、パルプ、ブラー、オアシスにその座を奪われた。

僕たちがこのレコードを学生に聴かせるときは一切背景のストーリーを教えることはしない。ただこの音楽をどう描写し、どう感じるかを問うだけだ。彼らの反応は極めて一貫していて、どの学年も変わらない。時に思い切って、スピーカーが壊れているんですかとか、プロデューサーはレコーディング機材の使い方を知っているんですかと聞く学生もいる。

でも大半はこういう表現を使う。水中にいるみたい、漂い、ぼんやりしていて不機嫌で夢を見ていて、喪失感と不安、遠くから聴こえて混乱している。漂流していて不安でシロップを混ぜたよう。こうした言葉は催眠状態を形容するのに完ぺきな表現だ。

彼らが25年前に捉えて伝えようとしたものを、学生たちは一体どう聴いてどう感じたのだろうか。そして今日のビジネス、従来型の業界もデジタル業界も、そこから何を学べるのだろうか。

僕たち2人はボストンというバイオテクノロジーの中心に住んでいるため、周囲には音楽が心身にどう影響を及ぼし、知覚をどう超越するかについて強い好奇心を持つ人や企業が多い。

バークリーにはミュージック・アンド・ヘルス・インスティチュートがあり、生物学と神経科学を音楽療法のような確立された分野に持ち込んでいる。例えばアルツハイマー病の患者が子供の頃に聴いた古い歌の歌詞は覚えているのに、自分の名前を思い出すのに苦労する理由を研究している。音楽は眠っているニューロンを呼び起こすことができるのだろうか。

更に音楽に心身を癒やす力があるかどうかも探究されている。音楽は薬になるだろうか。処方できるだろうか。医師は患者の生体認証に基づいて音楽ダイエットを勧めることができるだろうか。音楽に浸る体験によって、音楽が心に及ぼす力が明らかになるだろうか。

こうした新鮮な研究分野によって何十年にも及ぶ学術的研究に厚みが持たされている。僕たちの感情が視覚、聴覚、臭覚、味覚、触覚を通じて活性化され、知覚や相互作用にどう影響を及ぼすか、その研究が深まっているのだ。ではこうした研究からどんな恩恵が得られるだろうか。

身体と調和することで、どうやってアイディアが研ぎ澄まされて明確になっていくのか。つまるところ、アイディアは身体から切り離された抽象的で知的なものなのだろうか。
そうとも言えない、いや少なくとも完全にそうではない。**僕たちのアイディアは感情と綿密につながっていて、アイディアが実現して満足いく成果が出る（そして市場に出す価値がある）のは、具体的な肉体という存在にアピールするときだ。**

メタファーの力

今日のビジネス環境では合理性と正当性が最重要であり、特に現金が絡んだ場合がそうだ。だが前に紹介したように、ビョークとオイズル・キャピタルは感情に基づく精査によって成功している。このチームの土台にあるのは直感を頼りに前に進もうという意欲だ。

そして今、僕たちの現実的な文字通りの身体によって、創造性とコミュニケーションが導かれるという考えが存在する。そこで出番となるのが科学だ。

カリフォルニア大学バークリー校の名誉教授であるジョージ・レイコフは、このアイディアの研究にキャリアを費やした。彼は１９８０年に出版された『レトリックと人生』（渡部昇一／楠瀬淳三／下谷和幸訳、大修館書店、１９８６年）の共著者だ。

この本では僕たちが普段の会話で使うメタファー（隠喩）が、実は共通体験の深い反映だと述べられている。例えばもしあるアイディアについて「これは僕の頭を超えている」と言えば、自分の範囲を超えているために把握することができないことを身体になぞらえている。「把握する」という言葉を使うことすらメタファー、つまりアイディアを手でつかんで保持することにたとえている。

この本を出版して数年間、レイコフは自分の理論の正しさを裏付けようと、イタリアのパルマ大学の心理生物学教授であるヴィットリオ・ガレーゼと共同で、脳のスキャンを使ってメタファーに出会ったときの活性ニューロンの道筋を辿った。

２００５年の論文で、2人の教授は、ここ数年の様々な研究を基に「自然言語における意味は想像の回路を活性化する。これは知覚と行動の場合も同じである」と書いている。僕たちの脳の地図はアイディアと身体との間を行き来し、何かを知覚したり想像すると脳がそれをすべて行動とみなす。

ここから、なぜヨーコ・センが病室で惨めで不安な状態にいたのか、どうしてケヴィン・シールズがサウンドを通じて自分のぼんやりした感情を他者に伝えることができたのか、その手がかりが得られる。

もっと最近、他にもレイコフの研究を推し進める研究が行われた。イェール大学で行われた研究で、参加者2つのグループが別々に、同じ知らない人物の写真を見せられて、その人に対する感想を求められた。

2つのグループはまったく同じ対応を受けたのだが、ただし一方には冷たい飲み物、もう一方には温かい飲み物が出された。温かい飲み物を持った被験者の大多数が写真の中の人物を寛大だと評した一方で、冷たい飲み物を持った被験者は、その人物は冷たい人だと言った。温もりの感触、それ自体が寛大さと優しさの感情を掻きたて、それを僕たちは自分の状況に投影するのだ。

もう一つの研究で、香港とコロラドから来た研究者は、1年で最も寒い時期に映画を見る習慣を調査した。そこで分かったのは、人々は夏よりも冬の方が、心温まる映画、特にロマンチックコメディを見る傾向があるということだ。温もりが寛大な感情を生み出すだけでなく、愛、優しさ、ロマンスの映画を見ることは身体的な温もりの感覚を刺激するのだと結論付けられた。

なぜ僕たちは温もりと優しさを結びつけるのだろうか。子供の頃に抱っこされたからだろうか。水に浮かび、日差しを浴び、夢から覚めたこと、そのいずれも同じような感覚をなぞった音や光景がきっかけとなり、そのときの記憶を脳は呼び覚ますのだろうか。なぜだかは分からない。

分かっているのは、温もりに心を癒やす効果があるのは万国共通であるということだ。それをレイコフは**メタファー**と呼び、僕たちはそれに頼って生きている。

2つのリンゴ

数年前、ＩＤＥＯはクライアントとの難題に直面した。クライアントは耐久性こそ優れているが、見た目がパッとしないスプリング・マットを製作中だった。会社のブランドは健康増進とテクノロジーを重視していたので、一目でそれとわかるように伝えなければならないのに、製作過程で生まれたのはたわんでしわくちゃの代物だった。実際、見た目と実用性が釣り合わない。見た目よりははるかに実物の使い心地は快適だった。

うちのデザイナーにとっては差し迫った問題なのだが、向こうは見た目より使用感の方を重視していたため、もう一度投資して作り直そうという気にはなってくれなかった。クライアントには外観に囚われたデザイナーの浅はかな望みに映ったのだ。「どうせマットレスはカバーをかけるのに、どうして見た目が大事なのか」と僕たちは言われる始末だった。

ＩＤＥＯのインダストリアルデザイナー（当時）である鈴木元は向こうのエグゼクティブを説得して投資させるべく、あるアイディアを思い立った。彼はそれをまずＩＤＥＯの経営陣に見せるのだった。

彼はリンゴの2枚の写真を選んで、プレゼン用のスライドに入れた。左側はずっしりして真っ赤でシワのないリンゴ。右側は同じ大きさのリンゴだが水分が抜けて少しシワがより、一部色があせていて色も少しくすんでいる。

彼はＩＤＥＯのチームにどちらを食べたいか尋ねた。親なら腐る前に古いリンゴの方を子供に食べさせたかもと僕たちはジョークで答えた。だがみんなゲンの狙いをすぐに察した。僕たちが食べたいと思ったのは新鮮なリンゴの方だった。

僕たちは役員会でこのスライドをマットレスのエグゼクティブにも見せた。続けて現在のシワが寄ったデザインと、こちらが提案したふっくらしたデザインを比べて見せたところ、誰かが一言発する前にもう結論が出た。つい2週間前の打ち合わせでは、見た目は大事じゃないということだったが、ビジュアルの力は無視できなかった。

こうした具体的なメタファーをイメージに込めて新鮮なものに目を向けさせたおかげで、経営陣にもそれが伝わり、顧客も製品の価値を「つかむ」ことになるのだ。

感覚をビジネスに利用する

製品の見た目と感触、美的な全体像によって製品に対する反応は大きく変わる。それはなぜだろうか。**物やアイディアに対して体で深く感じることで、製品に対してより直接的な実感が得られるからだ。**

こうした感覚を利用する力はミュージシャンやデザイナーの領域だろうか。この感覚は習得できるものだろうか。習得できるのは間違いない。ところが大半の人はそれを〝学んだのに忘れて〟きた。特にビジネスの場では、問題に対して感情を抑えて考えることを優先するよう自分に言い聞かせてきたのだ。

ところが**考えるか感じるか、理詰めでいくか直感でいくかの二択は間違っている**。辛抱強く鍛練することで起業家に必要な直感力が磨かれ、考える力や感じる力が上達する。第3章で紹介したツーリスツ・ホテルをちょっと思い出してほしい。コーヒーの匂い、滑らかな木の壁、プレイリスト。こうした特徴には歓迎とかもてなしの気分を感じられたのではないだろうか。

コンバースのフラグシップショップ

またはみんなが大好きなコンバース・チャックテイラー・オールスター。持っていない人でも、ブランドに対して強い直感的なイメージがあるだろう。

子供の頃見た粘土製のバスケットボールのコート。あるいはロック・バンドのラモーンズやザ・ストロークス。アメリカのヒップホップ・グループのN．W．A．は伝記映画『ストレイト・アウタ・コンプトン』でチャックテイラーを履いていた。『バック・トゥ・ザ・フューチャー』のマーティ・マクフライ、あるいは第5シリーズでハリー・ポッターがこれを履いて自分が10代であることを強くアピールしたシーン。

シューズは態度、創造性、反抗を象徴している。一般的に靴はピカピカにしておきたいものだ。だがチャックテイラーはタイプが違う。擦り切れて履き古したり、マーカーで落書きしたものが好まれる。日記のように生活の跡を刻んでいるのだ。

コンバースがフラグシップの店を出すためにIDEOに相談に来たとき、僕たちは店の外観で顧客にこうした感情を蘇らせてもらいたかった。過剰にブランドをアピールしたりイベントで盛り上げて買い物客に媚びてほしくなかった。

そこで僕たちは〝履き古した〟のではなく〝履き込んだ〟というイメージを基に店をデザインし、粗さを隠さずにさらけ出すバイブスを店全体に漂わせた。学校の木造体育館の観客席、そこに残る傷や彫った落書き、擦り切れたレザーの座席、手書きの看板などなど。オープンした店は、古くてボロボロというよりも年季の入った感触を醸し出していた。

音楽でも似たようなものに減衰という手法があり、まるでエコーに包まれたように音を反復させ消していくことだ。U2のギタリスト、ジ・エッジがこのテクニックをアルバム『焔《ほのお》』で使った例が最もよく知られている。ガンズ・アンド・ローゼズの曲「ウェルカム・トゥ・ザ・ジャングル」の出だしのリフでもそれがはっきりと聴き取れる。魅力の一つは、それが醸し出すオーラ、文字通り音による空間の浸食だ。

聴覚や視覚のスペースをどう埋めるかによって、それに対する反応も変わってくるのは、ギターの音や新鮮なリンゴの記憶が体の奥に根付いているのがいい例だ。自分や相手の中にあるこうしたパターンを知っておくことで、合理性に囚われずとも合理的な選択をすることができる。

感じることと考えること、心と体とのつながりを改めて考えた場合、時に**断念**という言葉が浮かび上がってくる。

断念といえば、起業家の立場でイメージすると敗北の響きを感じてしまう。別に僕たちは優れた品質の追求を断念しろと言っているのではない。粘り強く試作品を開発するのをやめて、万全で即市場に出せる製品作りを断念するということではない。

断念することは、心を開いてまさかと思うような未知で予想もつかない結果に出会うことだ。この考えを提唱したのがブライアン・イーノだ。

創造は庭造りのようなもの

ブライアン・イーノの流儀

ブライアン・イーノは1970年代のアートロック・バンド、ロキシー・ミュージックの創設メンバーで、デヴィッド・ボウイ、U2、トーキング・ヘッズ、コールドプレイなど数多くのアーティストのアルバムをプロデュースしてきた。

自身のレコード『ディスクリート・ミュージック』でアンビエント・ミュージックを発明したことで広く知られ、サウンドを作るソフトウェアの先駆者であり、かのマイクロソフト・ウィンドウズを起動させるときの音楽を作曲した。芸術家と活動家を兼ねて活動するなど、ロック・ミュージックの最も知られた知性と呼ぶにふさわしい人だ。

オブリーク・ストラテジーズ

１９７５年、彼は画家のピーター・シュミットと活動していたとき、創造性を研ぎ澄ませるにはどうしたらいいか、アイディアを交換した。すると２人とも行き詰まったときにカードに短い文（プロンプト）を書き記し、アイディアを組み合わせて自由な活動のヒントにしていたことが分かった。**オブリーク・ストラテジーズ**というこのプロンプトは、縦３インチ（約７・６センチ）横３・５インチ（約８・９センチ）のカードをセットにしたものだ。

カードの２００１年版を紹介する際、イーノとシュミットはこう書いている。「このカードは、自分たちの行動原理を個別に観察したものを進化させて作った。この行動原理は後で振り返って気付いたもの（知性が直感に追い付いた場合だ）、行動しているときに認識したもの、定型化したものがある。セットにして使ってもいいし、作業時にジレンマが発生した際はシャッフルして１枚を選んでもいい。この場合、引き抜いたカードは妥当性が不透明でも信頼しなければならない」

カードにはこういう例がある。

古いアイディアを使う
何を増やすか、何を減らすか（考える）
試しに装ってみる
できるだけ長い時間何もしない

多くの格言や提案の中には、身体に関するものが驚くほどたくさんある。

耳栓をする
音を消して続ける
ごく小さな物に目を向け、その中心を見る
もっと深く呼吸する
口にテープを貼る
自分の身体に問う

オブリーク・ストラテジーズは昔からある水平思考に倣い、問題を様々な角度から見ることで、新たな、そしてもっと適した解決策を見出すテクニックだ。

支配する力と断念する力

体を使って創造力を高めると、今まで当たり前だったことがそうではなくなるという彼らの主張はまさにその通りで、以下のカードの言葉にそれが集約されている。

創造は庭造りのようなもの

イーノはこの言葉について、断念することを絡めてこう説明する。「僕たちは、人間の偉大な勝利は支配する力があるからだという考えに慣らされている。ところがもう一つの断念する力があることには向き合わない……。**断念することによって支配するのをやめるタイミングも分かる。**そして状況と足並みをそろえ、身を委ねるタイミングも分かる。自分たちの成功を支配者の立場から見てしまうと、別の能力の側面を見落としてしまう……。僕たちは支配者であることを崇め、断念することをおざなりにしているんだ」

創造の旅を語る際、作曲は建築のようなものであるという考えをイーノは否定しなければならなかった。「多くの人と同じように、僕も音楽は音楽の制作、作られ方はシンフォニーの作曲家が音楽を作るように、頭の中で完ぺきなアイディアを細かいところまで作り上げ、それを他の人たちが再現できるように書き出すものだと思っていた。建築の作業と同じようなものだね。建物を細部に至るまで設計し、それから組み立てる。でもそれは間違いだった」

庭造りの方が創造性のメタファーとしてふさわしいとイーノは考えている。「慎重に種をこさえる、あるいは種を見つけて、丁寧にそれを植えてあとは生命力に任せる。つまりそうすることでクリエイターとしての立場を考え直すことになるんだ。**自分を支配者として考えるのをやめてリスナーとして振る舞う**。自分だけでなく誰もがリスナーだと考えて一緒に庭造りを楽しむようなものさ。庭師も含めてね」

流れに身を任せる

今の話で思い出すのはヨーコ・センがセン・サウンドでの仕事について、僕たちに語ってくれたことだ。「**私にとって仕事の喜びは全体から〝私〟が除外されること**。自分以外の人たちのための仕事であって、その答えがどういうものになるか私に分からなくても構わない。私の役目はみんなが言いたいことを言える橋渡しになること。私が率先して変えようというわけではなくて、他の誰かがやってくれればそれでいい。私は生態系を生み出す一端を担っているだけよ」

医療機器の不協和音についてヨーコが今のように語った後、僕たちは１９９５年のブライアン・イーノの日記から偶然同じような言葉に出会い、なるほどと思った。「7月18日、車の持ち主がクラクションを調節できればいいと思う。そうすることで社会の調和や分断の行く末がどうなるかを見てみたいものだ。そしてクラクションが『ありがとう』とか『どうぞお先に』とか『すいません』などを言えるようにするべきだ。クラクションが声の延長みたいに抑揚を持てば、すぐさま基本的な言語が発展していくのは間違いない」

第1章でビョークが港の船に気付いたように、イーノとヨーコは環境の中にチャンスを感じ取り、新たな可能性に心を委ねたのだ。

僕たちがビジネスの歴史やテクノロジーの進化について考えるとき、人間対自然の物語、つまり人間は技術を駆使し自然を制圧して岩を掘り、荒波をくぐり抜けて成功したと考えがちだ。

だが、イーノは人間の歴史において、人生は予測がつかず、疫病や自然災害、動物からの攻撃の影響を受けやすいと指摘する。僕たちは自身そして社会を祖先より進化した存在と考えがちだが、それと引き換えに流れに身を任せる力、つまりイーノが言う「**自然の流れの中で自らを動かし位置付ける力**」の多くを失ってしまったのだ。

彼が言うには、カギは僕たちが持つ支配する力と、感じることの先にある断念する力、この2つのバランスを取るよう努めることにある。「サーファーがやるようなものだよ、波を支配して、流れに委ね、それからまた支配する。**断念することを積極的な行為だと僕は考えたい**。それはただ逃げるということではなくて、積極的にチョイスすること……、つまり支配することを断念して、そこから何が起こるかを見届ける状況だよ」

イーノにとって、自由であること、なおかつ自身の才能と未知で予見できない要因に深く信頼を置くことが両立しているのだ。

「時に僕にとってのエクスタシーは幸福を感じることであって、支配できる状態に浸ることではない」と彼は言う。「危機から逃れればあとは大丈夫だと信じることだ。**宇宙と格闘し続ける必要はない。一旦立ち止まれば宇宙は味方してくれる**」

プレイリスト

ここでのプレイリストはヨーコ・K、ケヴィン・シールズ、ブライアン・イーノに絞った。3者ともにサウンドを通じて深い感情を掻きたてるミュージシャンとしての力を示した絶好の例だ。聴き続けてみてほしい、あなたのヘッドホンが壊れているわけではないから……。

ファースト・コンタクト―ヨーコ・K
ルーマー―マイ・ブラッディ・ヴァレンタイン
サムタイムズ―マイ・ブラッディ・ヴァレンタイン
2HB―ロキシー・ミュージック

バブル・ネスト｜ヨーコ・K
シグナルズ｜ブライアン・イーノ
バッド｜U2
フォー｜ヨーコ・K
オンリー・ワンス・アウェイ・マイ・サン｜ブライアン・イーノ&ケヴィン・シールズ

もっと聴きたい！

ロウの『ダブル・ネガティブ』。プロデューサーのB・J・バートンは自らマスターテープを作る羽目になった。エンジニアがミキシングの雑音電波のような音とディストーションに困惑したからだ。1曲目の「クオーラム」は真っ逆さまに落ちる感覚を、アルバムの他の曲は穴を掘り起こしているような感覚を醸し出している。

CHAPTER | 09

進化し続ける

状況に応じて自らをアップデートする

「ある意味、こういう経験をすれば生まれ変わるようなもの。人生がとても新鮮になるから」

――グロリア・エステファン

デヴィッド・ボウイは立ち止まらない

デヴィッド・ボウイが亡くなってから1年後、『スターダスト・アンド・スノー』という子供向けの本が、イギリスのオブバース・ブックス社から出版された。その中で著者のポール・マグーズは、自閉症の少年が母親と一緒に映画を見にロンドンに行くという、実話のような話を綴っている。

少年が見る映画は、ボウイがゴブリン・キング役で主演したミュージカル・ファンタジーの『ラビリンス／魔王の迷宮』。首都ロンドンの通りは休日の買い物客でごった返し、雪が降って絵のような光景だ。映画が上映される古いビクトリア朝の校舎に少年が入ると、鬼、話をする虫、巨大な獣など、まるでジム・ヘンソンが操る人形のような生き物たちに囲まれた。騒々しくてにぎやかでお祭りのようで、少年は気後れしていた。隅で大人しくしているとボウイが彼を横に呼んで、透明の仮面を外して彼に差し出すのだった。

「着けてごらん」とボウイは言う。「魔法の仮面だよ。君と同じで僕だっていつも臆病なんだ。でもこの仮面を毎日着けているよ。怖がりは治らないけど、少し気分が良くなって、世界と人々に立ち向かう勇気が湧いてくる。君だってそうなるよ」

そう言ってボウイはどこからともなくもう一つの透明な仮面を出して、自分の顔に着けた。

「さあ、僕たちは見えない仮面を付けた。こちらから外は完ぺきに見えるけど、誰も仮面を着けてることには気付かない」

実際55年の間に、ボウイはパフォーマンスで次から次へとキャラクターを変えた。アラジン・セイン、デイヴィ・ジョーンズ、ハロウィン・ジャック、トム少佐、シン・ホワイト・デューク、ジギー・スターダストなどなど。

彼のキャリアを振り返ると、初めからずっと彼の計画通りに事が運んだようにも思える。１９７１

年、彼はアルバム『ハンキー・ドリー』から第1弾シングル「チェンジス」をリリースした。伝説によると「チェンジス」はナイトクラブの曲をパロディ化した捨て曲で、流行を追うミュージシャンを揶揄した曲ともされている。この曲がよもやキャリアを決定づけるとは本人すら思っていなかったとしても、少なくともその歌詞は予言めいている。

26枚のスタジオ・アルバムでステージ上のキャラクターを変えるたびに、ボウイは物語、作品、そして自分の観客までアップデートさせた。演劇、文学、音楽、映像、そして金融（ボウイ・ボンドをチェックしてみるといい！）まで統合し、ポップ・カルチャーをリミックスして銀のスプーンに乗せ、僕たちに届けてくれた。

彼が常に変貌を遂げたのは、自分のアイデンティティを混同していたせいだろうか。都合よく新たな観客を発掘するためだったのだろうか。

そうではない。**彼は自分を深く知り抜きそれを示していたのだと誰もが思っている。**自分が何者であるかを知り、自分の強さと限界を知り、アーティストとしてのビジョンを信じそれを懸命に追求したのだと。彼は本当の自分を知り、それがみんなにも伝わっていたのだ。

マドンナ

ボウイがロックの殿堂入りを果たしたとき、マドンナは壇上で彼に賞を渡し、父親の目を盗んでボウイのコンサートに行ったときのことをこう振り返った。

「2時間呼吸が止まっていたかと思うほど興奮した。これまで見た中でも最高のショーだったの。音楽はもちろん、お芝居も素晴らしかったし」

「……常識を超えていて、理屈を度外視したステージで私の心を揺さぶった。帰宅した私は見ての通りこんなに変わったわ。寝ずに起きていた父は私がどこに行ったのかもお見通しで、おかげであの夏はずっと家から出られなくなってしまった。でもそこまでしてでも見に行く価値があったってこと」

それ以降、マドンナはカメレオンのようにキャリアを変えていく。ディスコのディーバ、バブルガム・ポップのパンク、大衆に仕えるメイド、カバラの導師といろんなキャラクターに扮してスポットライトを浴び、セクシーであることや女性であること、そして最近では年齢に対する常識に異論を唱えた。２０１９年のアルバム『マダムX』のリリースと共に、60歳になった彼女はオールシアター・ツアーと銘打って北米とヨーロッパを回り、アルバムは『ビルボード』誌で初登場1位を獲得するのだった。

ボウイが亡くなった日、彼女はフェイスブックにこう投稿した。「デヴィッド・ボウイは私の人生を変えた。彼はロックンロールというステージでキャラクターを生み出し様々なアート・フォームを駆使して、エンターテインメントにつなげた。彼はインスピレーション豊かで革命的な人。独特で刺激的、本物の天才だった」

レディー・ガガ

　レディー・ガガことステファニー・ジャーマノッタもまた、10代の頃からボウイに心酔していた。初のミュージック・ビデオで、彼女はボウイの有名なアラジン・セインのキャラクターを真似て顔に稲妻の化粧を施して、リスペクトを示した。それ以降ボウイを真似て次々と派手な格好をしてキャラクターを変えていく。

　グラミー賞では72時間で孵化するという設定でプラスチック製の巨大な卵から登場し、「ボーン・ディス・ウェイ」を歌った。生肉のドレスを着てＭＴＶのミュージック・アウォードに出演、ＳＸＳＷ（サウス・バイ・サウス・ウエスト）ではいわゆるボミット（訳注：口にふくんだ液体を衣装に吐き出す“vomit”）アーティストと共演した。そうかと思うとオーソドックスなパフォーマンスもこなす。グラミー賞やオスカーを受賞し、スーパーボウルでは保守的なパンツスーツで国家を歌ったのがいい例だ。彼女は自分のステージを知り、ファンの動向を探り、状況に応じてアーティストとして表現する。

ボウイのトリビュート・コンサートに出演したガガは、続いてマイケル・マーティンのナショナル・パブリック・ラジオで、ボウイがいたからこそ今の自分があると語った。

「初めて『アラジン・セイン』のジャケットを見た瞬間に決まったの。19歳の頃よ。あらゆることに対する見方が変わった。レコードをかけて1曲目の〝あの男を注意しろ〟を聴いたのがアーティストとしての始まりだったわ。ここまですごい音楽的視点を持った人を聴くのは初めてだった。何せ壁を越えて、いろんなジャンルや種類の音楽を組み合わせるんだから」

「私は着るもので自分を表現するようになった。もっと自由に選択するようになったし、もっと楽しむようになったの。要は、友人たちと私は幼い頃から音楽、ファッション、アート、テクノロジーに浸かる日々だったってこと。それは彼のおかげ。あれほどガツンとショックをくれてリスペクトできる人に出会わなかったら、私はここにいないし、今みたいな哲学も持てなかった。別の惑星とか別の時代から来たようなミュージシャンに出会って、すっかり自分が変わったってことよ」

ボウイ、マドンナ、ガガ、いずれも手の届かない存在だ。だがそれはセレブというレンズを通して見た場合の話だ。

この章では、自分を知ることで著しい変化を遂げた世界的な大スターとグローバル企業の例を挙げて、**変化することで誰もが人生を輝かせることができる**ということを伝えたい。

箱から抜け出す

ウィル・デイリーは自身を〝中産階級のミュージシャン〟と呼んでいる。インディーズのレコーディング・アーティストである彼は、ユニバーサルとＣＢＳからアルバムを出した業界のベテランだ。

本格的なＤＩＹ式アプローチの曲作りによって、50を超えるテレビ番組や映画のサントラなどで賞を獲得、パール・ジャムのエディ・ベダーら一流のアーティストから称賛を受けている。「彼の曲作りは素晴らしくて、大きな影響を与えてくれた」とベダーは言う。

ウィルは完成されたミュージシャンとして尊敬と成功を勝ち得た。そこまでに至ったのは自身の力であることに間違いはない。

去年、僕たちはウィルに取材し、自分を変えていくことについてどう考えているか尋ねた。ボウイのことを話すと、彼は目を輝かせた。

「若い頃にボウイを発見して、彼は神のような存在で僕はその使徒だと思った。彼のような音を出したいというより、彼のように振る舞いたかったね」

ウィルにとって、ボウイから受けたインスピレーションの一つは、彼がウィル曰く〝箱〟、つまりたった一つのジャンルに閉じこもることなく、アイデンティティに縛られた状態から脱して生きたことだ。

「一つの美学に固執するのが悪いとは言わないけど、表現の筋力を弛緩させたり緊張させるなどして臨機応変に対応したければ、こだわりは捨てるしかない。ボウイがいい例だ。彼は美学を突然変異させるんだ。もし彼が会社のオープン初日みたいにカーキのパンツとネクタイを着けて現れても最高にクールだろうね。彼は一つのことに固執しないから何だってできた」

ウィルは自身のキャリアで岐路に立ったとき、この価値観を大事にした。

「誰かに『まるで誰々みたいだ』って言われたら、不安になって違うことをやるんだ。いろいろ組み換えて、自分で築いたルール、不安、疑念、欠点を打破しないといけない。究極の目標は、誰もがこれは自分の曲、生涯において忘れられない曲だと思ってくれるような曲を1曲でも多く作ることだね」

ジギー・スターダスト

ボウイ自身の発言を紹介しよう。ＣＢＳの『60ミニッツ』のインタビューは放送されることはなかったが、彼の死後に番組のウェブサイトで公開された。その中で彼は、ファンが彼のキャラクターと彼自身を重ねることについてこう語っている。

「ある意味で、（ジギー・スターダストを）別の展開に持っていく考えに固執しなくてよかった。ジギーで映画を作ろうというアイディアもあったけど、ある人がこう言ってやめさせたんだ。『どうしてそんなのやりたがるんだ。どうしてそんな中途半端なタイアップをしたがるんだ。みんなにはそれぞれのジギー・スターダスト像があるから、君が物語の背景を発表したらそれを裏切ることになる』。そう言われて『ああ、そうだな』と思ったよ」

「演技と衣装とかの外面を取り去ったときに、僕の中に残るのは作家なんだ。自分の書く題材について調べるようになって、突き詰めるとそれは主に孤独についての曲だった。孤独とある種の精神的な探求、他者とのコミュニケーションを手さぐりすること。結局それ、40年間書いてきたテーマはそれなんだよ。さほど変わっていないね。**これまでいろいろと衣装を変えて毎回いろんなアプローチを使ってきたのは、問題に対して別の解決策を探るためだ。**そうやって少しずつ解決に持っていくということでは他の人と同じだね」

戦略にも「生まれ変わり」が必要だ

今度は学術的な分析を紹介したい。

パトリック・レディンはヴァンダービルト大学の経営研究の准教授で、ボウイについて特に彼の流動的な変化と成功との関連について書いている。「**デヴィッド・ボウイのキャリアが戦略について教えてくれること**」と題した記事の中で、レディンは経済学者でハーバード・ビジネス・スクールの教授マイケル・ポーターの仕事に強く傾倒している。

ポーターは、戦略の良し悪しは独自の価値提案で決まることを認めている。これは起業家やエグゼクティブにとっては当然のことだが、彼によるとそこで終わりではない。

偉大な戦略とは「ライバルに対する独自の価値提案と独自の価値連鎖を中に持ち、この価値提案を見据えながら、会社の動向についていくつかの選択肢も用意してある戦略」だそうだ。他者と差別化する方法に対して正解は一つではないから、「会社は顧客を絞り、顧客の需要を理解し、トップを目指すよりも独自性を見出すことを目指して競い合う方がよい」とも書いている。

音楽では、アーティストは自分だけのパーソナルな声を見つけることが大事だとされる。ところがボウイは境界線を越えたキャラクターを築き、同時代の他のアーティストの中でも突出した存在となった。それは時代と共に様々な声を作り上げたおかげだ。

ポーターは、変化によってチャンスが生まれる一方で、混乱が生まれる可能性もあると書いている。現代のように進化の速度が著しい世界においては、これを念頭に入れて戦略を立てる必要がある。

昔だったら、会社は方向性を決めたら何十年もそれを維持できただろうが、現代ではそれは無理な話だ。**独自性を目指す戦略を立てながら、なおかつ絶えず改善していく、つまり状況に適応していくための戦略も必要となる**。

両方をバランスよく、いやもっと正確に言えば横並びにした状態を保つのは困難かもしれない。時にどちらを優先するかタイミングを見極めることが必要になってくる。だがポーターはこの変化と独自性の2つは互いに矛盾し合うものではないと言う。

「戦略の方向を維持することとメソッドを改善していくことは必ず両立する」と彼は書いている。

「むしろ互いに高め合うものだ。高いレベルの継続性を保つことで、変化を頻繁かつ効率的にもたらすことが容易になっていく。何かに対して10年間トップを維持すれば、新たなテクノロジーを取り入れることも容易になる。戦略を立てトレードオフと格闘するプロセスを明確にするほど、価値提案をサポートする新たなチャンスを見極められるようになるのだ」

ボウイのギタリストだったカルロス・アロマーは、ボウイとの仕事をこう振り返る。「ボウイのところに出向くたび、こっちも変化が必要だった。彼が欲しがるのはR&B、ロックンロール、エレクトロニック・ミュージック、エマーソン・レイク&パーマーみたいなサウンド、ロマンチックな音楽と毎回変わるんだ。鍋をかき混ぜるとシン・ホワイト・デュークが現れるみたいなね。彼は一カ所に留まることがなかった。安住することが好きじゃなかったんだ。**安住することはジャンルに縛られるわけだから、注意しないとね。つい居心地のいい場所に留まっていると、いつの間にかこっちは置いてきぼりを食ってしまう。**ボウイはいいことを言っていたよ。『さあ前に進もう、引きずられないように』とね」

ボウイがキャラクターとスタイルを変えると、一部のファンは離れていったがそれでも構わなかった。彼は絶えず前に進み、忠実でコアなフォロワーを維持しながら新たなファンを獲得した。

僕たちもレディンやポーターと思うことは同じ、つまり会社が何十年にもわたって成功を維持し新たな顧客を引き付けるためには、核となる能力、長所、目的を理解した上で変化を許容しなければならないと考えている。

自分の核を知る

デジタルの時代に生き残るためには企業も変わらなくてはいけない。ネットフリックス、Ｓｌａｃｋ（スラック）、ツイッターといった新しい会社は変化し続けている。しかし歴史ある会社でも変化した事例はある。

以前に読んだから知っているという人もいるだろうが、これから紹介するエピソードは会社が続けば起こりうる話だから、改めてざっと紹介したい。

任天堂

任天堂は１８８９年、日本の京都でカードゲームの会社として設立された。１９５０年代にはアメリカにも進出し、カードゲームの本を出版してビジネスを広げた。急速な成長と共に、掃除機、ホテル、タクシー、食品にまで手を広げ、次の大きなマーケットを探っていた。だがこうした追求が行き詰まると、会社は当初の軸足をカードゲームからオモチャへと大きく変えるのだった。

任天堂の最初の大ヒットは技術者であるグンペイ・ヨコイ（横井軍平）が製造過程で開発したウルト

ラハンドという玩具で、工場で物をつかむのに腕が伸ばせたらと思って考えたものだ。後に、ヨコイは電気のオモチャ、初期のビデオ・ゲームのアクセサリー、そしてゲームボーイをデザインする。印刷、製造、流通、世界貿易と手を広げても、任天堂の本当の強みはゲームにあるということだ。

ノキア

スマートフォン以前にモバイル部門を支配していたノキアは１８６５年、木材パルプ工場としてスタートした。その後１００年で、林業、ケーブル、ラバー・ブーツ、タイヤ、電子製品などの世界的企業へと成長する。１９８０年代には初の自動車電話と初のデジタル電話を開発した。

２０１３年、ノキアは危うく倒産を逃れて、マイクロソフトに電話事業を譲渡し、５Ｇのネットワーク・プロバイダーになった。こうした方向転換の中でも創業時から変わらず一貫していたものは何だろうか。ノキアの中核資産はコミュニケーションの素材を作りだすことだった。20世紀初頭の紙パルプ、20世紀終わりのデジタル・ネットワークがまさにそれだ。木材パルプ、林業、ブーツとタイヤ、電話のケーブル、ワイヤレス通信と携帯電話機。これらはボウイの歩んできた道に似ている。

富士フイルム

富士フイルムはデジタル革命が勃発したとき、コダック同様に衰退の道を辿ってもおかしくなかったが、テクノロジーの変化を受け入れた。変化といっても、さすがに任天堂の食品みたいに無節操なチョイスではなかった。

富士フイルムの核となるアイデンティティは、画像再生だ。２０００年、会社は資金繰りに苦しむゼロックスに出資金の25パーセントに相当する１６０億ドルを出資した。この投資で富士フイルムは、富士ゼロックスというジョイント・ベンチャーの成功戦略を立て、フィルム産業が沈み始めたときにこれをバネにして利益を維持するのだった。

２００７年、ｉＰｈｏｎｅが発表された年、富士フイルムは新たなベンチャーとして、元々ＵＶ保護用、つまり直射日光による変色を防ぐために開発された薬品へと軸足を変えた。自分たちのアイデンティティを見直して内なる声に耳を傾けると、画像再生よりも画像を色落ちから防げというメッセージが聞こえてきた。そこで会社はアスタリフトという、直射日光や老化から顧客の皮膚を守るスキンケア製品と化粧品のブランドを立ち上げたのだ。

もちろん、他にもたくさんの例がある。ナショナルジオグラフィックがマルチメディアの会社になったいきさつや、ＩＢＭがスーパーコンピューターからコンサルティングへと軸足を変えたことなどがいい例だ。

歴史ある会社、ヘビーアセット（訳注：有形資産の比重が大きいこと）の会社が何度も何度も変わっていくのを見ると勇気が湧いてくる。

ソフトウェアが豊富なデジタル時代にはこうした変化は珍しくないものの、不動産、工場、在庫を抱える会社が変わるのは非常に困難だ。大手デジタル企業の場合とは違った変化が求められるし、大きく変わろうとしたところで心理的にも難しいだろう。

事実、こうした会社の多くが怖気づいて変化を遂げられないでいるのを、僕たちは何年にもわたって目の当たりにしてきた。だが生き残るためには大胆な決断も必要であり、うまく変わることができた企業の共通点はいずれも核となる強みを理解していたことだ。

進化したミュージシャンたちの物語

ここまでを読むと、きっとこう思われるだろう。タメになる話だけど、１００年続いた歴史ある企業だからできたことだ。今の話が自分個人の仕事とどう関係するのだろうと。

ここ数年僕たちが本書の取材で起業家、ミュージシャン、学生らと会って話を聞くようになって分かったのは、時間をかけて自分を理解し、それを活用してキャリアを切り開いていった人は数多くいるということだ。

ジェン・トライニン

ジェン・トライニンはそんなミュージシャンの1人だ。彼女は独力で自分のサウンドを変えてメジャー契約を取り付け、その後苦境に立ったとき再び新たな自分を築くのだった。

1995年、『ロサンゼルス・タイムズ』紙の批評から。「穏やかなマーティ・ジョーンズとハードなリズ・フェアの中間を想像すると、それにかなり近いのがジェン・トライニンだ。彼女はこの完成されたデビュー作で……まさかのちょっとしたロックンロール・アルバムを作った」。『スピン』誌は彼女の曲「ワン・イヤー・ダウン」について、「癒やせない心の傷を完ぺきに捉えながら、しかもキャッチーに表現しワンパターンの言葉や感傷に頼ることもない」と書いている。

僕たちは2019年のある秋の午後に彼女と会った。彼女はこの1年半前の美術展で会ったときと同じ、もじゃもじゃの髪にバイク用のブーツという格好だった。夫でプロデューサーのマイク・デニーンが亡くなり、このときの喪失感について彼女が本を書き始めた頃のことだ。マイクのガン闘病を振り返り自身の人生を見つめ直そうという本で、出版されれば彼女にとって、２００６年の自叙伝『Everything I’m Cracked Up to Be：A Rock & Roll Fairy Tale』に次ぐ著書となる。

僕たちはジェンに、ロック・スターから執筆活動に転換し再び音楽に戻ったいきさつについて尋ねた。非常に繊細な彼女は自身を振り返りながら、初期の頃、アコースティック・フォーク・アーティストとしてボストンの音楽シーンを切り開こうとしていた時期について語ってくれた。

「大学にいた頃は何とかやっていけた。夏はリゾート地やレストランに出向いて演奏していたわ」と彼女は言う。「いい流れだったところで、ボストンに移ったの。『ジャズ・クラブで演奏しよう』と思ったけど、断られるようになって」

そこで１９９４年、彼女はフォーク・ジャズ・シーンから距離を置いて、エレクトリック・ギターを抱え、サウンドに厚みを持たせ、単独で『コッカマミー』というアルバムをリリースする。すると突然、彼女はロック・ミュージックの先端に躍り出た。

「私は自分のイメージを変えた。わずか数週間のことよ。曲自体は変えずに、表現の仕方を変えただけ。やったのはそれだけよ。クリエイティブな活動自体を変えたわけじゃない。私にとってはまずアートありきで、それからイメージが付いてくるの」

その後想定していなかったことが起きた。大手レコード・レーベルから引く手あまたとなったのだ。著書の『Everything I’m Cracked Up to Be』で彼女はこう書いている。「照明が下りると、酒や握手を勧められ、笑顔がどっと押し寄せ早口でまくし立てられた。やれ優先事項だとか、事業展開、投資、最大化、商品化、マーケティングの話ばかり」

90年代半ば、デジタル革命によってアーティストに実権が渡る前の時代、レーベルはエゴの塊で、きらびやかな栄光から抜け出せずに、アーティストのイメージを過剰に仕切っていた。

当初、ジェンはそれに従い、大きなステージに立つために自身のアイデンティティを捨てた。望まれる通りの自分を演じ、バカげた衣装を着て不遜に振る舞い、スーパークールなオルタナティブ・ロックの現象に浸かるのだった。

だが結局ジェンは状況を押しのけ自分を通すことにした。「時代の先を行くより、バックミラーを振り返ることが私には一番性に合っていた」と本人は言う。「ＧＡＰ製の、やたらにブカブカでストライプの入ったボックス型のシャツを着た方がいいかな、他のロック・ミュージシャンはみんな着ているし。気持ちがそう傾きかけたところで、いや、違うと思ったの」

彼女が自分の思いを通すとレーベルは撤退し、スターへの道は閉ざされた。レーベルはアラニス・モリセットの売り込みへと切り替えた。アラニスは子役の女優から赤裸々な曲を歌うディーバへと変貌を遂げたシンガーだ。

ジェンは小さなクラブを回るツアーを始めるが、結局彼女はライブ活動から執筆へとシフトし、２０１５年には自分でクージョという新たなバンドを結成する。彼女によると、バンドはこれまでの自身の著作と同様に創造のはけ口であり、人生の神秘、善と悪を知り、それに向き合う手段だそうだ。

「クージョではハードなロックをやる小娘よ」と彼女は言う。「そういうキャラクターを演じているの。これまでやったことないから、楽しくて。年を重ねるほど楽しくなっていく。こんなことやる年じゃないのは分かっているけど、演奏しているとそんなの気にならなくなるの」

クリステン・エラード

クリステン・エラード医師はマサチューセッツ総合病院の心療内科医だ。だが１９９０年、彼女はクリステン・バリーと名乗り、シアトルのグランジ・シーンでは人気上昇中のスターで、「女性版サウンドガーデン」とも呼べる格好をしていた。

当時彼女はアリス・イン・チェインズらと寝食を共にしてライブを行い、ハート、マッチボックス・トウェンティ、スニーカー・ピンプスらと共演し、自身のアルバムをヴァージン・レーベルからリリースした。

ところが当時ヴァージンの新社長は彼女との契約を打ち切った。噂によると〝大きなミス〟と書いて黒のマーカーでバツが付けられた彼女の写真を、誰かが彼の机に置いていったそうだ。

その頃、彼女はアラニス・モリセットの名前をよく耳にするようになった。レーベルは彼女を全面的にバックアップすることを選んだのだ。当時オルタナティブ・ロック専門のラジオで流れる女性アーティストといえば、アラニスくらいだった。

3年後、ワーナー・ブラザースから電話があり、あなたの作品はインパクトがあるから復活させたい、ついてはＮＢＣのシットコム（シチュエーション・コメディ）『フレンズ』のテーマ曲を書いた人物とコラボしてみてほしいと打診があった。だが大胆にも、彼女はそれを断った。

クリステンは自分のこと、自分の音楽の原動力を知っていたから、新たな方向性でこれを積み重ねていきたかった。10年後、彼女は心理学で博士号を取るのだった。

「これまでずっと人間に興味があった」と彼女は言う。「だから科学に出会って、目の前が開けたの。突然、人間の経験や存在について考えていた場所に戻っていた。でもそれって音楽をやっていたときとそんなに変わらないんだけどね」

彼女は精神医学神経科学と音楽の類似点を見出していた。

「驚いたんだけど、精神医学の研究に携わる人って症状の軽減を研究するばかりで、自分たちが行動に影響を及ぼしたり、進化の力にあらがっていることを考えもしないの。私はただ重要なＰ値を見出して書き留めるより、もっと意義を見出したい。学んだことをどう使えば、自分にあるものをより良くできるかを考えたい。私って『分かるけど、それって何の意味があるの』とばかり言ってるから、さぞ面倒な人間でしょうね。音楽に接していたからそういうことも平気でできるんだと思う。昔からアウトサイダーで、ルールに従わなかったから、いつも好き勝手に疑問を持つってわけ」

アンドレ・オビン

アンドレ・オビンはマサチューセッツ工科大学（ＭＩＴ）の材料工学部と工学部に勤務している。彼は現役のミュージシャンでもあり、アメリカやヨーロッパ・ツアーに出て、テクノ・ポップのシングルやアルバムを数枚出すなど、うらやましいほどの実績がある。テクノとシューゲイズのジャンルを融合し、ライドのマーク・ガードナーらインディーズの顔とコラボし、Ａｖｏｘｂｌｕｅ（エイボックスブルー）、ＣＭＢ、コダクローム、ザ・フォーリン・リゾート、ピープル・アット・パーティーズら新進のスターの曲をリミックスした。

アンドレが言うには、彼のレコーディングとプロデュースのスキルは日々ＭＩＴで発揮されているそうだ。彼は科学者ではないが、ストーリーテリングを理解し研究者とコラボして、アイディアの伝達を助けている。彼の役割は多くの情報を収集し、それらをまとめて簡潔に伝えるなど活動を統合することだ。

「僕は科学者にとってのコンシェルジュになった気分だ」と彼は言う。「僕はアーティストでありミュージシャンでもあるから、エンジニアが何を望んでいるかは深くまで見据えることができる。シンプルなアイディアは何百万とあって、彼らはそれを組み立て、未来を意識し、小さなものを使って大きな問題を解決しようと努めるんだ」

アンドレは音楽と大学の仕事を両立させ、そこから学んだことをそれぞれに役立てている。

「科学は音楽とは別物だと言われて育った」と彼は言う。「2019年の現時点では、そう考えるのはクレイジーだね。僕には境界線が霞んでいくように見える。テクノロジーが進化し、みんなの考えも変わっていっているからね。前に進むほど、科学、アート、デザイン、エンジニアリングの境界線は霞んでいって、ロック・スターが神経科学者になるのが当たり前になっていくんだ」

予期せぬ事態を乗り越える

これまで紹介したのは、企業もアーティスト側も、自分の本当の声を表現したいという欲求によって新たな道を探求し変貌を遂げた例だ。

一方でそうせざるを得ない状況によって変化を選んだ例もある。その状況とはアーティストであればレーベルから契約を打ち切られ、起業であれば基盤産業が衰退し始めた時だ。こうなると必要に迫られて変わらざるを得なくなる。変わるかどうかは自分次第であるのは同じだが、不安材料も多い。

COVID-19

僕たちが本章を書いている2020年3月、新型コロナウィルスのパンデミックが勃発した。この月の初め、アメリカでは毎日のように、海外からの予兆を知らせる見出しが飾られた。数週間後、僕たちの住む街はゴーストタウンと化した。複数の国が国境を封鎖し、世界株式市場は急落する。「在宅勤務」はもはや臨時の対応ではなくなり、義務となった。

バークリーで、僕たちはボストン、ニューヨーク、スペインのバレンシア、アブダビのキャンパスを封鎖して6500人の学生を帰宅させた。教授は急遽、指導の展望と方法論を変えてキャンパスの現場をリモート授業へとシフトさせた。

IDEOで、僕たちは人間中心の実地研究、コラボレーション、試作品製作などの主だった活動の見直しを迫られ、同時にクライアントに対してもシステム、仕事文化、自己意識を根本からシフトしてもらうことを余儀なくされた。

もっと広い市場に目を向けると、時代のすき間に足を踏み入れ、たちまち変化を遂げた製品デザイナーと製造業者もいる。フォードはゼネラル・エレクトリックのヘルス・ケア部門と提携して、世界中の病院が必要とする人工呼吸器の製造を加速させた。

高いデザイン性とパフォーマンスの掃除機、扇風機、ハンド・ドライヤーのメーカーであるダイソンは、新型コロナウィルス感染症患者向けのまったく新しい人工呼吸器をデザインした。しかもたった10日で。人工呼吸器はベッドに取り付けられてバッテリーで作動するため、ニューヨークやバルセロナの野外病院が使用するのに最適だ。

比較的小さな会社もコロナに対応している。ニュージャージーでインディーズ・ミュージシャンのＣＤ、ＤＶＤ、ＵＳＢなどのメディアを作っているディスク・メーカーは、医療従事者や第一対応者向けのフェイス・シールドの製造へと軸足を移した。

一時的とはいえ、こうした力は悪いニュースが蔓延する時代にあって勇気をくれる。柔軟に対応しているのは企業だけではない。混乱した状況の中で、僕たちはまたしてもミュージシャンに力をもらった。

中国ではパンデミックが最悪な状況となった２０２０年2月、自宅から出られない人のために複数のナイトクラブがバーチャルなＤＪショーを開催した。シンガーでラッパーのカーディ・Ｂはインスタグラムで「みんな聞いて、ウソを言うつもりはない。マジで怖い。コロナ、マジだから。マジになってきてる」とぶちまけ、ブルックリンのＤＪ、イマーキーズがこれをリミックスして曲に落とし込んだ。気分が塞ぐ3月に、気晴らしと楽しめる場所を探していたファンによって、曲はｉＴｕｎｅｓのヒップホップ・チャートで4位になり、カーディ・Ｂとイマーキーズは収益を感染した人たちに寄付するのだった。

左腕を失ったドラマー

数十年前から、僕たちはミュージシャンが変身を遂げるのを見てきた。ハイスクールの頃、僕たちは2人ともデフ・レパードのファンで、彼らが『炎のターゲット』をリリースして間もなく、ドラマーのリック・アレンが自動車事故で左腕を失ったと聞いたときはショックだった。

だが2年が経ち、彼はドラム・キットに戻ってきてニュー・アルバムの『ヒステリア』のプロモーション・ツアーに参加する。アルバムはすっかり音が変わった。デフ・レパードはザラザラしたハード・ロックから、洗練されたポップ・ロックへと変貌を遂げていたのだ。

アレンによると1988年3月の入院中、彼が滑らないように病院のスタッフがベッドの下に発泡ゴムを設置したのがきっかけらしい。回復を待って寝ているとき、彼はそれを利用して足でリズムを取るようになった。これがエレクトリック・ドラムを生むきっかけとなる。

「弟に僕のステレオを持ってこさせて、好きなアルバムをかけるようにして、それに合わせて足でタップした。それまでシングル・ベース・ドラムしかやったことがないから、少し難しいところもあって、足をまともに動かすのに結構集中力が必要だったね」

それから1カ月も経たずに、彼は電気機器をいじっていた地元の友人に連絡した。一緒に特製のエレクトリックのフット・ペダルを作るためだ。

「彼は実際に試作品のペダルを作ってくれた。試しにやってみて、『これはうまくいくな、できない理由がない』と思ったよ。見た目にはキット自体は大して変わっていない。でもテクノロジー的には明らかに別の道を探求しているんだ。いろんな機材に夢中になったけど、結局は音に行き着くんだよね。実践を重ねて月を追うごとにプレイは上達していったよ」

この経験で得た一番大きなものは忍耐だそうだ。「自分について分かったことではそれが一番大きいね。でもそれは周囲の人たちの強さがあったからだと思う。彼らが他の選択肢をくれなかったから、こっちは辛抱強く頑張るしかなくて、それがむしろ良かった」

障害を克服して、変貌を遂げ新たな日常を作ろうと決断する際、アレンは自分に対する不安を払拭する力を見つけた。その過程で彼はエレクトリック・ドラム・キットを発明したのだ。

『ヒステリア』の新しいサウンドは大成功し『ビルボード』誌とイギリスのアルバム・チャート双方で1位となった。こうした変化を振り返って、バンドのギタリスト、フィル・コリンはこう語っている。「リックのキットのおかげで、アルバムの音は他のどれとも違った。(プロデューサーの)新たなジャンルを作りたいという狙いに完ぺきに合致して……ポップの要素なんかを僕たちの音に取り入れたんだ」

大事なのは、前の日を越えること

グロリア・エステファンの流儀

２０１７年、僕たちはグロリア・エステファンとエミリオ・エステファン夫妻に招かれて、２人の生涯と経歴を綴ったミュージカルでトニー賞にもノミネートされた『オン・ユア・フィート！』を見に行った。

僕たちは音楽業界時代からの知り合いで、ショーの前にロビーで顔を合わせた。観劇に来た人たちが、２人がいるのに気付かず、まさかそこにいるとも思わずに通り過ぎていくのを見るのは愉快だった。いつものことだが、夫妻は気付いてほしいそぶりも見せない。２人は静かに暮らしていて家族中心の生活だが、人の役に立つためであれば堂々とスポットライトにも立つ。

第１部では２人の人生に焦点が当てられる。グロリアが子供の頃自分の歌を録音して、ベトナムに駐屯する父親に送ったこと、歌のために心理学の勉強を断念したこと、エミリオとの関係を深めたことなどが展開する。

第２部では２人が全米アダルト・コンテンポラリー・チャートのトップに立つところから始まる。ツアーに疲れながらもニューヨーク州のシラキュースでショーを行うために強行。

そしてバス事故に遭ってしまう。

ニューヨークに向かう途中、バンドのツアーバスが雪の幹線道路で立ち往生してしまった。そこにトレーラートラックが衝突、グロリアは寝台で寝ていて床に投げ出され、背骨を折り、骨が飛び出てしまった。9歳の息子は首の骨が折れ、エミリオは衝撃で意識を失った。病院で、2本のチタン製のロッドが彼女の背骨に埋め込まれ、医師からはもう二度と歩くことはできず、人前に立つこともできないだろうと言われた。回復するまで1年を超えた。

「何もできなくて、どこへも行けないのは生まれて初めてだった」と彼女は言う。「元のように曲を書ける気がしなかった。普段の感覚が分からなくなっていて、自信が揺らいでいた」

だが夫のエミリオは、起き上がってあきらめずに治療を続けるよう彼女を励ました。

「別の病院へ転送されているとき、彼は思いついたことがあると言って話してくれた。雲の後ろから太陽が昇るのを見ながら、早く時が過ぎて嫌なことは全部終わってほしいと心の底から願っていた。すると、こんな一節が思い浮かんだって。『カミング・アウト・オブ・ザ・ダーク（暗闇から抜け出せそう）』って」

バークリーの講演で静かに力強く、グロリアは再び歩けるまでの格闘について僕たちに話してくれた。

「**長期的な目標を達成するただ一つの方法は、毎日、その日できることに集中すること**。あのときの私は横になる方がずっと楽だし、あちこちが痛かった。でもベッドから出るよう自分に言い聞かせたの。『今日は戸口まで歩こう、明日は玄関まで更に2、3歩多く歩こう。その次の日はもう少しだけ歩いてみよう』とね。前の日よりたった1インチ歩くだけでも構わない。**大事なのは前の日を超えること。何もしなければ、3歩後退するのが分かっていたから**」

「今の話は人生の何にでも応用できる。どうやって前の日よりちょっとでも前に進もうかと常に考える。すると失敗した日が続いても、よし、また明日やり直そうという気になるのよ」

ここまで話したところで、グロリアは話を止めて集まった学生たちを見まわし、こう語った。「独創性があって、自分の仕事に誇りを持つ人が出てきてほしい。世界は居心地が良くなりすぎて、みんな最低限のお金が稼げれば十分だと思い、最低限のことしかやりたがらない。そうなるとたいした成功はできなくなる。皆さんに一つ勧めるとすれば、自分が一緒に働きたいと思うような人になること、ミュージシャンだったら自分が共演したいと思うようなミュージシャンになること。自分の持てるツールを磨いていくしかない。学ぶほど上達していくわけだから」

世界は可能性と創造力であふれている

一通り終わったところで、最終章では新たな始まりについて述べたい。大事なのは暗い時代も明るい時代も、自分を知り、新たな可能性と表現を求めようと決意することだ。

自分を変えることは常に選択することであり、耳を傾け、実験し、コラボし、デモを作り、つながり、プロデュースし、リミックスし、感じ取って断念することにおいてもそれは変わらない。そのいずれも実行するためには自分を知り、自分だけの声とビジョンの理解に努め、実践することが求められる。

伝説的なサクソフォン奏者のチャーリー・パーカーは、燃えるような技巧とハーモニックスを使った革命的なプレイでジャズを更新した人だ。そんな彼がかつてこう語っていた。「楽器を学べ。それから練習して練習して練習しまくれ。そこまでやればステージに立ったときにはすべてを忘れて、後はただ音を出すだけでいい」

時には何もかも手放し、自分の声を信じ、周囲で広がり続ける世界を自分なりに理解することが必要だ。これまで各章を通じて紹介したミュージシャンと起業家はいずれも、あれをやれ、これをやれ、あれはいい、これはダメという世間の声に敢えて従わなかった。みなさんの中にはレコード会社や上司からああしろ、こうしろと言われたり、あるいは社会的通念でああしよう、こうしようと感じた経験を持つ人もいるだろう。

アーティストやビジネスマンにとって、何が正解で何が不正解なのだろうか。誰がこういったルールを作るのだろうか。作るのはあなたであり、あなたならそれができる。パーカーもこう言っていた。「音楽は自分の経験であり、思想であり、知恵だ。周りは音楽に境界線があるなどと言うが、芸術に境界線なんてありはしない」

芸術は至る所にある。あなただってコードやリフを奏でることができる。自分のセールスポイントを知り、新たなものを作り、自分の才能を見つけて、他者とつながることができる。ミュージシャンのマインドセットを使って新たな可能性に心を開いて、それを探求し取り入れることができる。そうすれば、目の前に新たな扉が開かれるだけでなく、そこから新たな生き方が始まるのだ。

バークリーのキャリア・ジャム（訳注：実業家を交えて行うイベント）でファレルと話していたとき、彼もまたこのように心を開くことは時間と努力を重ねて得られるスキルであり、同時にそれは生き方にもなると語っていた。

「僕はいつも新たなサウンド、新たなテクスチャー、自分を伝える新たな表現を好奇心に駆られて追い求めているだけなんだ。好奇心は僕にとっての出発点で、それって必ずしも才能とか資質みたいなものではないと思うけど」

学生たちの顔を見ながら彼はこう語った。「たった一つのことに集中してうまく行く人はたくさんいる。だけど僕たちの多く、例えば今の世代の人たちや、ここに集まってくれたみんなは、マルチな人間だ。いろんな表現の場が必要だし、いろんな方法で自分を表現できるようにしないといけない」

ハンク・ショックリーと話していたときも、彼は同じようにこう締めくくった。

「今のモデルはジェイ・Z、ビヨンセ、カーディ・B、リアーナ、カニエだね。一つのイメージで固められないし、多面的な創造活動をしている。ビヨンセは驚異的なシンガーだけど、彼女はそれだけじゃない。エリカ・バドゥだってそうだ。DJもやっている。ジェイ・Zはなぜ実業家としてもすごいのか。彼は自分の根っこを理解していて、その根っこは常に時代の空気を読んでいて、その時代の空気は常に人々に向いているんだ」

彼は自分のキャリア、スタジオや会議室のことを一瞬振り返るかのように、間を置いてこう言った。

「圧倒的な量の創造力があらゆるところから生まれている。本当にすごい量だよ。次に何が起こるか、それを決めるのは古いシステムではなく、俺たちクリエイターなんだ」

プレイリスト

最終章のプレイリストでは3大カメレオンミュージシャンを取り上げる。デヴィッド・ボウイ、レディー・ガガ、マドンナだ。曲はポップス、ミュージカルソング、EDM、そしてサントラのカバーなど40年の時代にまたがっている。そこから分かるのは、自分の核となる強みを知っていれば、キャリアやキャラクターを固定させずにいろいろと変えていけるということだ。

フェイム ― デヴィッド・ボウイ

ライク・ア・ヴァージン ― マドンナ

レイ・オブ・ライト ― マドンナ

アイム・アフレイド・オブ・アメリカンズ ― デヴィッド・ボウイ

バッド・ロマンス ― レディー・ガガ

ラッシュ・ライフ ― レディー・ガガ・アンド・トニー・ベネット

ディス・イズ・ノット・アメリカ ― デヴィッド・ボウイ・アンド・パット・メセニー・グループ

チーク・トゥ・チーク ― レディー・ガガ・アンド・トニー・ベネット

チェンジズ ― デヴィッド・ボウイ

チリー・ダウン｜デヴィッド・ボウイ（『ラビリンス／魔王の迷宮』のサントラ）

ヒーローズ｜デヴィッド・ボウイ

もっと聴きたい！

ボウイのデュエットから：ジョン・レノンとの「フェイム」、ルーサー・ヴァンドロスとの「ヤング・アメリカンズ」、クイーンとの「アンダー・プレッシャー」、ミック・ジャガーとの「ダンシング・イン・ザ・ストリート」、アーケイド・ファイアとの「リフレクター」、クイーン・ラティファとの「フェイム90」。ルー・リードやイギー・ポップと共演したいきさつについてはグーグルで調べてみると面白い。ボウイは彼らのキャリアを活性化させた。いずれの場合も、ボウイは各ジャンルの特徴、関わったアーティストのビジョンを最大限に生かしている。

CODA

今さらだけど
メンバー紹介

〝コーダ〟という言葉はイタリア語の「尻尾」に由来している。音楽においてコーダといえば曲を終わらせる独立した楽節のことだが、技術的にはカデンツ（終止形）を展開させた音符の構成で、メロディが解決（訳注：不協和音から協和音に移ること）、または少なくとも休止することを予感させる。

僕たちが最終章にこのタイトルを選んだのはこのためだ。初めに述べた通り、本書は僕たち2人の対話であり、驚くほど豪華なミュージシャンや起業家との対話であり、読者の皆さんとの対話である。だから本章はただのエンディングではない。

ロジャー・ブラウン

そんな本書のテーマについて僕たちが意見を求めたのは、第3章で紹介したバークリーの学長ロジャー・ブラウンだ。２０１９年の心地よい夜、彼と1時間ほど話す機会があった。常に教師であり起業家でもある彼は、ケニアでハイスクール教師として学んだことを生かして、ブライト・ホライズンズを立ち上げて幼い子供たちに奉仕し、それから今度はバークリーで学生たちのために尽くした。そして２００４年に学長に就任する。１９４５年にバークリーが設立されてから彼は3代目の学長にあたるが、たぶん最も起業家としての顔を持った人だ。

彼のリーダーシップの下で大学は著しく拡大していった。スペインのバレンシアに大学院を創設、パブリック・スクールのために補助的な音楽プログラムを作り、バークリー・オンラインを立ち上げ、創立１５０年のボストン音楽院を合併した。彼が輩出した卒業生たちは音楽業界はもちろん、最近ではシリコン・バレーのビジネス・リーダーとして活躍している。一歩を踏み出すたびに彼は常に未来を見据えてきた。こうした未来への視点は教育に関われば必然的に付いて回るだろうが、ロジャーにとってそれは核となる信念だった。

「これまでやってきたことに共通するのは、教育を通じて世界をより良い場所にできるという信念だと思う」と、彼は南部特有のアクセントで語ってくれた。「難民救済の仕事でみんなに機会を与えようとしたときも同じことを考えた。教育はいろんな形で現れるんだよ」

「面白いジョークがあるんだ。バークリーで教えながらハーバードで寮の管理人を務めていた人がいたんだけど、こう言っていたよ。若者がハーバードに入学を認められるのは、一族を挙げて18年も努力してきたおかげ。若者がバークリーへの進学を選ぶのは、一族の反対を押し切った末だって」。そう言って彼はクスクス笑った。「そのジョークは本質を突いている。ここに入ることを選んだ学生は『これからどうやって生活していくの。どんな仕事に就くつもりなの』という周囲の声と戦ってきたんだろうね」

だがバークリーに来た当初から、彼は学生たちの中のあるパターンに気付き、これを広げていかなければと感じた。

「パブリック・スクールに教師として雇われたり、音楽療法士として病院に雇われる子は別だけど、学生のほぼ全員に独立心があったんだ。本人たちは自覚してないだろうけどね。多くの音楽学校と比べて、うちの学生は既に起業家として行動しているし、結婚式にバンドとして演奏したりアンサンブルを結成してライブを決行したりね。在学中にビジネスを始める学生もいたよ」

パノス・A・パノイ

初めの頃、こうした活動をテキスト化して発展させ、支援するカリキュラムはまったくなかった。だがバークリーに在籍するうちに、ロジャーは学生たちに対して起業家の考えと活動を教えることがこれまで以上に重要だと痛感するのだった。そんなときにパノスに出会い、遂に状況が大きく動き出す。ロジャーはパノスの会社ソニックビッズの取締役会に参加し、パノスが会社を売却した後、ロジャーは起業家としての成功体験を持つバークリーの卒業生、つまりパノスを大学に招いた。ビヨンセはコラボする相手に対して「自分のことに専念して」と言って自由に任せたが、ロジャーもまたパノスに対して全面的に任せることにした。

「私の中でアイディアがうごめいていて、彼ならそれを素晴らしい形で実現してくれるだろうと思った。彼は学校のことも産業のことも知っているからね」とロジャーは言う。「２人で一緒にアイディアを練ったんだ。といっても私には具体的な計画などなくて、『君なら分かってくれる』とパノスに言うだけなんだけどね」

バークリーに参加したパノスは、２０１４年にバークリーＩＣＥ（創造起業家精神研究所）を設立、学術界に新たな人生を見出し、前を見据え、シリコン・バレーのベンチャー投資家や学生と会談するようになる。程なくして講演の場に立ち、音楽的思考と起業家精神についてアイディアを伝えていくのだった。

パノスが新たな世界に入って数カ月が経った２０１４年６月、これをテーマにボストンの会議でスピーチをするスケジュールが入る。ところが、当日の朝起きるとパノスの中で迷いが生じてきた。朝の会議が苦手だし、早起きしたら軽く運動してゆっくり朝食を取るのが日課なものだから、自分のスピーチはもちろん、イベント自体もすっぽかそうという誘惑が頭をよぎったのだ！　だが土壇場で参加することにした。

R・マイケル・ヘンドリックス

ちょうどその頃、マイケルも同じ会議でスピーチをすることになっていたが、キャリアに行き詰まりを感じていた。フリーのデザイナーからスタートしてハイテクとデザインの会社を設立し、ＩＤＥＯでリーダーシップを取るに至ったマイケルは、20年間ひたすらデザイナーと起業家の成長を後押しする毎日だった。だが彼はこのテーマに燃え尽きてしまい、自分の根っこに近い分野にもっと時間を費やしたいと思っていた。それが音楽だ。

僕たち2人はこれまでのキャリアの中で、節目に立って新たな考えが必要になったり新たなアイディアの探求に迫られたとき、しっかり心をオープンにして耳を傾けることが大切だと学んできた。それだけに仕事のパートナーに出会えたときは最高の瞬間でもある。パノスのスピーチを聞いたマイケルは、これだと思った。壇上に立っていたのは、国内で最も有名な音楽学校の一つに勤務する起業家の姿だった。パノスは創造性とビジネスがどう交わり、どう重なるかについて話していたのだ。

そこでマイケルはパノスをホールまで追いかけて自己紹介すると、バークリーで教えてみないかとパノスから誘われた。僕たち2人はこれまで会ったことも一緒に活動したこともなかったが、アイディアに通じるものがあると直感し、リスクを承知で思い切ってやってみる価値があると考えた。そのリスクもある程度想定できたし、互いへの信頼が根っこにあるから何か裏があるのではと相手を勘繰ることもなく、どんな失敗も引き受けようと思った。

前にも述べた通り、2人のミュージシャンが集まると、一度も一緒にプレイしたことがなくても立派に演奏ができる。お互い自分が前に出てマイクに向かうタイミングが分かっているし、自分は一歩下がって相手を前に立たせることもできる。

僕たちは相手を知っていくにつれ、互いの共通点が更に明確になってきた。それは2人とも、自分の組織を率いて急激で大きな変化の時代をくぐり抜けてきたことだ。パノスがいるバークリーは世界中に広がりながら、ボストンのホーム・キャンパスのプログラムを拡充させていた。ＩＣＥと共に、パノスは中心となって本校を成長させ、程なくして世界戦略の一端を担うようになり、バークリーをニューヨーク、中国、中東にまで拡大させるのだった。一方のマイケルはチームを支援しＩＤＥＯを世界に拡大させ、会社が転換の時代を乗り切るのを後押ししていた。

一方で笑ってしまう共通点もある。僕たちは一目置かれる企業のエグゼクティブではあったものの、2人ともインポスター症候群（訳注：成功した人が自身の過小評価に陥る心理）の傾向があって、誰も僕たちに対処の仕方を教えてくれなかった。しかも見た目がインディーズのジャム・バンドのリズム・セクションにありがちな格好ときている。パノスはモホーク族みたいな格好で、マイケルは寝起きのままのような髪を肩まで伸ばしていた。それでも2人にはこれまでの起業家としての経験から得た自信があったし、同じような直感を土台に会社を築き上げてきたことは、本書で述べることになった通りだ。

また時代も味方してくれた。たった一つのソフトウェアで音楽とデザインを作るツールが一体化しつつあった時代だ。ソフトウェアのおかげでアートを制作するハードルが下がり、デジタル・ワークスペースは見た目が同じで、その中では曲作りも写真の編集もさほど変わらない。ツールはデジタル、つまり同じ1と0から成る二進法から生まれたものだから、表現に用いるインターフェイスはプロも一般ユーザーもほぼ同じ。しかもそれを使う若者たちには生まれたときからデジタルがあった。

こうした要素をICEの授業に持ち込むことでデザイン思考と音楽制作、起業家精神のコンセプトが一つにまとまったのだ。僕たちは講義をしばらく試運転してから、最終的に仕事場を教室に変えてマサチューセッツ州のケンブリッジ市にあるIDEOで授業を主宰し、正式な課程とした。起業家の特徴を教えるだけでなく、学生が意見を持ちそれに基づいて行動するよう支援するのが狙いだ。

アーティストとして自身のブランドを築きたいと思う学生から、新製品のアイディアを膨らませる学生まで様々な人材に出会うことができた。時に僕たちは音楽業界とはまったく縁のない領域に足を踏み込むこともあった。ある学生は、医療の問題を目の当たりにしていた。複雑な請求書類に伴うフラストレーションや混乱を肌で感じ、医療記録の電子化をデザインしたいと考えたのだ。またあるとき、僕たちは授業でバークリー自体に目を向け、学生たちに大学の職業斡旋サービスの改善案を求めた。こうした応用は音楽大学の学生にとっては的外れにも思えるだろうが、僕たちはこれを逸脱とは考えなかった。学生たちの中にある創造的なマインドセットを解放してあげたかったのだ。

現在バークリーでは、クリエイティブ・アントレプレニュリアル・マインドセット（創造的な起業家のマインドセット）が、副専攻科目であるクリエイティブ・アントレプレナーシップ（創造的起業家精神）の基本コースとなっている。この講座の人気が増すにつれ、参加する学生も多様化してきた。第1、2学年で最初の授業はパフォーマンスと制作が必修となっている。現在、バークリーはボストン音楽院と統合したおかげで、授業には新入生から上級学年まで、様々な分野から参加している。ジャズ、ポップのパフォーマー、プロデューサーから、ソングライター、クラシック音楽家、コンテンポラリー・シアターの俳優、クラシックのモダン音楽のダンサー。そして画期的なプログラムによって近隣のアート・カレッジから来た学生が姉妹校の授業を取れるようになったおかげで、光栄なことにファイン・アートの専門家、映画の脚本家、グラフィック・デザイナーにも授業を行っている。

オープン・ミュージック・イニシアチブ

僕たちはこうした応用をカリキュラムの外にも広げた。２０１６年、バークリー＆ＩＤＥＯで開催した夏のスタートアップ実習がそれだ。この実習に関わるオープン・ミュージック・イニシアチブは、僕たちが起業家やバークリーの理事であるダン・ハープリーと共同設立した業界団体で、開かれた情報源を促し音楽のクリエイターへの適切な報酬を確保することを趣旨としている。

８週間のプログラムでは、クリエイティブなワークフローの中でデータを収集する方法を探求し、ブロックチェーンを使ってアーティストとファンの双方のために新たな経験を作り出せないか模索した。集まったのはロード・アイランド・スクール・オブ・デザイン、メリーランド・インスティチュート・カレッジ・オブ・アート、ハーバード、ＭＩＴ、タフツ、バークリーの学生たちだ。様々な学部が交じった5つのチームが作られ、12の新たなコンセプトと試作品が生まれるに至った。

夏の終わりに、ＭＩＴメディア研究所の最上階で、学生たちと共同で作業したのは、テクノロジーと音楽業界の３００社近くから成るオープン・ミュージック・イニシアチブのメンバーだ。その中には数多くのブロックチェーンの企業が含まれていた。ユニバーサル ミュージック、ソニーミュージック、ユーチューブ、スポティファイ、ネットフリックス、フェイスブック、インテル、ＩＢＭ。

１つのチームが「オン・レコード」という試作品を作った。これは独特の音探知機である〝サウンド・プリント〟を備えた4分の1インチ（約6ミリ）サイズのアダプター・プラグで、これを個々のミュージシャンに与えればレコーディングのデータを一括してまとめられる。演奏中に探知された情報がレコーディングされたトラックに半永久的に組み込まれることで、アーティストを特定する膨大なデータがいらなくなる。曲のファイルをスキャンすれば、それに関わったミュージシャンが半永久的に認識されるため、作品に対する支払いが円滑に進む。

こうしたオープン・ミュージック・イニシアチブによってファンが音楽を聴く新たな機会も開かれた。別のチームがＩＮＴＲＳＴＬＲという新たなストリーミングのプラットフォームを試作したのだ。コンセプトは、曲の制作に携わった人の情報（オン・レコードのようなデバイスに組み込まれている）を活用して、まだあまり知られていないミュージシャンやプロデューサー、エンジニアのファンベースを築くことだ。それぞれの曲に関わった人の系統図が簡単に分かるため、例えば、ベース・プレイヤーやバックアップ・シンガーなどの作品カタログを通じて、リスナーはこうした裏方のクリエイターをフォローすることができる。

僕たちは2017年にもこうした実習を立ち上げた。新たに学生を交え米州開発銀行のサポートによって、カリブ海諸国でブロックチェーンの使用を促そうというのがその狙いで、これまたアーティストとリスナーとの新たな体験が生まれる素晴らしい結果となった。最初のプログラムからここまでの2年の中で、僕たちが目の当たりにしたのは学生たちの中の目覚ましい変化、それは創造的な分野の境界線が霞んでいくほど彼らがテクノロジーに精通していったことだ。

例えばデザイン思考。これは作ることを主とする職業に根付いているが、近年はそれがイノベーションの中心に置かれ、更には経済成長の中心にまで及ぶようになってきた。そこから豊かな語彙が生まれ、十分な裏付けがある実践によって現実的な成果をもたらしている。学生たちは確実にこうした実践を基礎から活用し、音楽的なマインドを新たに応用させながら、実践の範囲を広げその意味を再定義するのだった。

大切なのはマインドセット

こうした幅広いバックグラウンドを持つ学生たちを教えることで確認できたのは、すべての創造的な職業の中に共通する基盤であり、それは共通のマインドセットと言ってもいい。これを使う専門的スキルは、グラフィック・アーティスト、ピアニスト、バレエ・ダンサー、俳優、ライターなど職種によっても違うし、習得するには数年に及ぶ実践が必要となる。だが創造と起業の根本にあるものは同じで、それは自由とエネルギーだ。デザイナー、ミュージシャン、ダンサー、俳優、映画の脚本家、起業家などどんな職種であれ、その考え方の出発点はみな同じなのだ。

僕たちのコラボレーションが優れたバンドのように成長するにつれ、僕たちは共にクリエイティブとビジネス、双方のパートナーであることを再確認した。この関係においては基本的な了解があって、それはビジネスでは互いに対してウソをつかないということだ。良心に背くことはしないと決めている。そしてその了解は、新たな相互関係への期待へと深まっていく。僕たちは共に学び成長することを望んできた。たとえ結果がどう出るかはっきり分からなくても、一緒に何かを築き上げ、何かを作りたいと思っている。

今述べてきたことすべてが本書につながっている。何なら2人にとってのファースト・アルバムと言ってもいい。当初はただ情報交換して、デザイナーとミュージシャンの共通のマインドセットを議論し合い、その置き所を見つけて一緒にそれを発表しようというものだった。つまり耳を傾け、観察し、試行錯誤の精神で一緒に試作品を作ることだ。

問題解決に対して様々な学問からアプローチすることはバンドの力学と似ていた。２人とも互いの専門分野を持ち込むことで、２人の総和よりも大きいものを生み出すのはバンドのケミストリーさながらだ。リーダーシップについての考えも似ていて、単なる組織図のトップではなく流動的な役割を担うものだと見なしている点が共通していた。

みんなに伝えたかったこと

このコラボの真価が試されたのは、本書を手掛けて1年半が過ぎた頃、僕たちが完全に行き詰まっていたときのことだ。自分たちのアイディアを信じた僕たちにとって、運よく辿りつけた取材は素晴らしい成果を挙げ、内容は実に興味深いものだった。だがコンテンツ開発者と共同で作業していたとき、向こうはあまりピンと来ていなかった。僕たちは2人とも懸命に、懸命にアピールする毎日だった。

どうして点と点がつながらないのか分からず、まるでシーソーに乗っているかのように視点がぶれて方向性を見失っていた。クリエイティブなプロジェクトにありがちだが、編集者からの締め切りにも追われていた。とはいえ途方もないエネルギーをこのプロジェクトに投じていただけに、今さら撤退するわけにはいかなかった。何かを変えないといけない。

本書の重要なポイントに来たときも、僕たちは互いに目を向け、本書が実用的でインパクトを与えるという共通の信念に立ち戻った。すると見えてきた。僕たちが訴えたかったのは、クリエイティブな教育が脅かされているということだ。

すべてにおいて効率が優先される時代にあって、僕たちはどうお互いに向き合い、問題をどう解決したらいいのか。多くのことから人間性が奪われてしまった。社会はどうしてここまで分析的な側に偏ってしまったのだろうか。若者にプログラミングを教えなければと誰もが口では言いながら、彼らに対して創造性と想像力を使って考えさせることが早急に必要であるという声が出てこない。それはどうしてだろうか。


T・ボーン・バーネットとの取材中に彼は深い話をしてくれた。

「20世紀には何かと決断が下され、僕たちはますますシステムに統合されていった。例えば学校というシステムの中で、このシステムからアートを外して子供たちに教えるのが一番効率的だと決断が下された。なぜならアートは効率とは真逆だからだ。アートと効率はまったく相いれない。インスピレーションを形にすることがアートであって、それができなければアートではない」

「ではインスピレーションとは何か、効率ではない。インスピレーションは風が吹くようなもので、目には見えない。風は見えないけど、木々に吹きつける様は見えるよね。でも効率的ではない。時には木をなぎ倒して、なぎ倒された木が家を直撃するほど影響力がある。それなのに僕たちはアルゴリズムや数字、エンジニアリング、数学を過剰に重視する。僕に言わせれば、こうした学科には人間性が欠落している。創造性こそは人間の最も重要な能力なんだよ。創造性はビッグバンであり、天地創造だ。人間に無限の創造力があるからこそ数学は存在する。科学だって中に創造性があるからこそ存在しているのであって、逆はない。そうした話が欠けているんだ」

前に進め！

だがもちろん、希望はある。僕たちがキャリアを始めてから30年、個人が大きな力を手にし、状況の変化が生じたことを、僕たちは何度も目の当たりにしてきた。僕たちに言わせれば、それはアップルが直感的なインターフェイスと画期的なソフトウェアのツールを通じて、創造性へのアクセスを平等にしたおかげだ。

マイケルが大学を卒業したとき、友人にオフセット印刷のタイプセッターがいた。現在はiMovie、Photoshop、GarageBand、SketchUpなどのシンプルなツールがあれば、製品に相当するクオリティを持ちながらしかもクリエイティブなものを生み出すことができる。才能と経験は必ずしも必要ないが、可能性は広がる。アップルの“Shot on iPhone”キャンペーンは２０１５年に発足し、この点をうまく突いている。ｉＰｈｏｎｅのバージョン6以降の機種を持っていれば、誰でも高画質の写真を撮影できて、修正しなくても広告レベルのものをプリントできる。

第5章で紹介した起業家のスティーブ・スタウトに、この点についてどう思うか尋ねたところ、彼はこう答えてくれた。「どうして誰もそのことを言わないんだろう。おかげで完全に食いつぶされた産業がごまんとあるのにね。かつてプロ専用のツールだったものが、突然遊び道具として誰でも使えるようになった。どこを見渡しても、アーティストはたくさんのプロジェクトで活動しているけど、前の世代だったらそんなチャンスも力もなかっただろうね。本当に才能があってその才能を様々な要因に応用する機会に没頭すれば、チャンスはどこまでも増え続けるよ」

確かに僕たちはツールを変えてアイディアを書き換え、想像を新たにし、自分をアップデートした。そして最終的に、多くのクリエイターに目を向け本書で紹介するに至った。

ベンチャー・ファンドを設立したアヴァン・ポップのエレクトロニック・ミュージシャン、新たなギターをデザインした6弦ギターの名手、クラウド・ストレージ・ビジネスを立ち上げた初期エレクトロニクスのパイオニア、ホテルを立ち上げたベーシスト、ウェアラブルなミュージックグローブを開発した作曲家、マイクロフォン・ケーブル会社を立ち上げたドラマー、医療機器の音を設計し直したミュージシャン、神経科学者になったロック・スター、そしてもちろん、スニーカー、サングラス、コロンを立ち上げたR&Bシンガー。バックグラウンドと世代こそ様々だが、視点、音楽のマインドセットは共通で、それを使って世界にアプローチしているのだ。僕たちの希望は、対話を継続させ、多くの分野から様々なアイディアをまとめることだ。
ハンク・ショックリーは僕たちにこう言った。クリエイティブな人たちはクリエイティブな領域に留まることはないと。

「俺たちは多面的な存在なんだ。多面的な領域に踏み込む人たちが未来を築いていき、一面的な人たちに取って代わろうとしている。それを理解できない連中は、ステップもキーも声も外して時代にも遅れている。会社のＣＥＯだってストリートにある地元のクラブに出てロックできるようにした方がいい。それができないと言うんだったら、せっかくの多面的な才能を使っていないわけだから、使っている人間にかなうわけがないよ」

「俺たちは別の時代へと進んでいる。別の時代に移るときは、農耕時代から産業化時代へと移行したときのように、大きな分裂が生じるもんさ。今俺たちは産業からデジタルへと移行した。その節目にある隆起に衝突し、それをきっかけに長い間溜め込まれ、以前の古いパラダイムの中で渦まいていたエネルギーが一気に放たれようとしている。俺たちが前に進むただ一つの方法は創造性を突き進むことで、この創造性を俺たちはたっぷり持ち合わせている。古いシステムは湧き上がるエネルギーにあたふたしているよ。世界を見渡すと創造性のある人たちではち切れんばかりだ。そういう人は何百万といるんだよ。マジに何百万人もね」

シークレット・トラック

子供の頃、僕たちはＣＤのシークレット・トラック（隠しトラック）を見つけるのが楽しみだった。今でもそうだ！

最後のプレイリストは本書で紹介したアーティストや友人たちを特集している。マイケルの変名Ｒ・Ｍ・ヘンドリックスもいる。

シークレット・ウェポン—Ｒ・Ｍ・ヘンドリックス
オーディナリー・ライフ—クリステン・バリー
トゥデイ・イズ・クラッシング・ミー—ウィル・デイリー
ベター・ザン・ナッシング—ジェン・トライニン
ムーン・イン・ザ・スカイ—マダム・ガンジー
ニューロマンス—ブラック・プラスチック
ゴールデン・ヘアー—アンドレ・オビン
クリープ（ベルリンで二日酔いのまま行ったサウンドチェック）—アマンダ・パーマー

もっと聴きたい！

ニルヴァーナの「エンドレス・ネームレス」。アルバム『ネヴァーマインド』で、沈黙が10分続いた後に登場するシークレット・トラック。沈黙といえば、本書の最初のテーマに戻ったみたいだ。

ライナーノート

カレブ・ラドウィック、リック・リクター、トッド・シュスター、コリーン・ローリー、キンバリー・パノイ、ラモーナ・タジ・ヘンドリックス、キャロライン・グレゴワ、ロジャー・ブラウン、バークリー音楽大学、ＩＤＥＯ、リタ・ダルトン、ティファニー・ナイト、ニコル・ダビス、ファレル・ウィリアムス、イモージェン・ヒープ、ポール・ワッチャー、ティム・チャン、デズモンド・チャイルド、スティーブ・ヴァイ、デヴィッド・マッシュ、デヴィッド・フレンド、スーザン・ロジャーズ、ジャスティン・ティンバーレイク、ジョン・スティラット、スペンサー・トゥイーディー、ハンク・ショックリー、ジミー・アイオヴィン、Ｔ・ボーン・バーネット、スティーブ・スタウト、ウィル・デイリー、ケヴィン・グラディ、ローレンス・アゼラッド、アンドレ・オビン、ジェン・トライニン、クリステン・エラード、キラン・ガンジー、ヨーコ・セン、エミリオとグロリア・エステファン夫妻、僕たちの両親……そして多過ぎて紹介しきれないが、インスピレーションを与えてくれたすべてのアーティストに感謝したい。

創造思考

起業とイノベーションを成功させる方法はミュージシャンに学べ

2021年9月23日発行

著　者――パノス・A・パノイ／R・マイケル・ヘンドリックス
訳　者――大田黒奉之
発行者――駒橋憲一
発行所――東洋経済新報社
〒103-8345　東京都中央区日本橋本石町1-2-1
電話＝東洋経済コールセンター　03(6386)1040
https://toyokeizai.net/

装丁・本文デザイン……加藤賢策（LABORATORIES）
D T P…………………アイランドコレクション
印　刷…………………図書印刷
編集担当………………齋藤宏軌
Printed in Japan　　ISBN 978-4-492-55804-1

著者

パノス・A・パノイ（Panos A. Panay）

グラミー賞を主催するザ・レコーディング・アカデミーの共同会長。元バークリー音楽大学のイノベーション及び戦略担当上級副学長であり、ソニックビッズの創設者。『ファスト・カンパニー』の「ファスト50」や『Inc.』の「Inc500」に名を連ねるなど、数多くの賞や称号を受けている。

R・マイケル・ヘンドリックス（R. Michael Hendrix）

イノベーションのコンサルタント会社IDEOのパートナー兼グローバル・デザイン・ディレクター。バークリー音楽大学で起業家精神を教え、『WIRED』『ファスト・カンパニー』、SXSWミュージックで基調講演を行っている。

訳者

大田黒　奉之（おおたぐろ　ともゆき）

京都大学法学部卒業。洋楽好きが高じ、主にミュージシャンの伝記の翻訳を手掛けるようになる。主な訳書に『SHOE DOG（シュードッグ）』『The Third Door（サードドア）』（以上、東洋経済新報社）、『メタリカ公式ビジュアルブック バック・トゥ・ザ・フロント』（ヤマハミュージックエンタテインメントホールディングス）、『ロック・コネクション』『ジョージ・ハリスン コンプリート・ワークス』『デヴィッド・ボウイ コンプリート・ワークス』『ザ・クラッシュ コンプリート・ワークス』『イーグルス コンプリート・ワークス』（以上、ティー・オーエンタテインメント）、『ミック・ジャガーの成功哲学』（スペースシャワーネットワーク）等。

サンプル（参考文献）

音楽でサンプリングといえば、別のアーティストの作品の一部を再利用することだ。音楽と起業家精神の接点で働く僕たちは、幸運にも成功を収めたミュージシャンやビジネスのイノベーターと会って本書のアイディアについて話を聞くことができた。

それ以外にも他のインタビュアーや著者による魅力的な対話を活用（サンプリング）させてもらったので、ここに感謝の意を込めて章ごとに紹介したい。

PRELUDE

アレク・バンクス　「ファレル・ウィリアムス、自身のデザインとアディダスとのコラボについて語る」、2016年5月17日付『Highsnobiety』
www.highsnobiety.com/2016/05/17/pharrell-williams-adidas-interview/.

アダム・チャン　「ファレル・ウィリアムスとアディダス・オリジナルズNMDヒューのこれまで」、2018年8月29日付『Soul Supplier』
https://thesoulsupplier.co.uk/news/brief-history-pharrell-williams-x-adidas-originals-nmd-hu.

クリス・ガードナー　「ファレル・ウィリアムス、アディダスとのコラボについて語る」、2014年12月4日付『ハリウッド・レポーター』
www.hollywoodreporter.com/news/pharrell-williams-adidas-collaboration-ill-753967.

マシュー・ハーグ、2020年2月17日付「Oh, Heyyy, Pharrell」（ブログ記事）
https://matthewhague.com/2020/02/17/oh-heyyy-pharrell/#more-1064.

HBチーム　「ファレル、音楽、ファッション、デザインを語る」、2013年1月3日付『Hypebeast』
https://hypebeast.com/2013/1/pharrell-talks-music-fashion-and-design.

ジュリアン・ミッチェル　「ファレル、プッシャT、トービン・シューマッハ、アディダスがクリエイターにとってのグローバルブランドになったいきさつを語り合う」、2018年12月18日付『フォーブス』
www.forbs.com/sites/julianmitchell/2018/12/18/pharrell-pusha-t-and-torben-schumacher-discuss-how-adidas-became-the-global-brand-for-creators/#581b204318a9.

エリック・スケルトン、ピアース・シンプソン　「ファレル・ウィリアムス、カニエ・ウエスト、キッド・カディ、アディダスについて語る」、2018年11月16日付『コンプレックス』
https://www/complex.com/music/2018/11/pharrell-interview-kanye-west-kid-cudi-solar-hu-adidas.

マイルズ・ソッチャ　「ファレル・ウィリアムスとアディダスはいかにして人種の壁を切り崩そうとしているか」、2016年9月26日付『Footwear News』
https://footwearnews.com/2016/fashion/media/adidas-pharrell-williams-hu-nmd-collection-diversity-261750/.

マキシン・ウォーリー　「オリジナルズ：ファレル・ウィリアムス」、2018年11月19日付『Women's Wear Dialy』
https://wwd.com/fashion-news/fashion-features/the-originals-pharrell--adidas-hu-sneakers-superstar-exclusive-1202909251/.

CHAPTER 01

BBCニュース　「銀行を救おうと立ち上がる女性たち」、2009年5月18日付『BBCニュース』
http://news.bbc.co.uk/2/hi/8048488.stm.

ビョーク　「ビョーク、ビョークについて語る」、2017年10月11日付『W』
https://www.wmagazine.com/story/bjork-interviews-herself/.

ビョーク　「ストーンミルカー」、2015年12月17日付『ソング・エクスプローダー、エピソード60』
http://songexploder.net/bjork.

ロジャー・ボイズ著『*Meltdown Iceland : Lessons on the World Financial Crisis from a Small Bankrupt Island*』、ブルームズベリー・パブリッシング、ニューヨーク、2009年

ポール・リース　「ザ・ソングライターズ」、2007年9月4日付『Q』
www.bjork.fr/Q-Magazine-The-Songwriters.

ブランドン・ストスイ　「ビョーク、実験としての創造について語る」、2017年12月14日付『The Creative Independent（TCI）』
https://thecreativeindependent.com/people/bjork-on-creativity-as-an-ongoing-experiment/.

ポール・ティンゲン著『エレクトリック・マイルス』、麦谷尊雄訳、水声社、2018年

CHAPTER 02

ジェニファー・ルーシー・アラン　「発明の母たち：エレクトロニック・ミュージックを作った女性たち」、2016年6月17日付『ガーディアン』（イギリス、マンチェスター）
https://www.theguardian.com/music/2016/jun/17/daphne-oram-synthesizer-deep-minimalism.

ダミアン・ファネリ 「ギターの弦を変えたのはジミー・ペイジが最初ではなかった」、2017年3月22日付『Guitar World』
www.guitarworld.com/artists/case-you-thought-jimmy-page-was-first-play-bowed-guitar.
ヒップホップ・ヒストリー 『グランド・ウィザード・セオドア（セオドア・リビングストーン）』
https://history.hiphop/grand-wizzard-thodore-thodore-livingstone/.
クリス・ハント 「ペインターマン：クリエーションのエディ・フィリップスのインタビュー」、1988年3月付『ギタリスト』
www.chrishunt.biz/features37.html.
ジョシュ・ジョーンズ 「ラジオで放送禁止になった唯一のインストゥルメンタル曲：挑発的で騒々しいリンク・レイの『ランブル』（1958年）」、2017年4月18日付『オープン・カルチャー』
www.openculture.com/2017/04/the-only-instrumental-every-banned-from-the-radio-link-wrays-rumble-1958.html.
ロバート・パーマー著『*Deep Blues : A Musical and Cultural History from the Mississippi Delta to Chicago's Southside to the World*』、ペンギン、ニューヨーク、1982年
ロバート・A・ロドリゲス著『*The 1950s' Most Wanted : The Top Ten Book Of Rock and Roll Rebels, cold War Crises, and All-American Oddities*』、ポトマック・ブックス、ネブラスカ州リンカーン、2006年
ジョン・シェパード、デヴィッド・ホーン、デイブ・ラング、ポール・オリバー、ピーター・ウィッケ共著『*Continuum Encyclopedia of Popular Music of the World, Vol II*』、コンティナーム、ニューヨーク、2003年
ジャスティン・ティンバーレイク著『*Hindsight : & All the Things I Can't See in Front of Me*』、ハーパーデザイン、ニューヨーク、2018年
アイク・ターナー 「『ロケット88』の真実」、『Songfacts』
https://www.songfacts.com/facts/ike-turner/rocket-88.uigvmauricio.
「ジミー・ペイジ、バイオリンの弦を使ったギターソロ」、2009年2月13日付投稿『ユーチューブ』
www.youtube.com/watch?v=QtoVZ4eObg8.

CHAPTER 03

ライアン・ドンバル 「ベスト・ニュー・トラック：『ホールド・アップ』」、2016年4月25

日付『ピッチフォーク』
https://pitchfork.com/reviews/tracks/18207-beyonce-hold-up/#:~:text=.

マイケル・ギルモア　「なぜビートルズは解散したのか」、2009年9月3日付『ローリング・ストーン』
www.rollingstone.com/music/music-features/why-the-beatles-broke-up-113403/.

エリース・イナミン　「コミュニティの糸を紡ぐコートニー・バーンズ」、2018年12月27日付『フード&ワイン』
https://www.foodandwine.com/travel/restaurants/cortney-burns-restaurant-loom.

ハロルド・ジャクソン　「デイヴィスとディジー」、1960年4月19日付『ガーディアン』（イギリス、マンチェスター）
https://www.theguardian.com/century/1960-1969/Story/0,,105517,00.html.

リー・ラム　「フェイスブック、IDEO、バージン・アメリカにおける企業文化の真実」、2015年8月10日付『ファスト・カンパニー』
www.fastcompany.com/3049282/inside-the-creative-culture-at-facebook-ideo-and-virgin-airlines3:~:text=.

デヴィッド・パイズナー　「メイキング“レモネード”：ビヨンセのコラボによる傑作の裏側」、2016年4月28日付『ローリング・ストーン』
https://www.rollingstone.com/music/music-news/making-lemonade-inside-beyonces-collaborative-masterpiece-85854.

シークレット・キーパー　「2018年、ビヨンセのインタビュー」、2018年1月22日11時2分投稿『ユーチューブ』
https://www.youtube.com/watch?v=L5wr7fBa27k.

マシュー・ストラウス　「ビヨンセの『レモネード』のコラボレーター、MeLo-Xが『レモネード』について初めて語る」、2016年4月25日付『ピッチフォーク』
https://pitchfork.com/news/65045-beyonces-lemonade-collaborator-melo-x-gives-first-interview-on-making-ofthe-album/.

ノア・ヨー　「エズラ・クーニグ、ビヨンセとのコラボについて語る」、2016年5月8日付『ピッチフォーク』
https://pitchfork.com/news/65341-ezra-koenig-elaborates-on-beyonce-collaboration-interviews-ariel-rechtshaid-on-beats-1/.

CHAPTER 04

ジェム・アスワド　「アルバム・レビュー：プリンスの『オリジナルズ』」、2019年6月21

日付『バラエティ』
https://variety.com/2019/music/reviews/album-review-princes-originals-1203249936/.
レベッカ・ベンガル 「プリンスの『オリジナルズ』」、2019年6月7日付『ピッチフォーク』
https://pitchfork.com/reviews/albums/prince-originals/.
オースティン・カー 「アップルがiPodのヒントにしたのは？　ブラウンではなくバング＆オルフセンだった」、2013年11月6日付『ファスト・カンパニー』
www.fastcompany.com/3016910/apples-inspiration-for-the-ipod-bang-olfusen-not-dieter-rams.
イームズ・オフィス 「ノートンにおける講義」、2014年3月31日
https://www.eamesoffice.com/scholars-walk/norton-lectures/.
トマス・エジソン 『Quote Investigator』
https://quoteinvestigator.com/2012/07/31/edison-lot-results/.
ギャヴィン・エドワース 「プリンスの次なるアーカイブ：彼がゴミ箱に捨てたヒット曲」、2019年5月29日付『ニューヨーク・タイムズ』
www.nytimes.com/2019/05/29/arts/music/prince-originals-demo-album.html.
ジョー・フェスラー 「ジェフ・トゥイーディー、潜在意識下の曲作りについて語る」2014年9月17日付『アトランティック』
https://www.theatlantic.com/entertainment/archive/2014/09/jeff-tweedys-subconscious-ssongwriting/380290/.
ジャン・グラッドボール 「世界的特ダネ：マックス・マーティン、ナンバーワン・ヒットメーカー」、2016年2月11日付『DiWeekend』
https://storytelling.di.se/max-martin-english/.
アンディ・グリーン 「レディオヘッドの『OKコンピューター』、メンバーが語る制作秘話」、2017年6月16日付『ローリング・ストーン』
www.rollingstone.com/music/music-features/radioheads-ok-computer-an-oral-history-196156/.
ハリシャイックス・ハーウェイ 「ウィルコの魅力」、2015年12月2日付『ソング・エクスプローダー』エピソード58
http://songexploder.net/wilco.
ジェフ・トゥイーディー著『ジェフ・トゥイーディー自伝　さあ、行こう。ウィルコと音楽の魔法を探しに』、五十嵐正訳、シンコーミュージック、2020年

CHAPTER 05

ビリー・コーベン監督　4部構成のドキュメンタリー・シリーズ『The Tanning of America : One Nation Under Hip Hop』
http://tanningofamerica.com.

ティム・フェリス　『ティム・フェリス・ショー』「エピソード76：リック・ルービン」、の台本
https://fhww.files.wordpress.com/2018/07/76-rick-rubin.pdf.

デヴィッド・フリック　「ジミー・アイオヴィン：魔法の耳を持つ男」、2012年4月12日付『ローリング・ストーン』
https://www.rollingstone.com/music/music-news/jimmy-iovine-the-man-with-the-magic-ears-120618.

パトリック・ゴールドスタイン　「あなたもプロデューサーに！」、2001年2月20日付『ロサンゼルス・タイムズ』
https://www.latimes.com/archives/la-xpm-2001-feb-20-ca-27539-story.html.

コリー・グロウ　「リック・ルービン：人生の21曲」、2016年2月11日付『ローリング・ストーン』
www.rollingstone.com/music/music-lists/rick-rubin-my-life-in-21-songs-26024/.

リア・フェスラー　「アップルのトップに立つ音楽プロデューサー、エミネムとU2を生んだ男が訴える」、2017年6月16日付『Quartz』
https://qz.com/1004860/jimmy-iovine-the-man-behind-apple-music-and-eminem-wants-you-to-stop-believing-your-bullshit/.

ベン・シサリオ　「音楽とテクノロジーを知る男、ジミー・アイオヴィン。彼が頭を悩ます理由とは」、2019年12月30日付『ニューヨーク・タイムズ』
www.nytimes.com/2019/12/30/arts/music/jimmy-iovone-pop-decade.html.

スティーブ・スタウト著『*The Tanning of America : How Hip-Hop Created a Culture that Rewrote the Rules of the New Economy*』、ゴッサム・ブックス、ニューヨーク、2011年

CHAPTER 06

オータム・アビーゴ　「ハーバードMBA卒業生でフェミニストのミュージシャン、マダム・ガンジー、メッセージを拡散する秘訣について語る」、2018年2月11日付『フォーブス』
www.forbes.com/sites/autumnadeigbo/2018/02/11/lessons-from-madame-gandhi-

harvard-mba-grad-feminist-musician-and-believer-in-the-power-of--periods/?sh=2b8fef865b9a.

ルース・ブラット 「共感と利潤は両立する：アリス・クーパーのマネージャー、シェップ・ゴードンの場合」、2014年6月13日付『フォーブス』
www.forbes.com/sites/ruthblatt/2014/06/13/when-compassion-and-profit-go-together-the-case-of-alice-coopers-manager-shep-gordon/#1920def46cc7.

ジャスミン・ブージェアス 「ビジョンズ：マダム・ガンジーとのインタビュー」、2019年11月付『Tom Tom Mag』
https://tomtommag.com/2019/11/visions-an-interview-with-Madame-gandhi/.

マーク・ブラボイ 「マダム・ガンジー、フェミニズムの交差と『未来が女性の時代である』理由を語る」、2017年8月22日付『Vibe』
www.vibe.com/2017/08/Madame-gandhi-interview.

ジェシカ・ブルーダー 「バーニング・マン・フェスティバルの新たな顔ぶれ」、2011年8月27日付『ニューヨーク・タイムズ』
www/nytimes.com/2011/08/28/business/growing-pains-for-burning-man-festival.html.

ジャビア・カブラル 「シェフをセレブにした男」、2016年11月6日付『Vice』
www.vice.com/en_us/article/aea3v8/meet-the-man-who-created-the-celebrity-chef.

リディ・チャクラボーティ 「マダム・ガンジー：女性が未来を担う」、2016年12月2日付『ローリング・ストーン』
https://rollingstoneindia.com/Madame-gandhi-the-future-is-female/.

アラン・クロス 「知ってビックリ、ストリーミングに毎日どれだけの曲が追加されているか」、2018年6月12日付『A Journal of Musical Things』(ブログ記事)
www.ajournalofmusicalthings.com/youll-be-stunned-at-how-many-songs-are-added-to-streaming-music-services-every-day-i-was/.

ジョシュ・エールズ 「リル・ナズX：ヒップホップ・カウボーイ成功の裏側」、2019年5月20日付『ローリング・ストーン』
www.rollingstone.com/music/music-features/lil-nas-x-old-town-road-interview-new-album-836393/.

ヘレナ・ボッテミラー・エヴィーチ 「ダフト・パンクから食品の栄養成分表示まで」、2014年3月7日付『Politico』
www.politico.com/story/2014/03/new-food-labels-fda-kevin-grady-104412.

アリソン・ファス 「サー・リチャード・ブランソン、11の名言」、2013年4月10日付『Inc.』

www.inc.com/allison-fass/richard-branson-virgin-inspiration-leadership.html.

Fs　「シェップ・ゴードン：信頼、共感そして友人を派手に売り込むこと」、『The Knowledge Projectエピソード65』
https://fs.blog/knowledge-project/shep-gordon/.

カーミン・ガロ　「スティーブ・ジョブズのiPhoneのプレゼンが今なお史上最高である5つの理由」、2017年6月29日付『Inc.』
www.inc.com/carmine-gallo/5-reasons-why-steve-jobs-iphone-keynote-is-still-the-best-presentation-of-all-ti.html.

グローバル・カンバセーション　「全力で働き、全力で遊べ：リチャード・ブランソンのビジネスプラン」、2014年1月31日投稿19分15秒間『ユーチューブ』
https://www.youtube.com/watch?v=g7fbe-oV-XO.

エリサ・グッドマン　「マダム・ガンジーがあなたの偏見を粉砕する」、2017年9月1日付『ビルボード』
www.billboard.com/articles/news/pride/7949234/madame-gandhi-feminism-gender-equality.

ジョー・リンチ　「バスの運転手がマダム・ガンジーの人生を変えた」、2019年10月25日付『ビルボード』
www.billboard.com/articles/news/pride/8540385/Madame-gandhi-visions-interview.

ケルシー・カッツ　「リチャード・ブランソン、起業の成功、トランプのこと、タイムズ・スクエアにタンクで突っ込んだ時について語る」、2017年7月19日付『CNBCニュース』
https://www.cnbc.com/2017/07/19/richard-branson-talks-trump-start-ups-driving-a-tank-in-time-square.html.

エミー・マーティン　「億万長者リチャード・ブランソン：成功の10カ条」、2017年7月21日『CNBCニュース』
www.cnbc.com/2017/07/21/billionaire-richard-bransons-top-tips-for-success.html.

マイク・マイヤーズ、ベス・アラ監督　『スーパーメンチ―時代をプロデュースした男！』、ドキュメンタリー、2014年ワシントン州シアトル、IMDb（インターネット・ムービー・データベース）

ワン・プラネット　「バイオフィリア教育プロジェクト」、『ワン・プラネット・ネットワーク』
www.oneplanetnetwork.org/initiative/biophilia-educational-project-0.

ヴァレリヤ・サフローノア　「マダム・ガンジーはあなたを退屈させない」、2020年1月

21日付『Paper』
www.papermag.com/madame-gandhi-interview-music-video-see-me-thru-2644883012.html.
ホリー・トマス 「33年後の今も、クイーンのライブエイドのパフォーマンスがマジックである理由」、2018年11月『CNN』
www.cnn.com/interactive/2018/11/opinions/queen-live-aid-cnnphotos/.

CHAPTER 07

バイオフィリア教育プロジェクト 「バイオフィリアについて」
https://biophilliaeducational.org/.
チャーリー・バートン 「内側に迫る：ビョークのアルバム『バイオフィリア』が音楽とiPadのアプリを融合させるまで」、2011年7月26日付『WIRED』
www.wired.co.uk/article/music-nature-science.
スチュアート・ドレッジ 「ビョーク、バイオフィリア・アンドロイドとウィンドウズ8アプリ開発のためのキックスターター・キャンペーンを中止」、2013年2月8日付『ガーディアン』(イギリス、マンチェスター)
www.theguardian.com/music/appsblog/2013/feb/08/bjork-cancels-biophilia-kickstarter.
スチュアート・ドレッジ 「キックスターターは頓挫するも、ビョークのバイオフィリアのアンドロイド向けアプリが発売」2013年7月17日付『ガーディアン』(イギリス、マンチェスター)
www.theguardian.com/technology/appsblog/2013/jul/17/bjork-biophilia-app-android.
エレクトラ 「ビョーク『テレグラム』について語る」、1997年
https://14142.net/bjork/articles/bjork/elektra.txt.
ファイーナ・アレフ 「バイオフィリア：ビョークによる革新的な教育プロジェクト」、2017年3月28日付『Faena』
www.faena.com/aleph/articles/biophilia-a-revolutionary-educational-project-by-bjork/#.
ハンス・フェルスタッド監督 「モーグ：ドキュメンタリー・フィルム」、DVD、脚本ハンス・フェルスタッド、プロデューサー、ライアン・ペイジとハンス・フェルスタッド、ニューヨーク、プレクシフィルム、2004年
バード・バグショーム・ハスビー 「ビョークの『バイオフィリア』という宇宙の暗黒物質を追う：グラウンデッド理論の方法論に基づいてバイオフィリア教育プロジェクトを検証する」、2016年5月18日付修士論文
https://hvlopen.brage.unit.no/hvlopen-xmlui/handle/11250/2481461.

ジェイムズ・カーメン　「バイオフィリア教育プロジェクト」、2015年3月1日コロンビア大学ティーチャーズ・カレッジ・ゴッツマン・ライブラリーズ
https://edlab.tc.columbia.edu/blog/16134-Biophilia-Educational-Project.
レイブン・ノックス　「ビョークのバイオフィリア」、2013年10月4日付『Vimeo，47：34』
https://vimeo.com/76167996.
イアン・マクドナルド著『ビートルズと60年代』、奥田祐士訳、キネマ旬報社、1996年
ジョージ・マーティン著『ザ・ビートルズ・サウンドを創った男：耳こそはすべて』、吉成伸幸／一色真由美訳、河出書房新社、2016年
カイル・マクガバン　「ビョーク、子供たちに科学とテクノロジーを教えるために募金を呼びかける」、2013年1月29日付『スピン』
www.spin.com/2013/01/bjork-kickstarter-biophilia-app-android-educational-program/.
バリー・マイルズ著『ポール・マッカートニー―メニー・イヤーズ・フロム・ナウ』竹林正子訳、松村雄策監修、ロッキング・オン、1998年
ロバート・ロドリゲス著『*Revolver : How the Beatles Reimagined Rock 'n' Roll*』、バックビートブックス、ウィスコンシン州ミルウォーキー、2012年
ブランドン・ストスイ　「ステレオガムQ＆A：ビョーク『バイオフィリア』について語る」、2011年6月29日付『ステレオガム』
www.stereogum.com/744502/stereogum-qa-bjork-talks-biophilia/franchises/interview
スティーブ・ターナー著『*Beatles '66 : The Revolutionary Year*』、ハーパーラックス、2016年
ウィキペディア　バイオフィリア（アルバム）
https://en.wikipedia.org/wiki/Biophilia_（album）.

CHAPTER 08

アストン・マーティン　「マイ・ブラッディ・ヴァレンタイン：『ラヴレス』」、1992年1月付『Q』
エイドリアン・ディーボイ　「マイ・ブランディ・ヴァレンタインのケヴィン・シールズ：僕は苦しみながらプレイしている」、2013年10月3日付『ガーディアン』（イギリス、マンチェスター）
www.theguardian.com/music/2013/oct/03/my-bloody-valentine-kevin-shields-interview.
ドリーム・ステート（メンツ）「支配と断念：ブライアン・イーノがもたらす福音」、

2014年7月8日付『Medium』(ブログ記事)
https://medium.com/dream-state-ments/control-surrender-9b1602a6dacd.
ブライアン・イーノ 「作曲家は庭師のようなもの」、2011年11月10日付『Edge』
www.edge.org/conversation/brian_eno-composers-as-gardeners.
ジュールス・エバンズ 「ブライアン・イーノ、アートと宗教における断念について語る」、2013年6月19日付『The History of Emotions Blog』(ブログ記事)
https://emotionsblog.history.qmul.ac.uk/2013/06/brian-eno-on-surrender-in-art-and-religion/.
デレ・ファデル、1991年11月9日付『ニュー・ミュージカル・エクスプレス』
コリー・グロウ 「マイ・ブラッディ・ヴァレンタインのケヴィン・シールズ、『ラヴレス』の苦悶と恍惚について語る」、2017年11月15日付『ローリング・ストーン』
https://www.rollingstone.com/music/music-features/my-bloody-valentines-kevin-shields-on-the-agony-and-ecstasy-of-loveless-204420.
スチュアート・ジェフリーズ 「断念、それがブライアン・イーノ」、2010年4月28日付『ガーディアン』(イギリス、マンチェスター)
www.theguardian.com/music/2010/apr/28/brian-eno-brighton-festival.
エミリー・S・ループ 「病院のノイズを減らすために、口笛で歌を奏でるアラームを開発」、2019年7月9日付『ニューヨーク・タイムズ』
www.nytimes.com/2019/07/09/science/alarm-fatigue-hospitals.html.
ウィキペディア 「ラヴレス(アルバム)」
https://en.wikipedia.org/wiki/Loveless_ (album).

CHAPTER 09

リチャード・ビエンストック 「インタビュー:フィル・コリン、デフ・レパードの『ヒステリア』制作について語る」、2012年10月2日付『Guitar World』
www.guitarworld.com/gw-archive/interview-phil-collen-making-def-leppards-hysteria.
ウシジマ・ビフエ 「富士フイルム、化粧品に新たな活路を見出す」、2013年4月25日付『Nippon. Com』
www.nippon.com/en/features/c00511/.
クレイグ・フレードリヒ著『*Practical Jazz Theory for Improvisation*』、ナショナル・ジャズ・ワークショップ、バージニア州ウィンチェスター、2014年
テリー・グロス 「あなたを永久に変える:レディー・ガガ、デヴィッド・ボウイと勇気について語る」、2016年2月21日付『All Things Considered』

キース・H・ハモンズ　「マイケル・ポーターのビッグ・アイディア」、2001年2月28日付『ファスト・カンパニー』
www.fastcompany.com/42485/michael-porters-blg-ideas.
エリック・ヒメルスバッハ　「名声までもう少し」、2006年2月5日付『ロサンゼルス・タイムズ』
www.latimes.com/archives/la-xpm-2006-feb-05-bk-himmelsbach5-story.html.
クイ・ヒュイ、ティモ・ブオリ　「(理事会の助けを借りて) ノキアが立ち直るまで」、2018年10月10日付『INSEAD Knowledge』
https://knowledge.insead.edu/strategy/how-nokia-bounced-back-with-the-help-of-the-board-10211.
ディラン・ジョーンズ著『*David Bowie : The Oral History*』、スリー・リバース・プレス、ニューヨーク、2018年
グレッグ・コット　「輝ける復活」、1991年1月27日付『シカゴ・トリビューン』
www.chicagotribune.com/news/ct-xpm-1991-01-27-9101080478-story.html.
パトリック・レディン　「戦略についてデヴィッド・ボウイのキャリアから学べること」、2017年7月2日付『Leddin Group』
https://leddingroup.com/david-bowies-career-teaches-us-strategy/.
カート・ローダー　「ヒステリア」、1987年9月24日付『ローリング・ストーン』
www.rollingstone.com/music/music-album-reviews/hysteria-2-247727/.
マイアミ・ヘラルド・アーカイブス　「グロリア・エステファンが音楽界のトップに。事故の悲劇はもう終わった」、2019年3月4日付『Miami Herald』
www.miamiherald.com/entertainment/music-news-reviews/article227075764.html.
カロリーナ・モレロ　「二度と歩けないと言われたとき、グロリア・エステファンはどうしたか」、2016年9月12日付『ハフポスト』
www.huffpost.com/entry/gloria-estefan-accident-paralyzed_n_57d6e5bfe4b06a74c9f5d03b.
ノキア　「我が社の歴史」
www.nokia.com/en_int/about-us/who-we-are/our-history.
マーティン・リーブス　「100年続くビジネスの作り方」、2016年5月付14分45秒間TEDトーク
www.ted.com/talks/martin_reeves_how_to_build_a_business_that_lasts_100_years.
テリ・サッコーン　「リック・アレン」、1988年3月『Modern Drummer』
www/moderndrummer.com/wp-content/uploads/2017/06/md100cs.pdf.

ミカ・ソロモン　「コロナと戦うために、ニュージャージーの工場がいかにしてフェイスシールドに軸足を移したか」、2020年3月22日付『フォーブス』
www.forbes.com/sites/micahsolomon/2020/03/22/how-a-private-new-jersey-factory-is-pivoting-its-business-to-manufacture-essential-face-shields/#6433a697234b.
エリック・T・ワグナー　「ビジネスの8割が失敗する5つの理由」、2013年9月12日付『フォーブス』
ノア・ファティマ・ワーシャ　「戦略の本質は選択すること：マイケル・E・ポーター」、2017年5月24日付『Businessworld』
www.businessworld.in/article/The-Essence-Of-Strategy-Is-Making-Choices-Michael-E-Porter/24-05-2017-118791/.
ポール・ウィルナー　「デフ・レパードのリック・アレンが自動車事故後の人生そしてドラム・スティックを語る—彼は今もスティックを叩く。退役軍人を助けるために」、2019年1月3日付『Monterey County Weekly』
www.montereycountyweekly.com/news/cover/def-leppard-s-rick-allen-picked-up-his-life-and-his-sticks-after-a-shattering/article_945664b8-0ef9-11e9-83c9-ab395a90e993.html.
マーク・ウィルソン　「ダイソン、コロナと戦うために人工呼吸器1万5000台の製造を計画」、2020年3月25日付『ファスト・カンパニー』
www.fastcompany.com/90481936/dyson-is-building-15000-ventilators-to-fight-covid-19.
カール・ウォイデック著『チャーリー・パーカー　モダン・ジャズを創った男』、岸本礼美訳、水声社、2000年